MARTÍ en MÉXICO

SELLO BERMEJO

MARTÍ en MÉXICO

Recuerdos de una época

ALFONSO HERRERA FRANYUTTI

Prólogo
Pedro Pablo Rodríguez

Consejo Nacional
para la
Cultura y las Artes

Primera edición en Sello Bermejo: 1996

Producción: CONSEJO NACIONAL PARA LA CULTURA
  Y LAS ARTES
  Dirección General de Publicaciones

D.R. © 1996, de la presente edición
  Dirección General de Publicaciones
  Calz. México Coyoacán 371
  Xoco, CP 03330
  México, D.F.

ISBN 968-29-8784-9

Impreso y hecho en México

ÍNDICE

El resultado de una investigación de por vida 11

Agradecimientos 15
Nota a la segunda edición 17
A manera de prólogo 19

PRIMERA PARTE. EL MÉXICO ROMÁNTICO Y REFORMISTA

I. Hacia tierras del Anáhuac 27
II. Antecesores cubanos 33
III. Primeras horas en México 38
IV. En la *Revista* 47
V. La casa de la musa 55
VI. Amenazas de guerra 59
VII. Ansias de amor 63
VIII. Polémica en el Liceo Hidalgo 67
IX. Prendado de la musa 72
X. Nace el periodista 78
XI. En defensa de Cuba 85
XII. Por las calles de México 93
XIII. El indio 97
XIV. Intranquilidad política 103
XV. Miscelánea 107
XVI. Vida íntima. *Amor con amor se paga* 116

SEGUNDA PARTE. LA MUJER AMADA

I. Martí, crítico de arte 127
II. Inquietud 134

- III. Relámpagos de amor 142
- IV. Martí y la masonería. Acerca de una polémica 148
- V. Vientos de guerra 153
- VI. El amor verdadero 159
- VII. Comunidad de emigrados 165
- VIII. La tormenta 171
- IX. En *El Federalista* 176
- X. Últimas horas en México 183

TERCERA PARTE. DE MÉXICO A GUATEMALA. SU PASO POR TIERRAS DEL MAYAB

- I. La Habana 195
- II. Martí en Yucatán 198
- III. En Mérida 202
- IV. Camino a Guatemala 205
- V. En tierras del quetzal 211

CUARTA PARTE. EL VIAJE ROMÁNTICO

- I. A México por Acapulco 221
- II. La boda 224
- III. Retorno a Guatemala 231
- IV. La ingrata Guatemala 247

QUINTA PARTE. MÉXICO EN MARTÍ

- I. Martí siempre cerca 255
- II. Comienza la tarea, la lucha 257
- III. Muerte de Ocaranza 259
- IV. Martí, el cronista 261
- V. Velando por México 268
- VI. *La Edad de Oro* 271
- VII. La Conferencia Internacional Americana 276
- VIII. La amistad de Martí y Matías Romero 282
- IX. La entrega definitiva: la lucha 292

SEXTA PARTE. UN ALTO EN EL CAMINO

    I. Presentimiento 299
   II. El México añorado 304
  III. Día de recuerdos 307
  IV. Horas de rauda actividad 311
   V. Veracruz 316
  VI. Retorno a la capital. Porfirio Díaz. La nueva bohemia 321
 VII. Adiós a México 331

Epílogo 335

EL RESULTADO
DE UNA INVESTIGACIÓN
DE POR VIDA

Hace ventiséis años, en 1969, apareció la muy modesta primera edición de este libro, cuyos pocos ejemplares llegados a Cuba son atesorados celosamente por las personas e instituciones interesadas en la vida y la obra de José Martí.

Cierto es que desde mucho tiempo antes, la estancia y los escritos del cubano en México habían sido estudiados por sus biógrafos más significativos (Méndez, Mañach, Lizaso, Carlos Márquez Sterling, Gonzalo de Quesada y Miranda), y especialmente por Mauricio Magdaleno, Camilo Carrancá y Trujillo, José de Jesús Núñez y Domínguez, y Rafael Heliodoro Valle, quienes aportaron numerosos y valiosos datos sobre el asunto, y cuyos escritos constituyen verdaderos y dignos antecesores de este libro, tanto por la seriedad de sus búsquedas como por el amor demostrado hacia el Maestro. Incluso puede afirmarse que si sus amigos de 1875 a 1877 fueron los primeros mexicanos que quisieron a Martí, y sus escritos y testimonios contribuyeron de modo decisivo a conservar su recuerdo, esos autores de los treinta a los cincuenta —entre los que no se puede dejar de mencionar la prolífica y sistemática labor de Andrés Iduarte— consolidaron la presencia del cubano en la cultura del hermano país, sin descontar la gran significiación que tuvo la inclusión de algunos de sus textos en el sistema escolar mexicano mediante la reforma educacional impulsada por José Vasconcelos.

Se trata, pues, de que el periodo mexicano de Martí es una de las etapas de su vida mejor conocida desde los años treinta de este siglo, y de que tanto mexicanos como cubanos coincidieron desde entonces en concederle a ese bienio importancia relevante para el desarrollo de la personalidad y las ideas martianas.

Esa línea de trabajo ha sido continuada en los últimos decenios, con dedicación apostólica, por Alfonso Herrera Franyutti, quien ha acopiado nuevos datos sobre el tema a la vez que ha sido un permanente divulgador del alcance del pensamiento y la labor del Maestro.

Sé que el ejercicio de la medicina ha privado al autor del tiempo que a él le hubiera gustado emplear en sus estudios martianos. La lucha cotidiana para fundar y sostener una familia, y la ignorancia de sus esfuerzos durante un buen tiempo por parte de los círculos académicos y los más poderosos medios de comunicación, han hecho de su pasión por la investigación en torno a Martí un agónico oficio, desempeñado en las horas libres del necesario descanso, y ha privado a sus compatriotas de una mayor y más sistemática difusión de sus escritos.

Por suerte, él siempre ha encontrado el estímulo de amigos mexicanos y de más de uno de los diplomáticos cubanos que han pasado por el Distrito Federal luego del triunfo de la revolución cubana, al igual que siempre lo han alentado sus amigos en la isla, la mayoría de ellos interesados a fondo en el tema o eminentes estudiosos de la obra martiana. Y su perseverancia y tenacidad, junto a los incuestionables resultados de su valiosa labor, han provocado que en los últimos años se le haya ido reconociendo por este esfuerzo en la vida académica de su país.

Aquel impetuoso joven que ya desde sus días estudiantiles pergeñó numerosas páginas con temas políticos y de actualidad mexicana e internacional, es hoy considerado en Cuba como uno de los principales cultivadores del gran tema nacional que es José Martí: sus escritos figuran destacadamente en la bibliografía martiana y son disputados entre las más notables publicaciones insulares para incluirlos en sus páginas.

El libro que ahora presentamos es resumen y síntesis abarcadora de los resultados alcanzados durante las varias décadas de trabajo de Herrera Franyutti, las cuales se han ocupado de los periódicos mexicanos de la época, los testimonios y los escritos sobre aquel bienio en que Martí residió en la ciudad de México, la variada papelería de los textos martianos y, sobre todo, el rastreo por diversos archivos y las más variadas colecciones y fondos documentales de aquel tiempo. El examen de las fuentes primarias ha sido característica esencial de sus búsquedas, premiadas con hallazgos que han permitido esclarecer puntos decisivos de la biografía del revolucionario cubano, como las cartas que éste dirigiera en 1894 a Porfirio

Díaz, entonces presidente de México, solicitándole una entrevista —que fue concedida, según consta en tales documentos— para explicarle sus propósitos libertarios y solicitarle ayuda para la nueva guerra que se preparaba para la independencia de Cuba, o la reconstrucción cuidadosa y detallada de los viajes que Martí emprendiera hacia Guatemala en 1877 y de ida y vuelta a México a finales de ese mismo año para casarse. Debe destacarse también su fabuloso trabajo con el archivo de Matías Romero, embajador de México en Washington durante muchísimo tiempo, labor de investigación que tanto ha permitido conocer acerca de las acciones del cubano contra las maniobras expansionistas del gobierno del norte durante la Primera Conferencia Panamericana, efectuada entre 1888 y 1889. La cuidadosa actuación martiana para impedir que Estados Unidos hallara el consenso latinoamericano para su deseo de anexarse Cuba —calificable como la de un consumado diplomático—, para lo cual mantuvo una especial relación con Romero, por ser éste bien conocido y respetado en la élite política norteamericana y con el fin de que el mexicano desempeñase un papel decisivo para sus fines antimperialistas, es uno de los asuntos de mayor relieve e importancia que el autor introduce en esta segunda edición.

A primera vista podría afirmarse que a Herrera Franyutti ha solido acompañarle la suerte en sus investigaciones; pero quienes nos dedicamos a ese duro y a veces subvalorado oficio, sabemos bien de su paciencia, tenacidad y dedicación para someter al análisis qué fuentes era necesario trabajar, cómo localizar su ubicación, de qué manera gestionar los permisos requeridos en muchos casos para su acceso a ellas, y entonces dedicar horas y días y meses a revisar legajos, leer documentos manuscritos y descifrarlos, hasta hallar el papel con el trazo nervioso del Maestro o la información que aclara el punto oscuro. Y ahí el azar no es descartable, pero éste sólo es posible cuando de veras se busca incesantemente, como ha hecho nuestro autor.

Esta segunda edición de *Martí en México. Recuerdos de una época* es, dada la enorme información que aporta, otro libro distinto del de la primera edición. Como ejemplo, baste decir que trece de sus capítulos son totalmente nuevos, mientras que otros veintisiete están notablemente ampliados.

El autor ha mantenido la estructura básica de la obra en lo que se refiere al ordenamiento de los materiales, aunque ahora ha creado dos partes nuevas, en las que ofrece sus precisiones acerca del traslado del cubano de México a Guatemala y el viaje de bodas de 1876. También ha aumentado sustancialmente su información y análisis acerca de los escritos martianos en la prensa mexicana y sobre las relaciones y movimientos de Martí en el mundo artístico, periodístico y político de aquella sociedad, así como sobre el ámbito familiar y su intensa vida amorosa.

Llamo la atención también sobre las dos últimas partes, que aumentan la información acerca de la estrecha relación y seguimiento de Martí con México luego de salir del país en 1877, y en las que, además, se detallan sus actividades durante su última visita en 1894, cuando ya se encontraba en la preparación del movimiento independentista de Cuba.

Varios de los nuevos elementos aportados por las investigaciones de Herrera Franyutti han sido dados a conocer en conferencias y reuniones científicas en Cuba y en México, o han aparecido en publicaciones como el *Anuario del Centro de Estudios Martianos*. En los casos en que así ha ocurrido, el autor, sin embargo, ha sabido integrar adecuadamente tales aportes informativos al cuerpo y a la finalidad del libro. No nos hallamos, pues, ante una suma de trabajos diferentes sino ante una obra plenamente lograda en lo que a coherencia y unidad interna se refiere.

De fácil lectura por su prosa amena y sencilla, este libro contribuye considerablemente en nuestro conocimiento acerca de aquel momento tan significativo en la vida de Martí que fue su residencia en México. Feliz y agradecido me siento tras su lectura, que me ha dejado la convicción, además, de que su vigencia será larga en lo que al tema se refiere dadas sus numerosas aportaciones.

Pedro Pablo Rodríguez
Vicedirector del Centro de Estudios Martianos
La Habana, agosto de 1995

AGRADECIMIENTOS

Éste es un libro de amor a la fraternidad de dos pueblos hermanos, las patrias de José Martí y Benito Juárez, que no hubiera sido posible sin el cariño y comprensión de quienes supieron inspirarlo con su actitud.

Expreso mi reconocimiento al señor José Antonio Portuondo, a mi fraterno amigo el exembajador Joaquín Hernández Armas y al actual embajador de Cuba en México, José Fernández de Cossío. Agradezco el estímulo de Teresa Proenza y Raúl Aparicio, Gonzalo de Quesada y Miranda, y Enrique H. Moreno Pla, así como a Cintio Vitier, Fina García Marruz, Roberto Fernández Retamar, Salvador Morales, Luis Toledo Sande, y a la insistencia y colaboración cariñosa de los compañeros del Centro de Estudios Martianos siempre dispuestos a hacer posible esta obra: Ismael González González, Pedro Pablo Rodríguez, Luis Ángel Argüelles e Ibrahim Hidalgo Paz, así como mi agradecimiento a la valiosa ayuda de Laura Rey Leiva y Alina Feijóo.

NOTA A LA SEGUNDA EDICIÓN

Hace treinta años escribí este libro que se publicó por primera vez en 1969. Parecía que todo hubiera quedado dicho. Pero a lo largo de este tiempo, la inquietud por penetrar cada vez más en la vida del Apóstol, la creación de la Sala Martí, de la Biblioteca Nacional de Cuba y posteriormente del Centro de Estudios Martianos, otorgaron a la figura del Mártir de Dos Ríos su verdadera dimensión, estimulando y ampliando su estudio, que a lo largo de estos años se ha enriquecido con nuevos materiales y profundas investigaciones. El resultado de todo ello ha sido el enriquecimiento de la personalidad del cubano, despojada ahora de la adulterada imagen con que se le cubría, y la profundización en el verdadero sentido de su vida, dedicada a la libertad de su patria, a la lucha antimperialista y a la defensa de lo que denominó "Nuestra América".

Conservo de aquella edición lo medular y su forma, pero resulta mejorada con nuevos enfoques temáticos y el descubrimiento de documentos ignorados, que rectifican errores y aportan datos acerca del paso de Martí por México, todo lo cual hace de esta segunda impresión un libro casi nuevo. No he pretendido hacer una novela ni una biografía en el sentido estricto de esas palabras; éste es un libro documental y testimonial, en el cual he tratado que los textos martianos y las experiencias de quienes lo conocieron hablen por sí solos. Lo publico como un homenaje a Martí, al cumplirse los cien años de su último viaje a México, con el deseo de que llegue a los corazones de los mexicanos y se pueda aquilatar al hombre, así como para reforzar los lazos que unen a nuestros dos pueblos —Cuba y México— en estos momentos de crisis para la América Latina.

Alfonso Herrera Franyutti
México, D.F., diciembre de 1993

A MANERA DE PRÓLOGO

Una cálida tarde del mes de octubre de 1853, una barcaza se desprende del Castillo de San Juan de Ulúa y boga hasta las aguas donde se halla anclado el paquebote inglés Avon; por la escalerilla sube a cubierta un hombre de tez morena, tipo indígena zapoteca, a quien el gobernador del Castillo, don Joaquín Rondal, destierra a Europa, entregándole el pasaporte correspondiente.

El día 9 desembarca en La Habana Benito Juárez, a quien Cuba asila por órdenes del capitán general Cañedo, quien le autoriza a permanecer en La Habana hasta el 18 de diciembre de aquel año, fecha en que se embarca hacia Nueva Orleáns. De esta manera el destino personal de aquel hombre cambia, y quizás el destino de la historia, al interponerse Cuba en su camino, impidiéndole así que llegue a Europa, y encaminando sus pasos hacia otra tierra más próxima a su patria, en la que existe una pequeña colonia de patriotas mexicanos exiliados.

Durante aquella temporada que Juárez permanece en La Habana, se ve la figura impasible, muda, introvertida, del indio zapoteca recorrer las estrechas calles de la antigua ciudad criolla; se le ve en los muelles y en las playas, donde sufre como si fuera en carne propia la esclavitud del negro, al que ve tratar en forma bestial, "y Juárez adivina", dice Pérez Martínez "en el temblor de su propia piel cobriza, el grito tremendo de su libertad, y este pueblo que vive aún bajo el látigo y el yugo conmueve tan hondamente al indio, que un éxtasis doloroso sella sus labios. Sólo sus ojos dirán el odio; un odio que obliga a interponer distancias definitivas entre los esclavos y él". Así Juárez, que ya conocía las miserias de la cárcel, principia ahora a conocer las amarguras del ostracismo.

En tanto, mientras Juárez sufre en Cuba sus penas de desterrado, en una humilde casa de la calle de Paula se mece desde hace siete meses la cuna de José Martí, de quien saldrá, al correr de los años, el máximo grito libertario de la isla oprimida.

Años más tarde, un cubano, embajador de su país en México,

Manuel Márquez Sterling, velaba en el Palacio Nacional de México, recostado sobre dos sillas, el último sueño del presidente mártir, don Francisco I. Madero, mientras intentaba en vano obtener un salvoconducto para embarcarlo en el crucero Cuba, anclado en Veracruz.

Posteriormente, el 25 de noviembre de 1956, de las playas mexicanas de Tuxpan partiría el yate Gramma, que llevaba a Fidel Castro y a los futuros combatientes de la Sierra Maestra, cuya lucha culminaría con el triunfo de la revolución cubana, seguidora fiel de los ideales martianos.

Ya desde entonces Cuba y México se estrecharían las manos fraternas y serían siempre tierras cálidas, dispuestas a apoyarse mutuamente y a acoger las angustias de los hombres honrados que sufren, por su patria, los devaneos de la azarosa vida política.

Fotografía de Martí tomada en México en 1875.

PRIMERA PARTE

EL MÉXICO ROMÁNTICO Y REFORMISTA

*Yo soy un hombre sincero
De donde crece la palma,
Y antes de morirme quiero
Echar mis versos del alma.*

I. HACIA TIERRAS DEL ANÁHUAC

El tren serpenteaba bordeando el precipicio de las Cumbres de Maltrata; por la entreabierta ventanilla se veían aparecer y desaparecer las dos negras locomotoras que arrastraban la larga procesión de vagones. Arriba, el cielo azul, límpido y despejado, parecía desprenderse del borde mismo de las rocas; abajo, el abismo, en cuyo fondo destacaban las tierras policromas, surcadas unas, cultivadas otras, y los rojos techos de un caserío disperso. Más allá, entre las cumbres y la tierra, las nubecillas parecían flotar proyectando sus sombras oscuras sobre las tierras abismales, en tanto las aves jugueteaban, con monótono planear sobre los campos roturados. Al fondo principiaba a distinguirse la blanca iglesia de Maltrata. "Se encoge el corazón de tanta hermosura. Los ojos queman. Se juntan las manos, en gracias y en plegaria."[1]

Embelesándose con el paisaje, venía un joven de complexión débil, cabellos oscuros y crespos, bigote espeso y una frente tan amplia como los horizontes que avizoraba; sus ojos hundidos, pequeños y penetrantes, centelleaban con los cambios de luz al pasar los árboles que se pierden raudos a sus espaldas. Hace apenas un día que arribó a playas veracruzanas, y ahora va a la ciudad de México. Como los árboles que huyen hacia atrás, así va dejando él un pasado preñado de idealismo juvenil, de luchas y amarguras. Hacia adelante, el futuro... ¿Qué le ofrecerá el destino?

Veintidós años cuenta el joven abogado José Martí, años que van quedando atrás pero que ya han modelado su carácter. Trae en su equipaje todo un cúmulo de penas, ilusiones y esperanzas. Ya ha conocido las penas del presidio, como el reo 113 de la brigada 1 para blancos, acusado del delito de infidencia. Conoce el estigma que han dejado en su cuerpo los trabajos forzados de las canteras

---

[1] José Martí, "México", en *Obras completas,* La Habana, Editorial Nacional de Cuba, 1963-1973, t. 19, p. 21. (En lo sucesivo, salvo indicación contraria, las referencias a textos de José Martí remiten a esta edición, representada con las iniciales *OC,* y por ello sólo se indicará tomo y paginación citada.)

de San Lázaro. Trae en su carne las huellas indelebles que le imprimieron los grilletes. Ha sufrido las angustias del exilio y sabe los esfuerzos que representa forjarse una profesión —la de abogado—, en España, el país que esclaviza a su patria.

Logrado el tan preciado título, viene a México, donde desde hace algún tiempo viven sus seres queridos. Mientras el tren avanza, van surgiendo sus recuerdos como imágenes caleidoscópicas... Su vida en España (1871-1874), su dura existencia de estudiante en Madrid, donde a la vez que estudiaba tenía que impartir clases particulares para ganarse el pan, y donde publicó su alegato *El presidio político en Cuba,* su doloroso padecimiento inguinal contraído en la cárcel y del que tuvo que ser operado en dos ocasiones. Luego Zaragoza, "Donde rompió su corola / La poca flor de mi vida."[2] y donde publicara aquel otro artículo en defensa de su patria: *La República española ante la revolución cubana,* que llegará a conmover al público español. Y la nota romántica, Blanca Montalvo, la guapa aragonesa que endulzara sus días de estudiante y a la que tuvo que decir adiós en una tarde trémula de tristezas. Luego París, recorrido en un frío invierno, acompañado del fraterno Fermín Valdés; visitas a museos, teatros; lugar donde conoció al poeta Vacquerie y estrechó la mano de Victor Hugo. De allí al Havre,[3] donde embarcaría hacia Southampton: "durante una luminosa media hora, vi una dulce muchacha, nos quisimos, y nos dijimos adiós para siempre".[4] El 2 de enero, en Liverpool, aborda el Celtic, "buque de inmigrantes y de príncipes, donde vi —y no en los príncipes— más héroes respetables".[5] Y a los pocos días de navegación en medio de vendavales, se desata la tormenta:

> el negro Atlántico reunía todas las fuerzas de su seno, no cabía su cuerpo dilatado en la implacable orilla de sus mares, y se retorcía con sacudimientos montañosos, pidiendo fuerza al

---

[2] J.M., *Versos sencillos, OC,* t. 16, p. 75.
[3] Véase Paul Estrade, "Algo nuevo sobre Martí en Francia", en *Anuario del Centro de Estudios Martianos,* núm. 2, La Habana, p. 379. Según Estrade, el viaje se efectuó en tres etapas: Le Havre-Southampton, ya fuera el 26 de diciembre a bordo del Wolf, ya el 28 a bordo del Alice (dos buques ingleses que en forma alterna unían estos dos puertos de La Mancha); Southampton-Liverpool, en fecha y en condiciones desconocidas; y Liverpool-Nueva York.
[4] J.M., "Impresiones de América", *OC,* t. 19, p. 115.
[5] J.M., "Apuntes", *OC,* t. 19, p. 16.

cielo, negro también y oscuro, como la frente de señudo padre, que quiere detener con su ira las impaciencias de un hijo rebelado. [...] Y el gran Celtic se dilata, se encorva, se inclina al lado mismo de la ola con su borde poderoso —el hondo aceroso borde, abre sus brazos férreos como para ahogar mejor a la montaña, y se endereza y se sacude, vencedor gigante; conmueve la onda horrible y la echa fuera. Tal vez adolorido, calla el mar esta labor de abismo, y fatigado de la lucha, se estremece sobre su base colosal, como si se desatara el ruido de bronce de sus miembros.[6]

Tras doce días de penosa navegación que le dejan una huella imborrable, Martí llega a Nueva York, donde tiene que permanecer varias jornadas en espera de un barco para Veracruz.

Poco se sabe de aquellos días; por un escrito posterior se puede colegir que anduvo en Union Square, por la alusión que hace a la estatua de Lincoln de esa plaza. Pero es casi seguro que visitó la librería de Néstor Ponce de León, en Broadway, a quien había enviado, cuando lo publicó en Madrid, varios ejemplares de su folleto *La República española ante la revolución cubana.*[7] Estos días neoyorkinos servirían a Martí para valorar el concepto que se formaría de aquella nación. La etapa que le tocó vivir era de profunda crisis política para la nación norteamericana. Se vivía un estado de escándalo entre los partidos Demócrata y Republicano y había agitaciones populares y crímenes. Grant buscaba su tercera reelección. Los dos proyectos de anexión territorial promovidos durante su administración habían fracasado, aunque algunas entidades especuladoras —escribía E.A. Lever— deseaban la anexión de Santo Domingo y Saint Thomas. El gobierno desplegaba toda una gama de arbitrariedades y abusos. Las tropas federales invadieron el territorio de Louisiana para imponer un gobernador que representara los intereses de Grant. En Arkansas abortó un complot para derrocar al gobierno del estado. La prensa clamaba porque se pusiera fin al despotismo, la intolerancia y la corrupción. En Boston el pueblo enardecido protestaba contra el gobierno. Mientras, otros periódi-

---

[6] *Idem.*
[7] Enrique Moreno Pla, "El regreso de un desterrado", en *Patria,* año XXXI, núm. 1, La Habana, enero de 1975, pp. 4-6.

cos hablaban de la guerra de Cuba y las reclamaciones a España por el caso del vapor Virginius.

Reformas es lo que el pueblo exigía: reforma en la administración, en el nombramiento de empleados del gobierno. Día a día aumentaba el descontento por el estado de las cosas; una crisis moral se abatía sobre la nación.

Tal fue el panorama que Martí encontró en los Estados Unidos y que la prensa norteamericana y de México comentaban ampliamente.[8]

¡Al fin, un barco!, y el 26 de enero, tras doce días de estancia, a bordo del City of Merida Martí abandonó Nueva York. El barco hace escala en La Habana durante dos días, pero las autoridades españolas no le permiten desembarcar, por lo que debe conformarse con ver su tierra amada desde la barandilla del barco... Allá, tierra adentro, en la manigua, se pelea. Los hombres del 68 no han enfundado el machete. Máximo Gómez, Maceo, Sanguily y otros jefes sostenían la guerra. Máximo Gómez había cruzado la trocha de Júcaro llevando la insurrección a Las Villas, donde el cielo se iluminaba con el incendio de los ingenios y las haciendas. La moral era alta. La revolución vivía momentos de gloria.[9] En el campo español, a pesar de la superioridad numérica, no ocurría lo mismo. El médico español Ramón y Cajal, destacado por aquellos años en el Cuerpo de Sanidad, comenta la situación: la corrupción de la oficialidad era inmensa. El alcoholismo hacía estragos en el ejército; el coñac, la ginebra y el ron, mejor que el vómito, eran los mejores aliados de los mambises, a lo que se agregaba la mala alimentación, las malas condiciones sanitarias en las trochas, la tuberculosis, el paludismo y la disentería, la caquexia palúdica y la anemia. Era un ejército de fantasmas: "Las condiciones sanitarias de las trochas habían costado a España más de veinte mil víctimas."[10]

Martí se vuelve al mar, su mirada triste se pierde en el horizonte... Más allá, donde su vista no alcanza, le esperan ansiosos sus padres

---

[8] La prensa mexicana comentaba ampliamente la situación que en aquellos días se vivía en los Estados Unidos, a tal grado que la *Revista Universal* del 13 de marzo retira su editorial del día para publicar un amplio artículo del publicista E.A. Lever titulado "La evolución política en los Estados Unidos".

[9] Diana Abad, María del Carmen Barcia, Óscar Loyola, *Historia de Cuba II. La guerra de los Diez Años,* La Habana, Universidad de La Habana, 1989, pp. 6-11.

[10] Santiago Ramón y Cajal, "Mi infancia y juventud", en *Obras literarias completas,* Madrid, Aguilar, 1972, pp. 234-242.

y sus hermanas; Carmen, "la quinceañera", Antonia, la pequeña Amelia, y Mariana Matilde, "Ana", su consentida, la que con sus puntuales y cariñosas cartas diera aliento a su vida de exiliado. Pero al recordarla, una sensación de angustia le oprime el pecho. Desearía acortar el tiempo y la distancia, pues por las últimas cartas sabe que se encuentra muy enferma.

Nuevamente el mar... El 8 de febrero de 1875, el barco se desliza lentamente frente a los muros grises y tétricos del Castillo de San Juan de Ulúa. "Ya una vez, entrando en Veracruz —escribe posteriormente—, dimos con una barca que lucía en la proa, en vez de un mascarón pintarrajeado, el nombre de El Nigromante."[11] Momentos después, según se publica en *El Federalista* el 9 de febrero, "a las 6.30, tras catorce días de navegación desde Nueva York, La Habana, Progreso y Campeche", el capitán Reynols despide a los sesenta y dos pasajeros que abordaban el barco, entre los que se encuentra José Martí.

Martí emerge de sus recuerdos. Ahora sube hacia el altiplano, va a la capital de la república. Las dudas le atormentan. ¿Será aún don Mariano el hombre rudo e incomprensivo en lo que a sus luchas atañe? Nuevamente su pensamiento vuela a aquella tarde en que corriera llorando a refugiarse a casa de su maestro Mendive, después de haber sido castigado en forma brutal por su padre, al enterarse éste de la publicación de su poema "Abdala", en el periódico *La Patria Libre*, en que clamaba:

> ¡A la guerra, valientes! Del tirano
> ¡La sangre corra, y a su empresa osada
> De muros sirvan los robustos pechos,
> Y sea su sangre fuego a nuestra audacia!—[12]

Y luego aquella carta a su maestro, cuando éste se encontraba en el exilio, y el joven incomprendido, albergó ideas suicidas: "me ha llegado a lastimar tanto que confieso a Vd. con toda la franqueza ruda que Vd. me conoce que sólo la esperanza de volver a verle me

---

[11] J.M., "Un teatro mexicano", en *Anuario del Centro de Estudios Martianos,* núm. 2, La Habana, 1979, p. 26.
[12] J.M., "Abdala", *OC*, t. 18, p. 17.

ha impedido matarme. La carta de Vd. de ayer me ha salvado. Algún día verá Vd. mi Diario y en él, que no era un arrebato de chiquillo, sino una resolución pesada y medida"[13]

¿O será el hombre tierno que curaba sus heridas de los grilletes en la cárcel?

¡México! Hacia él desciende ahora el tren devorando la llanura, cruzando puentes y bajando cuestas.

Corría el año de 1875; gobernaba México don Sebastián Lerdo de Tejada, quien había asumido el poder a la muerte de Benito Juárez. La república, tambaleante, daba sus primeros pasos disfrutando de un paréntesis de paz después de las guerras de Reforma, la ocupación francesa y la caída del imperio de Maximiliano.

---

[13] J.M., carta a Rafael María Mendive, octubre de 1869, en *Epistolario*, compilación, ordenación cronológica y notas de Luis García Pascual y Enrique H. Moreno Pla, La Habana, Centro de Estudios Martianos/Editorial Ciencias Sociales, t. I, p. 13. (En adelante citado sólo como *Epistolario*.) Véase también *OC*, t. 20, p. 246.

II. ANTECESORES CUBANOS

La ciudad de México, con sus doscientos mil habitantes, era como una prolongación de la provincia, pero su tierra es campo fértil para recibir a un hombre con las ideas de Martí. Quizá no haya en esa época otro sitio que le sea tan afín, ya que en el México liberado y reformista germinan en toda su plenitud las ideas liberales, el romanticismo literario está en su cúspide y las angustias de la tierra cubana ya han sido conocidas y divulgadas en México, donde incluso, años atrás, en 1825, llegó a formarse la Junta Protectora de la Libertad Cubana,[1] pues la revolución que agita a la isla, había lanzado a nuestras playas a toda una pléyade de patriotas, poetas y escritores a quienes la persecución y el odio político arrancaron de sus hogares, y quienes, al no soportar más ver la palma prisionera, las angustias del mambí y las ideas estancadas, se exiliaron y encontraron en México una tierra hermana y comprensiva que tendía sus brazos fraternos al cubano que lucha por su patria oprimida.

---

[1] En 1825 varios cubanos que vivían en México, y que habían acompañado a Guadalupe Victoria en Veracruz durante la guerra de Independencia, entre los que podemos citar a Antonio José Valdés, Juan Antonio de Uzueta, Juan Domínguez y un exlego betlemita, fray Simón de Chávez, formaron la Junta Protectora de la Libertad Cubana, y solicitaron al gobierno de México que enviara a La Habana mil quinientos hombres para que iniciaran con la ayuda del pueblo cubano la independencia de la isla, y para que el águila de los aztecas remonte su vuelo majestuoso sobre la antigua Cubanacán. Guadalupe Victoria decreta el envío de tropas. El general López de Santa Anna, en aquella época comandante militar de la península de Yucatán y a quien se otorga el título de "Protector de la Libertad Cubana", se apresta a la acción; reúne marineros en Campeche, practica una leva entre los indígenas de Yucatán y manda fabricar cientos de escalas para asaltar El Morro y La Cabaña, sin que falte naturalmente la proclama indispensable al desembarcar.
Pronto se difunde la noticia. España refuerza sus tropas en la isla, las cuales desembarcan frente al Morro. Al mismo tiempo, los Estados Unidos protestan y expresan su inconformidad por la intervención de las nuevas repúblicas en los asuntos de Cuba, motivo por el cual el gobierno mexicano desautoriza la expedición. Véase sobre este tema los interesantes trabajos de Emeterio Santovenia, *Armonías y conflictos en torno a Cuba*, FCE, 1956, y de José Luciano Franco, *Armonías y contradicciones cubano-mexicanas (1554-1830)*, La Habana, Ediciones Casa de las Américas/Instituto Cubano del Libro, 1975, pp. 77 y ss.

En efecto, ya desde aquellos años que forman el arranque del México independiente venía dándose asilo a todos aquellos héroes enfermos de patria, desde Francisco Lemus, el doctor José María Pérez y el "patriarca de todos esos inteligentes proscritos", como denominara Altamirano a José María Heredia, el cantor del Niágara, y autor de aquellos versos magníficos de "La estrella de Cuba", que sentenciaban:

> Que si un pueblo su dura cadena
> no se atreve a romper con sus manos,
> bien le es fácil mudar de tiranos,
> pero nunca ser libre podrá.[2]

Heredia vino a México en 1825, bajo la protección de don Guadalupe Victoria, después de la fallida conspiración de "Soles y Rayos de Bolívar", y encontró que bajo el cielo de Anáhuac florecían ideas de libertad. Aquí contrajo matrimonio y llegó a ocupar distintos puestos públicos, como juez de primera instancia en Cuernavaca, fiscal de la Audiencia de México, director del Colegio del Estado, en Toluca. Fue colaborador de diferentes periódicos, y dirigió dos publicaciones: *El Iris* (1826), "periódico crítico y literario", la primera revista del México independiente, y *La Miscelánea,* publicada también en dicha ciudad. En 1832 se reedita su libro de poemas, entre los que destaca por su carácter mexicanista "En el teocalli de Cholula". Heredia falleció en México en 1839, después de un desilusionante intento por regresar a vivir a su patria.

Vinieron luego, para instalarse en diferentes puntos de la república: Esteban Morales, quien llegó a ser secretario de Juárez, en Veracruz, donde también radicaron el periodista Rafael Zayas, José Miguel Macías y José Victoriano Betancourt, quien fungió como juez de primera instancia en Tuxpan y falleció luego en Córdoba, mientras en Cuba dos de sus hijos luchaban por la libertad de su patria; Pedro Santacilia y Palacios, este último venido de la colonial Santiago de Cuba, poeta y orador elocuente, que tras sufrir las amarguras del exilio en los Estados Unidos, donde fundó *La Verdad*, órgano de la Junta Revolucionaria, escribió también "El arpa del

---

[2] José María Heredia, *Poesías completas,* México, Porrúa (Sepan Cuantos...), 1974, p. 39, citado en J.M., "Discurso sobre Heredia", *OC,* t. 5, p. 166.

proscrito" y colaboró en la antología poética *El laúd del desterrado*. Santacilia, antes de partir al exilio, escribió unos sentidos versos en que expresaba su "¡Adiós!":

> ¡Partir es preciso! —Con voz iracunda
> Que parta me ordena destino feroz,
> El llanto por ello mis ojos inunda
> que es triste a la patria mandar un ¡adiós!
> No más, Cuba hermosa, veré tus montañas,
> tus límpidas aguas, tu fúlgido sol;
> Que pronto vagando por tierras extrañas
> Ni habrá quien escuche mi lúgubre ¡adiós!

Un destino común lo unió a Juárez. Ambos luchaban por su patria, ambos habían padecido prisión; Juárez en San Juan de Ulúa; Santacilia en las mazmorras del Príncipe, de donde fue enviado a España y de ahí a Nueva Orleáns, en Estados Unidos, donde conoció a Juárez, y donde atraído por la personalidad del indio de Guelatao —según relata Juan de Dios Peza— "vino a él como la brújula al norte, como el acero al imán, lo encontró, lo frecuentó, contrajo matrimonio con su hija Manuela, y no volvió nunca a separarse de su lado. A la hora del triunfo, cuando Juárez fue el primer hombre de América Latina, Pedro Santacilia, un cubano con alma de mexicano, fue su secretario".[3]

Arribaría también a México Juan Clemente Zenea, el Bayamés, quien encontró protección con Santacilia. Trabajó como redactor del *Diario Oficial de México,* y cultivó amistad íntima con Altamirano; refiere éste que "desde que llegó a su oído el grito de Yara no quiso permanecer más en México, y arrancándose de los brazos de sus hermanos de aquí, a quienes encantaba con su talento", regresó a Cuba tratando de mediar entre el gobierno español y los revolucionarios cubanos, pagando con su vida dicha intromisión al ser fusilado en los fosos de La Cabaña. Ahora puede recordársele en aquellos versos en que decía:

---

[3] Pedro Santacilia, "El arpa del proscrito", en *Pedro Santacilia, el hombre y su obra,* México, Centro de Investigaciones Científicas Jorge L. Tamayo, t. 2, p. 305.

> No busques volando inquieta
> mi tumba oscura y secreta,
> golondrina. ¿No lo ves?
> en la tumba del poeta
> no hay un sauce ni un ciprés.[4]

Posteriormente, otro poeta venido de Cuba, que después de vivir en Mérida se trasladara a la capital, se dio a conocer en México durante la celebración de las fiestas patrias, la noche del 15 de septiembre en el Teatro Nacional.

Acababa de hablar Justo Sierra, en el esplendor de su juventud en aquella época, y mientras se escuchaban los aplausos —refiere Juan de Dios Peza—, "saltó al escenario un joven desconocido que le dio apretado abrazo a nombre de su patria cautiva. Al preguntársele de dónde era, respondió: "Soy de esa tierra / que en sangre tiñe su libertad." ¿Quién es?, se preguntaban todos. ¡Era Alfredo Torroella!, que emocionado con la celebración de nuestras fiestas, tomó una bandera mexicana que adornaba el palco de Juárez y adelantándose al público declamó mientras las lágrimas asomaban a sus ojos:

> México, en este día,
> en que el sol de tu gloria reverbera,
> dejadme que tremole tu bandera
> ¡yo, que no puedo tremolar la mía!

Y luego dirigiéndose al presidente Juárez que le aplaudía conmovido expresó:

> Del proscrito cubano,
> acoge el gran amor que por ti encierra;
> ¡no quiero ser esclavo allá en mi tierra
> y vengo aquí a ser libre y mexicano!

---

[4] Salvador Bueno, *Historia de la literatura cubana*, La Habana, Editorial Nacional de Cuba, 1963, p. 115.

Desde aquel día a Torroella se le abrieron todas las puertas de los círculos literarios, del brazo de Justo Sierra.[5]

Es como si toda esta pléyade de poetas cubanos siguiera el consejo de su compatriota Jacinto Milanés, aquel que abominando de la esclavitud había escrito: "Nunca comiendo el pan del emigrado, pensé cumplir con mi adorada Cuba." Y aconsejaba a los poetas:

> Yo te quiero pedir, que pues ahora
> brillas poeta en la cubana lista,
> recuerdes más la sociedad que llora,
> y olvides más tu lamentar de artista.[6]

A ellos venía a unir su nombre José Martí.

---

[5] Juan de Dios Peza, "Recuerdos de Torroella", en *Epopeyas de mi patria. Benito Juárez*, México, Editora Nacional, 1956, p. 279. Existe otra versión, con algunas modificaciones y que ha sido más divulgada, publicada en *Bimestre Cubano*, vol. 6, núm. 5, septiembre-octubre de 1911, p. 394.

[6] Salvador Bueno, *op. cit.*, p. 115.

III. PRIMERAS HORAS EN MÉXICO

Era medianoche cuando el tren entró resoplando en la estación de Buenavista. Ahí esperaba don Mariano, padre de Martí, a quien acompañaba un buen vecino y amigo, don Manuel Mercado, que ocupaba el puesto de secretario del Gobierno del Distrito Federal. Momentos después, cuando abriéndose paso entre la multitud que abarrota el andén se encuentran padre e hijo, un fuerte abrazo une al viejo militar español y al joven revolucionario cubano, poniendo fin a cinco años de ausencia; sus ojos se encuentran, ambos se miran en silencio, un silencio que no hubiera querido romper don Mariano, porque sus palabras llevan amargura, dolor y oscuridad.

Luego, por la lóbrega calzada de Buenavista, débilmente alumbrada por faroles de aceite, mal empedrada, llena de hoyancos, con su intenso tránsito de carretas y carretones, con sus carros detenidos o caídos, rodeados de hombres que tratan de levantarlos y hacerlos andar, se aleja el coche que lleva a los Martí y a Mercado, primero por la calzada de Tacuba, para adentrarse después por las antiguas calles del México colonial, entre ruinas de conventos en demolición y nuevas calles que se abren. Entonces, una pregunta no puede quedar sin respuesta, el silencio tiene que ser roto... ¡Ana ha muerto! Su querida hermana Mariana Matilde, "Ana", murió de una afección orgánica del corazón, a las nueve y media de la mañana del 5 de enero de 1875, mientras Martí cruzaba el Atlántico desafiando la tormenta. "El pobre corazón me lo decía:— / ¡Ay! ¿cuando vuelva yo, se me habrá ido / La candorosa niña que solía / En mis brazos hallar caliente nido, / Y perfumar de amor mi fantasía?"[1]

Los doctores habían dicho que era "la altura", que su débil corazón no soportaba los 2 000 m de altitud de la ciudad de México, y que por eso enfermó. Entretanto, ella esperaba; esperaba la llegada

---

[1] J. M., ["Amiga: Yo esperaba"], en *Poesía completa. Edición crítica,* La Habana, Letras Cubanas, 1985, t. II, p. 82. (En adelante, las referencias en versos de José Martí remiten a esta edición, por lo que sólo se indicará *PCEDC*, tomo y paginación.)

del hermano, esperaba con angustia de enamorada la llegada de su novio, el pintor Manuel Ocaranza, que también se encontraba en Europa. El retorno de ambos se prolongó demasiado y aquel débil corazón dejó de latir sin que sus ojos pudieran ver nuevamente a los seres que amaba. Ahora sus restos reposaban en un lote que le proporcionó el amigo Mercado, en el panteón de Campo Florido. Vivían entonces los Martí en la calle de Puente del Santísimo número 1, adonde ahora se dirigían.[2]

Amarga y triste fue la llegada de Martí al hogar donde lo esperaban con lágrimas en los ojos su madre y sus hermanas. A la mañana siguiente, Martí pudo darse cuenta de toda la pobreza y el dolor que se encerraban en aquel modesto hogar convertido en taller de sastrería, donde, como en Cuba, su padre, envejecido y enfermo proseguía su oficio de sastre, cosiendo uniformes militares para un catalán de apellido Borrel, proveedor de uniformes para el ejército, labor en la que ayudaban con dificultad doña Leonor, que ya empezaba a perder la vista, y las hermanas de Martí, que trabajaban intensamente, cosiendo al por mayor; pero aún así los ingresos no alcanzaban y eran muy escasos.

Amargas fueron para Martí sus primeras horas en México; amargas y tristes, a pesar de los esfuerzos que hacían doña Leonor y las niñas para hacer menos profunda la angustia de José, que sentía un vacío en su hogar; entristecíale ver aquellos trajes negros luctuosos, de su madre y sus hermanas, la muerte de Ana le obsesionaría por largo tiempo. Pero en el parloteo familiar de los días siguientes, fue descubriendo con horror todas las amarguras y pesares que había padecido su familia. ¡Con cuánta ilusión habían venido a México para poder reunirse con el hijo ausente! El 22 de abril del año anterior embarcaron, en el vapor Eider, sus padres, acompañados de Antonia, Ana, Carmen y Amelia, así como su pequeño sobrino Alfredo, de cuatro años, hijo de Leonor, la Chata, el cual no quiso separarse de los viejos. Leonor quedó en La Habana, para reunirse a todos más tarde.

---

[2] Raúl García Martí, *Martí. Biografía familiar,* La Habana, Imprenta Cárdenas y Compañía, 1938, p. 114. Para los domicilios de Martí en México, sobre los que existe mucha confusión, seguiremos a este autor, por considerarlo el más acertado en esta etapa. La calle del Puente del Santísimo, a espaldas del Hospital Real, ya desaparecido, corresponde hoy a la esquina que forman las calles del Segundo Callejón de Dolores y Artículo 123. La casa ya no existe.

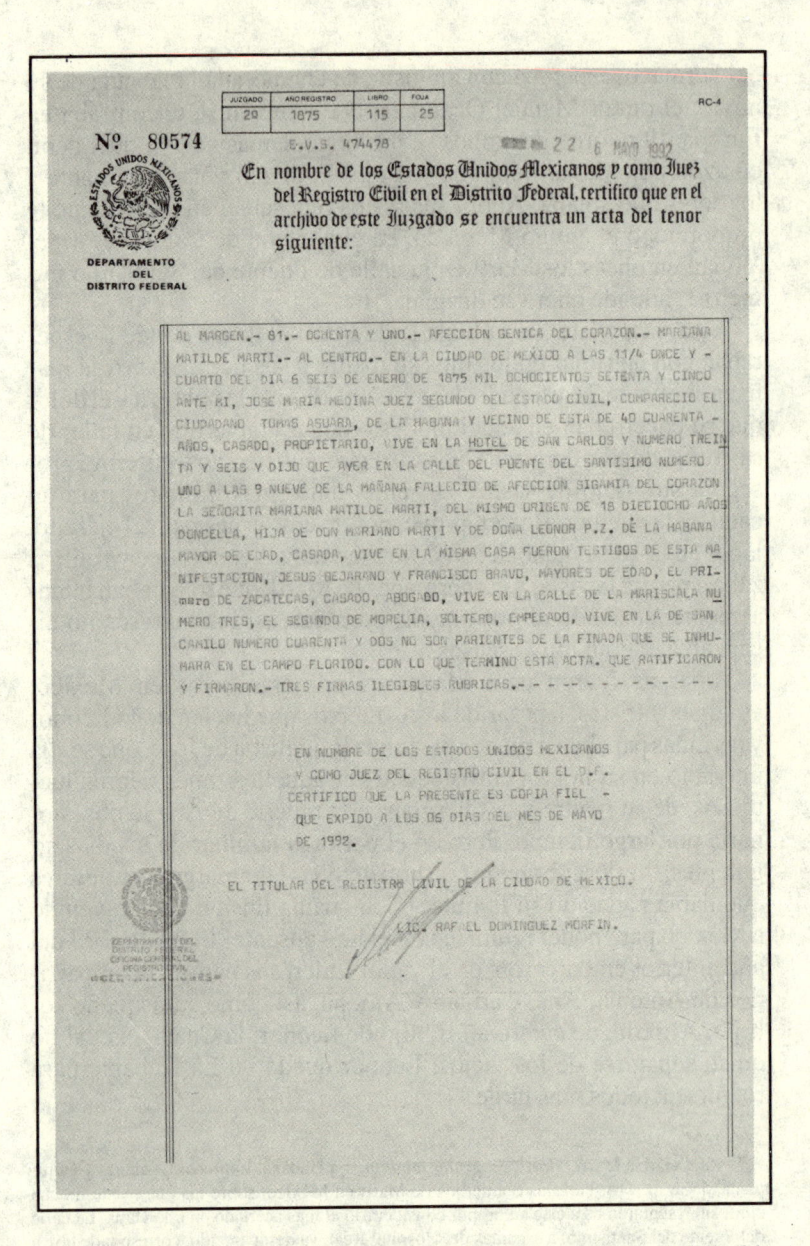

Acta de defunción de Mariana Matilde Martí, hermana de José, fallecida en México en 1875.

Desde su arribo a tierras mexicanas, la vida de la familia de Martí había sido una aventura llena de penalidades. Ya en camino a la capital, notan la falta de la pequeña Amelia, que en un descuido ha bajado del tren en una estación intermedia. Ante la alarma general del pasaje el tren se detiene, en tanto Amelia corre despavorida para alcanzarlo y reunirse con su familia.[3]

Ya en la ciudad de México, adonde llega los primeros días de mayo, la familia se aloja provisionalmente en el hotel de un cubano (probablemente el Hotel San Carlos), y posteriormente se cambia a una casa de la segunda calle de Moneda, frente a la antigua Casa de Moneda, convertida ahora en Museo de Historia. Ahí Martí y los suyos son vecinos de la familia Mercado, que vivía en la parte superior del entresuelo que ellos ocuparon. Pronto se inicia la amistad entre ambas familias. A casa de los Mercado acudía orgulloso don Mariano, para enseñar al licenciado Mercado los artículos de su hijo, y despertando el interés por éste. En tanto, el pintor Manuel Ocaranza, que vivía con la familia Mercado, intima con las jóvenes y principia a dar clases de pintura a Ana.[4] Así, aparecen los enamorados de ésta, entre los que se menciona a un tal Venustiano Carranza, estudiante de medicina, pero Ana prefiere y se hace novia de Ocaranza, ante los resquemores y la desaprobación de don Mariano, como se deduce de una carta de Ana a Ocaranza: "Queridísimo Manuel: me figuro que esta semana te habrás incomodado porque me estuviste esperando en el corredor tanto rato, pero me fue imposible salir a verte, porque papá estaba en el cuarto sentado y me hubiera visto..."

Posteriormente, bien sea por los celillos paternos de don Mariano o porque, según relata García Martí, "la familia quiere hacer algunas economías", se cambia a otra casa más pequeña, en un segundo piso de la calle de Puente del Santísimo, hasta donde tenía que ir a visitarla Ocaranza, como consta en otra romántica carta de Ana:

Queridísimo Manuel:

No sabes lo largo que se me hacen los días esperando verte, cuánto daría yo por vivir tan cerca de ti como antes, todos los

---

[3] *Idem.*
[4] Véase Nydia Sarabia, "Ocaranza en la pupila artística de Martí", en *Revolución y Cultura*, La Habana, enero de 1983. Existe un retrato, regalo de Ana a Ocaranza, con la siguiente dedicatoria: "Para mi mejor amigo y maestro. M.E. Ocaranza. Su discípula. Ana Martí."

> días a las doce me acuerdo de ti, aunque sin ser a esa hora no te olvido un momento, pero no puedo ir a esperarte como antes, al balcón o al corredor, cuánto lo siento.[5]

Los días pasan veloces, Ana se enferma, y en octubre Ocaranza parte a Europa a perfeccionar sus estudios de pintura.[6]

Más tarde Martí no necesitó de muchas preguntas para enterarse de la tragedia por la que había pasado la familia. Bastaba con ver los periódicos que, trémulo, le tendiera don Mariano; ellos le ahorrarían muchas palabras. Ahí está el ejemplar de *La Iberia*, que editaba el caballeroso Anselmo de la Portilla; en el número correspondiente al 30 de diciembre de 1874, pudo leer aterrado:

> FAMILIA EN DESGRACIA. —Es una familia española, compuesta de los padres y varios hijos, careciendo enteramente de recursos, ha tenido además la desgracia de que las enfermedades se hayan ensañado con ella. No tienen qué comer, no tienen qué vestir, no tienen con qué curarse, y la miseria la devora. La Sociedad de Beneficencia Española le dará algo [...] no podrá ser mucho; y por este motivo algunas personas que conocen a la familia y han visto sus padecimientos, han venido a pedirnos dos cosas: primera que digamos la residencia de la familia, por si alguna persona caritativa quiere enviarles algún auxilio; segunda, que abramos una suscripción en la redacción de *La Iberia*.
>
> Pues bien; la familia vive en el Puente del Santísimo núm. 1 y la suscripción abierta está.

Haciéndose copartícipe de esta propuesta, en la *Revista Universal* del 1 de enero de 1875, en la sección "Ecos de todas partes", el joven poeta Juan de Dios Peza, para quien recientemente se había hecho una colecta similar, escribía:

---

[5] *Idem.*
[6] Según noticia publicada en *El Federalista* del 15 de agosto de 1874, Ocaranza partió la noche anterior hacia Veracruz, y el 17 debe haber salido en el barco francés Zanzíbar, que ese día zarpó hacia Europa.

LA IBERIA

> Este colega español
> Que es de finura un portento,
> Que alumbra con su talento
> Por que el talento es un sol...
> Ha dado principio ayer,
> A una lista que a la vista
> Es la más sagrada lista
> Que hemos llegado a leer...
> Así pues... Llegad y vedla
> Todo el bien ella concibió
> Se trata de una familia
> Que está pobre... Socorredla...

Angustiado, conmovido, casi sin poder creer tanta desdicha, Martí sigue revisando los periódicos; el 1 y 3 de enero, aparece en *La Iberia* la lista de las aportaciones; en el correspondiente al día 7 se lee:

> LA FAMILIA NECESITADA. —Ayer murió la niña mayor de la familia para la cual hemos abierto una suscripción en *La Iberia*. Era una joven de 18 años, dotada de las más encomiables prendas, y su pérdida pone en el colmo de la horrible situación a sus angustiados padres. Recordemos que vive la familia en el Puente del Santísimo número 1. Sabemos que alguien ha enviado allá algún socorro. Dios se lo pagará también a otros que hagan lo mismo.

En las ediciones de los días siguientes continuaban apareciendo las aportaciones, hasta el día 19, en que se identifica a la familia, al publicarse en la sección de gacetillas: "La suscripción abierta para el Sr. Martí... $ 72.50."

La penuria de la familia era tan grande, que tuvo que acudir en su ayuda el fidelísimo Manuel Mercado, quien para evitar que Ana fuera sepultada en la fosa común cedió uno de sus lotes familiares.[7]

Pero también estaban ahí las cartas que le escribiera, y la hacen expresar:

---

[7] Sobre la muerte de Ana, véase Camilo Carrancá y Trujillo, *Ana Martí. Noticias de su muerte*, México, Imprenta Mundial, 1934.

> No está! no está! Las hojas que gimiendo
> Grabé en dolor —por sus miradas, bellas—
> Abiertas miro aquí, como diciendo
> Que el ángel que las vio partióse dellas![8]

Aquel profundo dolor es mitigado por la humana comprensión de Manuel Mercado, con quien intima, a quien visita con frecuencia, y en cuyo hogar mexicano el recién llegado encontró comprensión, cariño y amor fraterno. El licenciado Mercado se había convertido ya en protector de su familia, y a los pocos días, ante las necesidades apremiantes, y con su recomendación, pronto consigue empleo como corrector de pruebas en *El Federalista*;[9] así Martí ya pudo ayudar en algo a las más elementales necesidades del hogar.

Luego, en compañía del propio Mercado, que lo relaciona y acompaña en sus largos paseos, Martí va conociendo la ciudad, sus viejas iglesias, sus paseos, plazuelas y alamedas por donde deambulan en tumulto los indígenas de huarache y sarape, o rebozo las mujeres; hombres de grandes sombreros de petate que hablan otra lengua, y que representan la imagen de un mundo diferente, de una América nueva. En tanto, el ámbito social de Martí va agrandándose; ya se ha puesto en contacto con sus paisanos; con don Pedro Santacilia, quien le acogió con benevolencia y con el que platicó largamente sobre la situación política de Cuba; con Antenor Lescano, colaborador de diferentes periódicos; con Ramón Guzmán, exministro de Juárez, casado con Rosa Zayas Bazán, guapa camagüeyana hija de un rico tabacalero de la isla, quien también vive en México. Una tarde —se dice— Martí fue presentado por Santacilia al coronel Vicente Villada, director de la *Revista Universal*, diario de política, literatura y comercio, situada en el número 13 de la calle de San Francisco, frente a la plazuela del Guardiola. A Villada el nombre de Martí le era conocido, pues ya habían abogado por él Antenor Lescano y Mercado. A manera de presentación personal, Martí llevaba en sus bolsillos sus primeros versos, escritos en México

---

[8] J.M., "Mis padres duermen", *PCEDC*, t. II, p. 52.

[9] Entre los apuntes ordenados por Gonzalo de Quesada existe el borrador de una carta a Manuel Mercado, relacionado con el envío de sus *Versos sencillos,* en el cual le manifiesta: "Cómo he de olvidar yo que por V. tiene sepultura mi hermana, y que por V. hallé trabajo a las pocas horas de llegar a México, mísero y desconocido?" J.M., *"Fragmentos"*, *OC*, t. 22, p. 158.

aquella noche de insomnio y visiones fantasmagóricas del 28 de febrero, cuando el lacerante dolor que le ocasiona la muerte de Ana encontró salida en la poesía:

> Mis padres duermen,
> Mi hermana ha muerto.
>
> Es hora de pensar. Pensar espanta
> Cuando se tiene el hambre[10] en la garganta.
> [...]
> Ellos tienen las canas en la frente,
> La noche del amor en la memoria,
> Y en la faz una lágrima caliente
> Y un caliente cadáver por historia.—

Y trasmutando sus visiones a sus padres, continúa:

> Ellos la oyen gemir, con ese extraño
> Oído paternal, que oye y escucha
> Más allá de las tierras del engaño
> Donde el espíritu con el cuerpo lucha;
> ¡Ellos saben la voz que se levanta
> En los misterios de la noche breve,
> Y conocen el árbol en que canta
> Y adivinan la rama en que se mueve!
> ¡Ellos la ven de la apartada huesa
> Alzarse blanca, embellecer la vida
> Y sienten el instante en que los besa,
> Y en que en su corazón está dormida!
> ¡También es noche ahora—
> Y ella riega la tierra que la cubre
> Con el llanto de amor que por mí llora![11]

---

[10] "Hambre", dice literalmente en la versión de la *Revista Universal,* pero alguna mano piadosa, habiéndosele hecho fuerte el término, lo cambió por "alma", y así ha venido publicándose posteriormente.

[11] J.M., "Mis padres duermen", *PCEDC*, t. II, pp. 51-52.

Estos versos se publican en la *Revista Universal* el 7 de marzo, y con ellos Martí hace su presentación en la prensa mexicana. Como preámbulo se expresaba:

> Además de los sabrosísimos versos de Fidel, publicamos dos desconocidas composiciones, de Pepe Rosas la una, y de un joven poeta cubano que tiene parte como colaborador desde hace algunos días en la *Revista,* la otra. El Sr. Martí es un sentido poeta que tan luego como sea conocido, ha de captarse las simpatías de nuestros círculos literarios.
> Léase su sentida composición y se verá que nuestro pronóstico tiene que cumplirse.

IV. EN LA *REVISTA*

Fue la *Revista Universal*, diario "de política, literatura y comercio", nido de liberales, donde Martí hace contacto con el núcleo literario de México, con la realidad mexicana, con los hombres de la Reforma y el pensamiento liberal mexicano, con el "Maestro" Guillermo Prieto, exsecretario de Juárez, cantor de la *Musa callejera*. En la *Revista*, Prieto publicaba sus "Charlas domingueras" y "maravillaba a sus oyentes con aquellos discursos improvisados sobre la historia y costumbres del país, que eran descargas de fusilería cuya bala graneada resonaba contra el muro".[1] Ahí conoció al poeta indio, Manuel Altamirano, tribuno formidable, discípulo de Ignacio Ramírez, autor de *Clemencia* y *El Zarco,* partidario decidido de la independencia de Cuba; también conoció ahí al propio Ignacio Ramírez, el Nigromante, "esa naturaleza inteligente" que años atrás había sacudido a la sociedad retrógrada de su tiempo, cuando en la Academia de Letrán presentó como trabajo de ingreso un tema titulado: "Dios no existe, los seres en la naturaleza se sostienen por sí mismos". A Juan A. Mateos, orador, novelista y dramaturgo; a Hilarión Frías y Soto; a Juan José Baz, el "enemigo formidable del despotismo eclesiástico", para quien eran "pícaros" todos los enemigos de la libertad, el que años atrás, durante las luchas de Reforma, "cuando la Iglesia se negó a entregarle, un Jueves Santo, las llaves del templo, como símbolo de acatamiento del culto al Estado en que se practica, entró en el templo a caballo, y se llevó las llaves; ¡quien no escribe poema en América es porque no conoce a América!"[2] Ahí conoció también a José Rivera (Pilades) y a Juan de Dios Peza, poeta en plena juventud, a quien recordará posteriormente con cariño:

---

[1] J.M., "Juan de Dios Peza", *OC*, t. 8, p. 205.
[2] J.M., "Juan José Baz", *OC*, t. 8, p. 199.

¡le acusaban de perezoso y no veían que cada mes llenaba un tomo de versos! [...] Aún me parece verlo, en aquellas mañanas de oro de la suntuosa Tenochtitlán, entrar por la redacción de *La Revista* con sus rollos de versos nuevos saliéndosele del bolsillo, gacho el sombrero, negro el cabello y la patilla a lo andaluz; risueños los ojos, la boca joven y encarnada, blanco como mármol el color [...] La sonrisa no se le caía de los labios ni el sombrero de sobre los ojos.[3]

También conoció en la redacción a Justo Sierra, Francisco Bulnes y Urtibí, e intimó con sus paisanos Antenor Lescano y Alfredo Torroella. Ya en contacto con éstos, Martí fue presentado en los círculos literarios y culturales, y pasó a formar parte del Liceo Hidalgo.

Martí fue bien acogido en la *Revista* y de inmediato se puso a trabajar, sorprendiendo a todos por su prodigalidad y cultura, que le permiten abarcar los más diversos temas: teatro, literatura, política, el problema indígena, los conflictos con los Estados Unidos, Cuba, las ambiciones no calladas del clero, las huelgas obreras y los temas económicos sobre proteccionismo y libre cambio. Nada escaparía a su pluma polifacética. Martí será en México, desde entonces, "un mexicano más —escribe Andrés Iduarte—. Cuba le dio la vida y el alma. España algunos instrumentos de trabajo en sus universidades, México la práctica y la profesión de periodista".[4]

Como se hace constar en una nota de la sección "Ecos en todas partes" del 7 de marzo, el cubano colaboraba con anterioridad en el periódico, mas como era natural, por el desconocimiento de los problemas nacionales, sus primeros artículos reflejan sus vivencias europeas. El 2 de marzo, firmado como "El corresponsal" en la sección "Extranjero. Correspondencia particular de la *Revista Universal*", aparece su primera crónica titulada "Cartas de París".[5] El 7 publica "Mis padres duermen", y el día 9, en la sección "Variedades", se publica su segundo artículo, "Cartas de París", firmado con el seudónimo Anáhuac, en el que expone su admiración por Victor Hugo, y manifiesta con orgullo: "Yo he visto aquella cabeza,

---

[3] J.M., "Juan de Dios Peza", *OC*, t. 8, pp. 206 y 205, respectivamente.

[4] Andrés Iduarte, *Martí escritor*, La Habana, Publicaciones del Ministerio de Educación, 1951, p. 13.

[5] J.M., "Extranjero. Cartas de París", en *Anuario del Centro de Estudios Martianos*, núm. 1, La Habana, 1978, pp. 22-27.

yo he estrechado aquella mano, yo he vivido a su lado esa plétora de vida en que el corazón parece que se ancha, y de los ojos salen lágrimas dulcísimas, y las palabras son balbucientes y necias, y al fin se vive unos instantes lejos de las opresiones del vivir."

Y en otras líneas en que deja traslucir todo su sentido ético, dice: "Yo no amo a París." La ciudad no lo ha deslumbrado por su opulencia "dorada" como símbolo de vanidades falsas, porque a pesar de su lujo y sus hombres brillantes, ve las miserias humanas en medio de tanto esplendor y "porque yo creo absolutamente en la bondad de los hombres. [...] Y en París vive, Phynea impura, absorbedora de sus jueces.— Vive como Byzantium, indolente y espléndida".[6]

Tres días después, el 12, empieza a publicarse en el mismo periódico, en forma de folletín encuadernable, la traducción que Martí hiciera de *Mes fils,* relato autobiográfico de Victor Hugo, que éste publicara el año anterior.[7] Ya en el prólogo a ese texto Martí nos lega algo de su carácter y sus ideas:

> Yo no había querido traducir a nadie nunca, o por respeto, o por convicción, o por soberbia [...] Y ahora, he traducido con alegría, con orgullo, con verdadero amor. Estas páginas serenas me dominan; este sol me calienta; esta alma me habla. [...] En las estrecheces de una escuela, yo no vivo. Ser es más que existir: grandeza es más que escuela [...] Y como todo esto vive, y brota todo noblemente de aquella cabeza universal, yo lo vi como a padre o como mío, y lo amé y lo traduje con placer.[8]

En esta traducción de *Mes fils* no hemos de ver tan sólo un simple acto de traducción literaria. Ésta lleva una profunda carga de similitudes subconscientes, quizá un mensaje a don Mariano, sobre cuya actitud Martí alberga temores. Traduce el texto para sentir esas pá-

---

[6] Véase "Un artículo desconocido de Martí. 'Variedades de París' ". Este artículo fue dado a conocer por Fina García Marruz en el *Anuario Martiano,* La Habana, núm. 2, 1970, pp. 116-119; *OC,* t. 28, pp. 15-19.

[7] Véase Camilo Carrancá y Trujillo, *Martí traductor de Victor Hugo,* México, Talleres Gráficos de la Nación, 1933.

[8] J.M., "Mis hijos", *OC,* t. 24, pp. 14-33. Martí tradujo *Mis hijos,* según su propio relato, a petición del poeta Augusto Vacquerie.

ginas como propias, como algo íntimo. *Mis hijos* es el relato de una familia que lucha por la patria; también se cuenta el heroico ejemplo de un padre que lucha junto a sus hijos, compartiendo sus penas, la cárcel y el ostracismo. Martí lo traduce porque coincide con su concepto del deber:

I

Este padre se va, al azar, delante de él, a una playa desierta, en la orilla del mar.—En el momento en que sale de Francia, sus hijos salen de su prisión; coincidencia dichosa, de manera que pueden seguirle; con ellos compartió su celda, con él compartirán su soledad.

II

Se vive así. Los años pasan. ¿Qué hacen durante este tiempo? Una cosa sencilla, su deber. ¿De qué se compone para ellos el deber? De esto: persistir. Esto es, servir a la patria, amarla, glorificarla, defenderla; vivir para ella y lejos de ella; y porque para ella se es, luchar; y, por que se está lejos de ella, sufrir.

Servir a la patria es una mitad del deber; servir a la humanidad es la otra mitad: ellos cumplen con todo su deber. El que no lo cumple todo, no lo cumple: tal es la avaricia celosa de la conciencia.[9]

La publicación de *Mis hijos* fue muy bien acogida; sirvió para consolidar los éxitos de Martí, tanto en la redacción del periódico como en los círculos intelectuales de México, y para que su nombre empezara a ser conocido.

El 14 de marzo Martí sustituye a Juan de Dios Peza en la redacción de las gacetillas sin firma de la sección "Ecos de todas partes", donde tendrá la oportunidad de tratar los más diversos temas. A partir de ese momento ya nada podrá detenerle, su pluma incansable irá llenando las páginas de los periódicos. En su primera gacetilla

---

[9] *Ibid.*, p. 21.

"No haya miedo", salta el tema cubano. Martí comenta brevemente un artículo sobre Castelar, publicado en *La Iberia*, refiriéndose a que Castelar no aceptaría la Presidencia de Cuba: "¡Oh, no haya miedo! —escribe Martí—. No ha de apresurarse el Sr. Castelar en vindicar su patriotismo. Lo hizo demasiado injusto, demasiado egoísta, demasiado inconsecuente para que haya de merecer honor que para él no lo sería, ni los cubanos han pensado seguramente en darlo."[10]

En la siguiente colaboración, que titula "Milagros", el novel periodista se pone a tono con los escritores liberales de la *Revista,* al referirse a que los milagros: "No se han concluido todavía. En Toluca crecen las uñas a la madera, en un crucifijo de la Santa Veracruz. Y ¡qué milagro! sin peinarlo con pomada de oso, también ha crecido el pelo al crucifijo. Y se lo cortan, y vuelve a crecer: este crucifijo es un pólipo."[11]

Pero no sólo en México acontecen los milagros, también...

> En España, la Virgen del Pilar de Zaragoza se deshace. Es fama en la ciudad que el Sr. Arzobispo llamó a un platero para que acicalase y limpiase a la Virgen, y llegó, y palpó, y vio, que la Virgen inmortal y eterna se había humanificado en un pedazo de madera que se apolillaba; y prudente y sabiamente resignó el cargo de limpiador. Pero la Virgen se apolilla y en la ciudad se sabe.[12]

Martí escribe sobre los acontecimientos del Virginius, sobre la muerte de José Victoriano Betancourt, comenta cómo en La Habana las autoridades españolas no dejaron desembarcar a la actriz Adelaida Ristori, y escribe sobre el pintor Manuel Ocaranza, que ha regresado a París después de un viaje a Italia.

¿Quién es éste que así escribe? Sus escritos no se pierden en un mar de tinta, tienen la virtud de llegar a las conciencias, sacudirlas y despertar polémicas. Sus artículos y gacetillas desconciertan a los periodistas de *La Colonia, La Iberia, Le Trait D'Union* y *El Monitor,* que no pueden pasarlo por alto. Lo comentan, le replican. Pe-

---

[10] J.M., "No haya miedo", *OC*, t. 28, p. 57.
[11] J.M., "Milagros", *OC*, t. 28, p. 27.
[12] *Idem.*

ro Martí tampoco los deja sin respuesta, y a partir de este momento surgen las polémicas que acompañarán toda su labor periodística.

Cuando *El Monitor* comenta la nota de Martí sobre Castelar, el cubano le replica en su gacetilla del 18 de marzo:

NO TIENE GRACIA

Dice *El Monitor* que los cubanos no tenían presidencia que ofrecer al Sr. Castelar.

Sí tienen y noble y justa. La misma que hubieran ofrecido en la época de su emancipación todos los pueblos libres de la América del Sur, la misma que hubieran ofrecido los Estados de Centroamérica, la misma con que nosotros hubiéramos podido brindar, cuando laboriosamente generábamos nuestra independencia. La misma historia, los mismos derechos heridos, los mismos sacrificios magnánimos, las mismas peticiones justas, la misma presidencia que ofrecer...[13]

Por la misma fecha, Martí contesta a *La Colonia*, periódico hispanizante, propiedad del agresivo y antipopular Adolfo Llanos y Alcaraz, quien comentaba como chascarrillo su interpretación sobre la Virgen del Pilar:

La *Revista* supo lo que decía, y *La Colonia* no conoce los chascarrillos bien.

El reconocimiento a la Virgen del Pilar [...] se hizo hace tres años a lo sumo. El platero [...] cuyo nombre podemos decir [...] y por prudencia justa callamos aquí, halló al quitar las vestiduras últimas a la Virgen que estaba en algunas de sus partes como deshecha y apolillada [...] No sabemos nosotros por dónde pudo haber [tomado] a chascarrillo *La Colonia* nuestro párrafo.[14]

Como la discusión entre *La Colonia* y la *Revista* se prolonga durante varios días, en relación con los casos de la Virgen del Pilar y la señora Ristori, y se alude ya francamente a la situación cubana,

[13] J.M., "No tiene gracia", *OC*, t. 28, pp. 59-60.
[14] J.M., "A *La Colonia*", *OC*, t. 28, p. 60.

en la gacetilla del 21 de marzo, titulada "Otra vez *La Colonia*", Martí concluye: "Y en cuanto a discusiones de género más serio, excusado es decir que sin disgusto alguno estamos siempre y por completo dispuestos a explicar y defender los artículos justos de nuestra Constitución, y a aceptar sobre este punto cuantas discusiones se susciten."[15]

Ya ha empezado a discutirse la cuestión de Cuba, por lo que en otra parte de la edición de ese día y tomando como punto de partida un telegrama publicado en varios periódicos, Martí escribe, con el título "El parte de ayer", su "yo acuso" sobre la barbarie española que ahoga en sangre a la isla, pues según el telegrama recibido habían sido fusilados en Cienfuegos veintidós jóvenes cubanos, ajusticiados fuera de las murallas sin juicio previo:

> ¡Oh! ¡Que no sea verdad lo que el telegrama dice; que la carta primera haya mentido; que no se vierta más sangre pacífica, allí donde tanta sangre ardiente y generosa se pierde! ¡No se pierde, se siembra! Pero en cuanto las exigencias humanas no lo pidan, que la guerra no sea el asesinato [...] Porque, si el telegrama es verdad, ellos no han muerto en lucha en el campo, ni prisioneros siquiera —ya que allí matan a los prisioneros— sobre el lugar ardiente de batalla.— [...] ¡allí fueron veintidós hombres fusilados, donde sus casas lloran, y la tierra llora, y llora el muro que lo vio, y la misma infamia llora también! Porque no los juzgó nadie.[16]

Más adelante, en el mismo extenso artículo, la pluma de Martí vuela al pasado para relatar la trágica noche de los sucesos del Teatro Villanueva, aquella terrible noche de angustia y sangre que ha quedado para siempre grabada en su memoria:

> No basta que sobre un teatro indefenso y repleto, sobre mujeres, y hombres, y niños, se haya lanzado a un tiempo una muralla encendida de fusiles; [...] ¡ni los horribles días de enero que llenaron de cadáveres asesinados la calzada de Jesús del Monte y las calles de Jesús María, y los que mi madre

---

[15] J.M., "Otra vez *La Colonia*", *OC*, t. 28, pp. 61.
[16] J.M., "El parte de ayer", *OC*, t. 1, pp. 115.

atravesó para buscarme, y pasando a su lado las balas, y cayendo a su lado los muertos, la misma horrible noche en que tantos hombres armados cayeron el día 22 sobre tantos hombres indefensos! ¡Era mi madre: fue a buscarme en medio de la gente herida, y las calles cruzadas a balazos, y sobre su cabeza misma clavadas las balas que disparaban a una mujer, allí en el lugar aquel donde su inmenso amor pensó encontrarme! —Descansaban un tanto; parecía que bastaba:— ¡Todavía no se cansan; no basta todavía![17]

Pero junto a estos artículos, junto a su prosa, como chispas, van saltando los versos, de Martí; páginas en que se manifiestan sus deseos, sus inquietudes y la lacerante intimidad del poeta. Así aparecen "Sin amores", "Magdalena", "Muerto", poemas que despiertan el interés por el poeta y le abren las puertas del mundo femenino que empieza a reclamarle.

[17] *Ibid.*, p. 116.

V. LA CASA DE LA MUSA

Juan de Dios Peza, el amigo más íntimo del malogrado Manuel Acuña, el autor de aquellos versitos en que se hacía eco de la colecta iniciada por *La Iberia* para la "familia necesitada", se había convertido en el amigo más allegado de Martí; lo acompañaba a todas las tertulias y le abría las puertas de los círculos literarios.

Una noche de principios de marzo de 1875, durante una reunión en casa de Alfredo de Bablot, Juan de Dios Peza, que era novio de Asunción de la Peña, presenta al cubano a la hermana de ésta, a Rosario, la enigmática mujer de la que tanto había oído hablar Martí. Rosario era la musa de la época, a la que rodeaba toda una pléyade de poetas. Era una mujer un poco mayor que Martí; tenía veintiocho años de edad y era alta, morena, de gallardo porte, con una cara redonda donde se empotraban un par de ojos negros de mirar profundo. Sabía declamar y hablaba con soltura de poesía y literatura. Rosario se desenvolvía con agilidad extraña dentro de los rígidos conceptos feministas de esos años. "La inteligencia y el corazón de esa mujer valían más que su hermosura", escribió de ella Luis G. Urbina.[1] Quienes la trataban por primera vez quedaban hechizados y atraídos por su magnetismo, pues daba la impresión de ser una de esas raras mujeres que alejadas de las vanidades femeninas, sabía comprender la naturaleza de los hombres, y éstos se entregaban a ella apasionados, sin saber que iban a chocar contra una muralla de indiferencia a la que luego catarían con amargura. Rosario y Martí simpatizaron, y a las pocas noches se iluminaban los salones de la

---

[1] Luis G. Urbina, *La vida literaria en México*, México, Porrúa, 1946, p. 113. Al respecto, sobre el éxito de Rosario, quizá podamos encontrar una respuesta en las cartas que Altamirano escribía aquel año: "las mujeres sociales son pocas, ya lo sabemos de memoria; las demás ¡oh!... las demás conocen mucho de la moda, poseen una vivacidad engañosa, no pueden construir una frase agradable y tiene uno que huir de ellas para no asfixiarse de tedio". Ignacio Manuel Altamirano, carta a Concepción Queiroz Pérez, 17 de octubre de 1875, *Obras completas*, México, CNCA, t. 21, 1992, p. 370.

casa número 10 de la calle de Santa Isabel, frente al abandonado convento del mismo nombre, para recibir a "Pepe Martí".

Hacía dos años (1873) que el suicidio de un joven poeta estudiante de medicina, Manuel Acuña —autor de un celebrado poema titulado "Ante un cadáver" y quien poco antes de morir dedicara un apasionado "Nocturno a Rosario"—, había conmovido a toda la sociedad, y dado pábulo a una leyenda de amor. Desde entonces, aquella casa de la calle de Santa Isabel encerraba los destellos de un mito romántico; era la morada de la musa, la mujer deseada por todos los poetas, cuyo nombre iría ya para siempre ligado al del suicida; así quedarían unidos para siempre aquellos dos seres entre los que no existió más que un poema y el capricho enfermizo de un enamorado. Desde la muerte de Acuña, aquella joven ya no era conocida como Rosario de la Peña; todos se referían a ella como "Rosario, la de Acuña", y no se podía trasponer la puerta de aquella casona y subir las baldosas de sus escaleras sin que a la mente de los visitantes vinieran las famosas palabras del poeta que dicen: "¡Pues bien! yo necesito decirte que te adoro..." O aquellas otras:

>   Comprendo que tus besos
>   jamás han de ser míos,
>   comprendo que en tus ojos
>   no me he de ver jamás;
>   y te amo, y en mis locos
>   y ardientes desvaríos
>   bendigo tus desdenes,
>   adoro tus desvíos,
>   y en vez de amarte menos
>   te quiero mucho más.[2]

Después, los poetas dieron a Rosario proporciones que en realidad no tenía, lo cual sirvió de pretexto poético para recordar la historia de Acuña, como en el caso de Xavier Santamaría, que escribiría ese año:

---

[2] Manuel Acuña, "Nocturno. A Rosario", en *Obras completas,* México, Porrúa, 1949, pp. 190-191.

> Pregúntale, Rosario, a tu memoria
> ¿Qué hay en tu corazón?
> Del espléndido cielo de tu vida
> ¿Qué fue o que quedó?
> Lágrimas por estrellas y una tumba
> donde se puso el sol.[3]

Para otros, Rosario era una mujer fatal. Así la describe Enrique Santibáñez:

> Inteligente, dulce, descreída.
> Tal vez sin corazón, pero hechicera.
> Te doy mi amor, con él toda mi vida;
> seré un imbécil más que en tu carrera
> tire de tu carroza maldecida.[4]

Juan de Dios Peza, el amigo fraterno de Acuña y asiduo visitante de la casa, la definía así:

> Voluble en el amor cual mariposa,
> débil para el dolor cual lo es un niño,
> sensible, dulce, inteligente, hermosa,
> piensa con ardor, habla con aliño.[5]

En tanto que Francisco Frías y Camacho, en un poema titulado "Amistad", le expresa:

> La primera mirada con que un día
> mi pupila en la tuya se juntó:
> —Amistad —pareció que me decía,
> y una voz en la tumba repetía:
> —Amistad, que su amor lo tengo yo.[6]

---

[3] Xavier Santa María, "A Rosario de la Peña", citado por Carmen Toscano en *Rosario la de Acuña*, México, Talleres Gráficos de la Nación, 1948, p. 19.
[4] *Idem*.
[5] *En el álbum de Rosario*, citado por Francisco Castillo Nájera, *Manuel Acuña,* México, Imprenta Universitaria, 1950, p. 180.
[6] Carmen Toscano, op. *cit*., p. 19.

Frecuentaba la casa de Rosario lo más granado de la intelectualidad mexicana y del pensamiento liberal. Lo más puro de la época tuvo cordial acogida bajo aquel techo y reuníanse allí, durante las tertulias de los miércoles o los sábados: Guillermo Prieto, el más antiguo de los comensales; Manuel Altamirano, el maestro de aquella generación y quien presidía pontificialmente aquellas reuniones, para lo cual, según relata Castillo y Piña, el propio Altamirano trasladó a la casa un espléndido sillón desde el cual sancionaba aquellas reuniones; Ignacio Ramírez, el Nigromante, en plena madurez, que llevaba la ironía de su ateísmo y anticlericalismo recalcitrante; Juan de Dios Peza, viudo hacía tres años y que albergaba una nueva pasión hacia Rosario; además, asistían Justo Sierra, Agustín F. Cuenca y Manuel María Flores, el preferido de Rosario. Ahora se incorporaba el cubano Pepe Martí.[7]

En aquellas reuniones se departía alegremente, se hablaba de poesía, se declamaba; Rosario tocaba el piano y recitaban los poetas sus últimos versos. La política y la religión también tenían su sitio, aunque a veces Rosario se sentía molesta con la ruda ironía de Ramírez, la que se hacía más tolerable en Altamirano y otros invitados. Se comentaban los estrenos del Principal o del Arbeu, y se leían las obras aún sin estrenar, en tanto que Martí, polifacético, ponía la nota con su acento extranjero y su pasión irrefrenada cuando hablaba de su patria lejana, de sus sueños de poeta, de sus ansias de amor, procurando estar siempre cerca de Rosario, a quien le resultaba personalmente simpático cuando le hablaba de tierras extrañas, de sus conceptos amorosos, y cuando dejaba escapar algunos halagos a su belleza, requiebros que Rosario aceptaba ocultando su sonrisa enigmática tras los movimientos de su abanico.[8]

Días después, Martí ingresa como socio del Liceo Hidalgo, postulado por Juan de Dios Peza, Gustavo Baz y Genaro Silva, siendo admitido por unanimidad de votos en la sesión del 22 de marzo.[9]

---

[7] José Castillo y Piña, *Mis recuerdos*, México, Imprenta Rebollar, 1941, p. 239.
[8] Véase Alicia Parada Ojeda, *Asociaciones literarias mexicanas, siglo XIX*, México, UNAM, p. 110.
[9] En la *Revista Universal* del 31 de marzo de 1875 se publica: "José Martí.— Nuestro querido compañero de redacción ha sido nombrado socio del *Liceo Hidalgo* que ha honrado a nuestro compañero a quien sin falsa modestia reputamos digno de esa distinción."

VI. AMENAZAS DE GUERRA

México significa para Martí su alborada americana. Desde la meseta del Anáhuac, pudo comprender y extender su mirada sobre la América española; allí nuevas vivencias se unirían a las de su Cuba natal, permitiéndole la toma de conciencia de los problemas latinoamericanos, su realidad indígena y mestiza, sus peligros, sus asechanzas. Comprenderá que México y Latinoamérica tienen características específicas diferentes de los países industrializados, que requieren soluciones propias de acuerdo con sus rasgos étnicos y económicos. También podrá apreciar el peligro que representa el país del norte, y lo que no escribió sobre sus días neoyorkinos, pronto va a escapársele de la pluma.

Por aquellos días México vivía una frágil etapa de paz. Las relaciones con los Estados Unidos habían sido relativamente cordiales, no obstante el gran número de incidentes fronterizos que se presentaron durante el gobierno de Lerdo de Tejada. "Robo de ganado, depredaciones de los indios y contrabando, fueron las tres categorías en que los norteamericanos dividieron las quejas contra México, así como el desorden prevaleciente en la orilla derecha del Río Grande."[1] Hubo quejas por ambas partes, aunque la balanza según la prensa norteamericana, parecía inclinarse a su favor, pues los Estados Unidos destacaban los ataques que sufrían sus habitantes a lo largo de la frontera, callando el hecho de que los rancheros mexicanos eran víctimas de los abigeos y soldados de los fuertes establecidos en Texas.

Con tal motivo, los Estados Unidos, como ya lo habían hecho en 1871, intentaron nuevamente en 1875 suscribir un convenio para que las tropas de ambos países pudieran pasar la frontera en persecución de los "bandidos", a lo cual México se rehusó. Las órdenes dadas al general Ord eran en realidad una amenaza, por lo

---

[1] Frank A. Kanapp Jr., *Sebastián Lerdo de Tejada*, Xalapa, Universidad Veracruzana, 1962, pp. 315.

que ya se hablaba en ambos lados de la frontera del peligro de una guerra inminente. En México, el embajador Foster demandaba del gobierno mexicano una vigilancia más estricta en la frontera, y la prensa norteamericana propalaba falsas noticias, lo cual contribuía a crear una imagen de salvajismo ante las cuales sólo cabía la intervención militar del ejército norteamericano.[2]

Así se encontraba la situación, cuando el 9 de abril se recibe en la ciudad de México un telegrama enviado por el corresponsal del *Monitor Republicano* en Veracruz, el cual la *Revista*, comentado por Martí, reproduce con el título de "Telegrama grave": "Dice el despacho que el gobierno de los Estados Unidos pide reparación inmediata por los sucesos de Tejas: en caso negativo se declarará la guerra a la república mexicana."[3] Antes de la transcripción del telegrama, el cubano comentaba: "Lo grave, lo impensado, lo desprovisto de antecedentes de la noticia que el telegrama anunciaba, nos hizo retardar su publicación, y no contribuir por nuestra parte a una alarma que resultaría probablemente falsa." Para luego añadir: "Tenemos sólidas razones para creer que, si no es completamente falsa, está indudablemente exagerada. Pero cualquiera que la verdad de esa noticia sea, la actual administración que ha aumentado sin duda alguna el respeto del extranjero hacia nosotros, cumplirá con su deber en esto, y quedarán una vez más a salvo los intereses y el honor nacionales."[4]

Así, hablando como mexicano, Martí se encargaba de comentar tan delicado asunto. Escribía sobre esto con moderación, sin que por ello decayera su interés, pues si en su carácter de extranjero no podía emitir juicios comprometedores, basta ver la minuciosidad con que presenta el problema. El 14 de abril publica "México y Norteamérica. Estado de la cuestión": "nuestro único deseo es que el público conozca todas las peripecias de este negocio, que nada ignore, como no debe ignorarlo, cuando se trata del bien supremo de la suprema dignidad, del bien y de la dignidad nacionales".[5]

---

[2] Gastón García Cantú, *Las intervenciones norteamericanas en México*, México, ERA, 1971, p. 215.

[3] J.M., "Telegrama grave", 11 de abril de 1875, *OC*, t. 28, p. 72.

[4] *Ibid.*, pp. 71 y 72, respectivamente.

[5] J.M., "México y Norteamérica. Estado de la cuestión", en *Revista Universal*, México, 14 de abril de 1875, *OC*, t. 28, p. 24.

Sagazmente, Martí se concreta a transcribir literalmente los cables que van llegando, para que de propia voz norteamericana se conozca lo que en los Estados Unidos se dice:

> Galveston [...] "Un cuerpo numeroso de mexicanos armados ha atacado varias granjas distantes siete millas de esta ciudad, [...] un almacén ha sido saqueado y varios americanos hechos prisioneros" [...] De Washington [...]: "Van a darse inmediatas órdenes al general que manda en la frontera [...] con el fin de dar un golpe terrible a los bandidos mexicanos. Se teme que esto determine la guerra, en cuyo caso la invasión de México seguirá probablemente."[6]

Ante esto Martí no puede contenerse y toma la palabra para expresar su opinión: "De manera que una demanda de indemnización, y en caso de negativa, una ocupación previsora de las fronteras mexicanas, después, entablar negociaciones para la cesión de la totalidad o de una parte de los Estados ocupados, tal parece ser el programa del partido liberal."[7]

De esta manera principió a conocer Martí los peligros y asechanzas que pesaban sobre México, lo que significaba el peligro de los intereses anexionistas que trataban de forzar al gobierno de Grant para que tomase medidas contra el gobierno mexicano.

Al día siguiente, el 15 de abril, publica su editorial "La guerra", en el que analiza y señala con toda minuciosidad cómo los intereses de la política norteamericana y las luchas electorales tienen amplias y peligrosas repercusiones en la política exterior:

> No es sólo que en los Estados Unidos existe una compañía mercantil interesada en que se propalen noticias de guerra con México; [...] es que para nadie pueden pasar desapercibidos la lucha electoral que se acerca en la República vecina, el interés del presidente Grant en conservar el poder, [...] lo que afianzan en el poder a Mr. Grant los rumores y peligros de la guerra. Él debe la elevación a la presidencia a sus triunfos militares; a éstos invoca, y la posible necesidad de que el país

---
[6] *Ibid.*, p. 25.
[7] *Ibid.*, p. 29.

haya de necesitarlos ayuda a los fervientes partidarios de la reelección del actual presidente.[8]

Martí llegaba a lo que sería el motor de su vida: la lucha antimperialista. Ya unos días antes, en su gacetilla sobre el Virginius, decía que: "La política norteamericana sella un nuevo pacto con los gobiernos dominadores", refiriéndose a que como saludo de los Estados Unidos a la nueva monarquía española, daban por terminada "la cuestión alardeada del Virginius".[9] Pocos días después, en una gacetilla que titula "Suceso doloroso", alza su voz en defensa del hombre latinoamericano: "Es costumbre en los periódicos de la América del Norte, hacer aparecer a las repúblicas meridionales como pueblos sin freno y sanguinarios, todavía algo como descendientes de salvajes." Y al comentar un artículo aparecido en *The Star*, de Panamá, refiriéndose a la lucha que según dicho periódico tuvo lugar en Montevideo con motivo de unas elecciones municipales que terminaron en tragedia, escribe: "Todo esto pudiera ser cierto; sólo que si lo es [...] han tomado este ejemplo de las elecciones norteamericanas hasta hace muy pocos años, y de las colisiones armadas que a cada instante ensangrientan las calles de las poblaciones del Sur de los Estados Unidos."[10]

---

[8] J.M., "Editorial. La guerra", *OC*, t. 28, p. 31.
[9] J.M., "Virginius", *OC*, t. 28, p. 59.
[10] J.M., "Suceso doloroso", *OC*, t. 28, pp. 86 y 87, respectivamente. Véase además Alfonso Herrera Franyutti, "El precoz antimperialismo de José Martí", en *Simposio Internacional Pensamiento Político y Antimperialismo en José Martí. Memorias*, La Habana, Centro de Estudios Martianos, 1989, pp. 280 y ss.

VII. ANSIAS DE AMOR

Martí es joven. No es tan sólo el patriota, el periodista, es también poeta y, como tal, sensible, romántico, arrogante, y a los veintidós años no puede permanecer inmune al sexo opuesto; su eros juvenil marcha al lado del patriota, y ambos se compaginan sin contradicción alguna, no es un santo, como algunos quisieran verlo a través de la historia. Es un hombre, carne y espíritu, y como hombre que ama mucho, que ama a la patria, a los seres y a la naturaleza, necesita ser amado. Él también, como Heredia, conoce el "cruel estado / de un corazón ardiente sin amores".[1] Y esta sed de amor brota en su sencilla poesía de esa época,[2] en versos que publica por esos días y a los que titula "Sin amores". En el primero de ellos, fechado el 9 de marzo, manifiesta:

¿Que cante? Espera, espera todavía!
Yo vivo sin amor: ¿quién sin amores
Su soledad doliente cantaría?
Alma sin besos, sol sin esplendores
Si me quisieras tú! Pero amo tanto
Que, aún queriéndome tú, perdón si creo
Que un límite de amor no diera encanto
A la grave ambición de mi deseo.[3]

¿Quién es la mujer que lo inspira? ¿Quién le pide que pulse el laúd de la poesía a tan corto tiempo de su llegada a México? ¿A quién se refiere en el mismo verso, cuando expresa?:

---

[1] José María Heredia, "En mi cumpleaños", en *Poesías completas*, México, Porrúa, 1974, pp. 30-32.
[2] Véase Alfonso Herrera Franyutti, "La sencilla poesía de Martí en México", en *En torno a José Martí. Bolletin Hispanique,* Bordeaux, Universidad de Bordeaux, 1973, t. LXXV bis, pp. 341 y ss.
[3] J.M., "Sin amores", *PCEDC,* t. II, p. 54.

63

> ¡Oh, cómo la quería!
> Le dije adiós: morí desde aquel día!⁴

¿Acaso piensa en Blanca de Montalvo, la bella española que amó en Zaragoza? ¿O en Rosario?

Porque Martí, hombre sin rebuscamientos ni misterios, es sincero al hablar de su vida amorosa, como expresa en "Flor blanca":

> Yo amaba, amaba mucho; parecía
> Señor mi ser de los gallardos seres:
> Toda bella mujer soñaba mía;
> ¡Cuánto es bello soñar con las mujeres!
> Que viví sin amor, fuera mentira:
> Todo espíritu vive enamorado:
> El alma joven nuevo amor suspira:
> Aman los viejos por haber amado.⁵

Hasta sublimar el concepto amoroso:

> Amor: ¿es más que amar! Aún se ama, luego
> Que se ha apagado de la vida el fuego.⁶

En un poema que titula "Haschisch", el verso de Martí adquiere tonalidades puramente sensuales, cuando invoca en busca de un amor terreno:

> Amor de mujer árabe! despierta
> Esta mi cárcel miserable muerta:
> Tu frente pon sobre mi frente loca:
> ¡Oh beso de mujer, llama a mi puerta!
> ¡Haschisch de mi dolor, ven a mi boca!⁷

Para después, en un poema que titula "La vi ayer, la vi hoy", llegar al clímax de su invocación amorosa:

---

⁴ *Ibid.*, pp. 56.
⁵ J.M., "Flor blanca", *PCEDC*, t. II, p. 87.
⁶ J.M., "Sin amores" *PCEDC*, t. II, p. 56.
⁷ J.M., "Haschisch", *PCEDC*, t. II, p. 80.

> Encarna! Encarna pronto!, pues el pecho,
> Con ansia de mujeres se me agita;
> ¿A un amor de mujer tengo derecho
> Que aplaque al vivo que en mi ser palpita![8]

Lo cierto es que ante esta necesidad de amar, Martí incubó tormentosa pasión hacia Rosario. ¡En mala hora!, porque en ese momento Rosario se encuentra en su plenitud amorosa. La muerte de Acuña la ha rodeado de un nimbo de misterio que la hace más atractiva a los poetas. Ella quiere a Manuel M. Flores, y Ramírez la asedia, ofreciéndole un amor tardío y senil, en ocasiones disfrazado de amor paterno, que alterna con versos en que grita su pasión, pues siente que la vida se le escapa y no puede retener su juventud perdida, y escribe aquel grito de desesperación cuando comprende que tiene que luchar con tantos jóvenes que la rodean:

> Al inerme león, el asno humilla...
> Vuélveme, amor, mi juventud, y luego
> Tú mismo a mis rivales acaudilla.[9]

Finalmente el corazón de Rosario se entrega a la poesía pasional de Flores, al que ama quizá porque de todos los que la rodean es el menos romántico y el más sensual, más atrevido que todos, más joven que Ramírez, menos sentimental que Acuña. Quizá lo ama porque hay una época en la vida de la mujer en que no bastan las palabras, los poemas, en que es necesario estremecerla, y el que ha conseguido esto es Flores. En ese momento crucial, asoma José Martí a la vida de Rosario.

Así, una noche Martí se sienta ante la mesa redonda cubierta de mármol blanco con pie de madera rosa exquisitamente tallada, sobre la que se encuentra el álbum con pastas nacaradas que el Nigromante obsequiara a Rosario un año atrás, y en cuya primera página Ramírez había escrito como invitación a los poetas:

---

[8] J.M., "La vi ayer: la vi hoy", *PCEDC*, t. II, p. 98.
[9] Ignacio Ramírez, "Al amor", en *Obras de Ignacio Ramírez*, México, Editora Nacional, 1960, t. I, p. 84. Citado por varios autores.

> Ara es este álbum; esparcid, cantores,
> A los pies de la diosa incienso y flores.[10]

Seguido del incienso y de las flores que de su propia mano escribiera Acuña:

> ¡Pues bien!, yo necesito
> decirte que te adoro...
> decirte que te quiero
> con todo el corazón...

Después de este sentimental "Nocturno", lánguido y suplicante, Manuel M. Flores escribió:

> Tú pasas... y la tierra voluptuosa
> se estremece de amor bajo tus huellas,
> se entibia el aire, se perfuma el prado
> y se inclinan a verte las estrellas.[11]

De estas anotaciones del álbum escribió Urbina: "Si Ramírez es la nota clásica y Flores la erótica; Acuña es la melancólica."[12] En esas páginas también se desliza la pluma de Martí, que escribe a Rosario el 29 de marzo:

> En ti pensaba, en tus cabellos
> Que el mundo de la sombra envidiaría,
> Y puse un punto de mi vida en ellos
> Y quise yo soñar que tú eras mía.[13]

Días más tarde expresó en "Síntesis":

> Hay frío: mi dolor. El sol despierta
> Un alma de mujer llama a mi puerta.[14]

---

[10] *Ibid.*, p. 53. Se ha especulado mucho sobre lo escrito en dicho álbum. Mas no todas las poesías que se atribuyen se encuentran en esas páginas, sino entre los papeles que guardó Rosario. Acuña murió en el 73, y el álbum fue obsequiado a Rosario en 1874.
[11] Luis G. Urbina, *La vida literaria en México*, México, Porrúa, 1946, p. 114.
[12] *Ibid.*, p. 125.
[13] J.M., ["Rosario"], *PCEDC*, t. II, p. 67.
[14] J.M., "Síntesis", *PCEDC*, t. II, p. 75.

VIII. POLÉMICA EN EL LICEO HIDALGO

Por aquellos días, al influjo de las nuevas ideas positivistas que se difundían e inquietaban a la sociedad mexicana, se discutía en todas partes sobre la existencia o inexistencia del alma. ¿Existe el espíritu o no existe? Con un tema parecido se estremeció el México reaccionario, cuando años atrás en la Academia de Letrán había presentado Ignacio Ramírez como trabajo de ingreso su famosa tesis titulada "Dios no existe, los seres en la naturaleza se sostienen por sí mismos".

Ante tal inquietud, el Liceo Hidalgo, a propuesta de Gustavo Baz, ponía a discusión el tema "Materialismo y espiritualismo. La influencia que el espiritismo podía ejercer sobre las ciencias en general".

La noche del lunes 5 de abril se efectuó la primera sesión en la sala del Liceo, la cual se encontraba completamente llena. Estaban allí reunidos los exponentes de ambas doctrinas, espiritualistas, científicos, positivistas, así como varias señoras de la Sociedad Espírita, multitud de estudiantes de la Escuela Nacional Preparatoria y gran número de poetas, espiritualistas en su mayor parte; en todos despertaba especial interés la ausencia de Guillermo Prieto, Ramírez[1] y Altamirano.

Según la crónica de la *Revista Universal*, publicada el día 8 de abril, y que Núñez y Domínguez[2] comenta ampliamente, aquella noche presidía la reunión don Francisco Pimentel, y a su lado se encontraba Gustavo Baz, Calibán, autor de la proposición, quien fue el primero en tomar la palabra para sostener la tesis de que: "El

---

[1] En mayo de 1875 se celebró otra sesión sobre el mismo tema, en la que participó Ignacio Ramírez. Véase su discurso "Espiritismo y materialismo", en *Obras de Ignacio Ramírez*, México, Editora Nacional, 1960, t. 1, pp. 277-289.

[2] José de J. Núñez y Domínguez, *Martí en México*, México, Secretaría de Relaciones Exteriores, 1934, pp. 164-169.

espíritu no existe, sino como propiedad de la materia y que el espiritualismo no se basa en hechos experimentales por lo cual no podía contribuir al progreso de la ciencia."

Un joven espiritualista, Juan Cordero, habló para rebatir a Baz: "la duda", dijo, "es permitida, mas no la negación *a priori*. Lamentando que los miembros del Liceo ignorasen la ciencia espiritualista para poder discutir con ellos". Pimentel apoya la argumentación de Baz... Entonces Martí pide la palabra:

> Yo vengo a esta discusión con el espíritu de conciliación que norma todos los actos de mi vida. Yo estoy entre el materialismo que es la exageración de la materia, y el espiritismo que es la exageración del espíritu. / ¿Qué es el espíritu? Nos pregunta el Sr. Baz. El espíritu es lo que él piensa, lo que nos induce a actos independientes de nuestras necesidades corpóreas, es lo que nos fortalece, nos anima, nos agranda en la vida. ¿No recuerda el Sr. Baz cuando ha depositado un beso casto en la frente de su madre, cuando ha amado con la pasión del poeta, cuando ha escrito con miserable tinta y en miserable papel algo que no era miserable? Ese algo que nos da la propia convicción de nuestra inmortalidad, nos revela nuestra preexistencia y nuestra sobreexistencia. Por otra parte, señores, creo que esta discusión será inútil, si no se reforma la proposición del Sr. Baz, porque si no averiguamos antes si es cierto o no el espiritismo, de una cosa falsa no puede resultar una verdad.[3]

Ante la romántica y poética intervención del orador cubano, Baz vuelve a tomar la palabra para refutarle:

> He entrado en este debate con mi razón por única guía, y no creo que en él tengan lugar los sentimientos nacidos de la educación, de las costumbres y de las relaciones sociales. Por eso no seguiré al Sr. Martí en el camino de su brillante improvisación: se nos ha mostrado poeta y gran poeta, pero nada más. Aquí somos únicamente pensadores que vienen a medi-

---

[3] J.M., "Debate en el Liceo Hidalgo", *OC*, t. 28, pp. 326-327.

tar y discutir sistemas filosóficos, y la pasión y el sentimiento no serán por cierto nuestras mejores antorchas. [...] No he negado lo que el Sr. Martí llama espíritu, he dicho únicamente que no era analizable [...] El Sr. Martí nos ha hablado mucho del espíritu, y sin embargo, de conocerlo tanto no nos lo ha podido definir; yo quisiera saber en qué consiste ese fenómeno cuya existencia no niego, pero que todavía es un misterio para los que carecen de fe en la revelación de cualquier género...

Martí contesta: "Fenómeno quiere decir accidente, ¿por qué llama así el Sr. Baz al espíritu, que es en mí constante y esencial?"

Baz vuelve a la carga en busca de verdades demostrables: "Yo tengo conciencia de que exista una inteligencia independiente de un cuerpo orgánico, mientras no se me demuestre que sobrevive a las transfiguraciones de la materia; seguiré llamando fenómeno a la inteligencia, autorizado por la misma acepción que da a este vocablo el Sr. Martí."

Éste responde: "Con mi inconformidad en la vida, con mi necesidad de algo mejor, con la imposibilidad de lograrlo aquí, lo demuestro: lo abstracto se demuestra con lo abstracto, yo tengo un espíritu inmortal, porque lo siento, porque lo creo, porque lo quiero."

Como Pimentel aduce que Martí (sin nombrarlo) "ha hablado de sensaciones morales, de sentimientos, de besos puros", él se ampara en la duda y no admite sino hechos positivos, y "la fisiología, la anatomía no nos demuestran la inmortalidad del espíritu..." "Yo he aprendido mi espiritualismo —replica Martí— en los libros de Anatomía comparada, y en los libros materialistas de Luis Büchner."[4]

Con todo el fuego de su juventud, Martí se reveló aquella noche como un gran orador y polemista, y así lo consignan los periódicos que comentaron aquella memorable velada.[5]

El miércoles 7 de abril la *Revista Universal* decía que Martí había obtenido un triunfo envidiable, y en *El Federalista*, bajo la firma de F.G.C. —probablemente Francisco G. Cosme—, se expresaba:

---

[4] *Ibid.*, pp. 327 y 328, respectivamente.
[5] Al respecto, Carrancá y Trujillo escribió una pequeña monografía titulada "Martí se revela como orador en México", 1932.

Un gran orador se dio a conocer en aquel momento. Un joven cubano, Martí [...] Cuanto de su discurso pudiéramos decir sería pálido. Una cascada, un torrente de ideas vestidas de la manera más galana y florida fue su alocución, altamente espiritualista, demostrando con razones de peso la existencia del alma.

El Sr. Martí es todo un poeta y en su brillante improvisación hubiéramos deseado algo más de filosofía. El sentimiento nada prueba a quien está empeñado en negar.[6]

Elocuente también fue la opinión vertida en el *Siglo XIX* al referirse a la actuación del novel orador:

El joven Martí, arrebatado por su numen poético, recitó con voz clara y simpática un torrente de estrofas, que estrofas son las frases de su inspirada prosa, y vio una hoja más en su corona de poeta, pero como filósofo cayó a tierra encerrado en los anillos inquebrantables de la lógica, lo que pretendió pero no supo despedazar.

La palabra del Sr. Martí, seduce, encanta, enajena, y se hace aplaudir de todos, pero no será ciertamente la que dé fruto provechoso, de utilidad práctica a la humanidad...[7]

Y en *El Eco de Ambos Mundos*, al poner la opinión en boca de un asistente al debate, se refiere:

Este joven será terrible en la plaza pública a la hora de una conmoción popular: podrá arrancar lágrimas al borde de un sepulcro; será el orador favorecido de las mujeres, de los niños y de los creyentes; pero nunca, y esto depende de su sistema nervioso, de su imaginación arrebatada, nunca convencerá a un Parlamento, no se sobrepondrá en medio de las discusiones frías y serenas de la ciencia.[8]

---

[6] Véase *El Federalista* del 7 de abril de 1875. Además, Alfonso Herrera Franyutti, "Martí en *El Federalista*", en *Panorama Médico,* año IX, núm. 95, p. 14.
[7] Núñez y Domínguez, *op. cit.*, p. 169.
[8] *Idem.*

Ante el interés que despertó el debate, éste se prolongó dos sesiones más. El lunes siguiente asisten más de seiscientas personas, por lo cual resulta insuficiente el salón del Liceo, y la reunión tiene que trasladarse al Teatro del Conservatorio.

En *El Federalista* del día 14, el mismo F.G.C. vuelve a comentar la velada:

> Pocas veces se había visto un conjunto más inteligente que el que se hallaba presente en la reunión del lunes. En el proscenio, sentado frente a una gran mesa cargada de volúmenes, el Sr. Pimentel presidía. A su derecha los justos, es decir, los positivistas, y los materialistas: a su izquierda se veía a los injustos, espiritualistas y espiritistas; y cosa extraña, el verdadero justo, Justo Sierra, se hallaba a las espaldas del presidente.

Luego la crónica se extiende en una serie de consideraciones sin llegar a presentarnos los discursos. Sólo al final, se dice:

> A continuación de Sierra, el Sr. Martí hizo uso de su arrebatora elocuencia, que jamás me cansaré de admirar y aplaudir. Insistió en sus razones de sentimiento, pero al tratar de las ideas innatas estuvo inspirado como nunca. El poeta cedió la palabra al filósofo, prestándole además, todas sus galas oratorias. / Cuando hubo concluido, el Sr. Pimentel tomó la palabra con el único objeto de pedir permiso para colocar a Martí, después de tres días de hambre, entre un *beefsteak* y su novia, burla a la que el Sr. Martí contestó con dignidad.[9]

---

[9] Véase Herrera Franyutti, "Martí en *El Federalista*", art. cit.

IX. PRENDADO DE LA MUSA

A partir de aquel debate, el prestigio de Martí se acrecentó entre quienes lo conocían. Su nombre fue trascendiendo en tanto que en Rosario aumentó el interés que sentía por el cubano de mirada triste y palabra galante, "que traía aprisionado en los ojos todo el sol de su isla natal".

Sólo han transcurrido dos meses de su llegada, y ya se ve pasear del brazo por las calzadas de la Alameda a Martí y Rosario, acompañados de las hermanas de ésta. Ya se atreve ella a mandarle invitaciones como se aprecia en un recado encontrado entre los papeles de Rosario por Núñez y Domínguez, en el que Martí le expresaba: "Rosario: He recibido su recado.— // Todavía me tendrá aquí una hora más este estúpido trabajo. Después iré a buscarlas. // ¿Me perdona V. que las haga esperar tanto?"[1]

Ante los dulces devaneos del amor, ante la coquetería que niega y a la vez promete, sin llegar a dar un "no" definitivo, Rosario vuelve a abrir su álbum para que Martí le escriba un poema pasional, que por su tonalidad podría compararse a los de Flores:

> Ni la enamoro yo para esta vida:—
> Es que a unas horas por la senda andamos,
> Y entre besos y lágrimas, hablamos
> Del instante común de la partida!
> [...]
> ¡Qué placer es pensar! Y ¡qué ventura
> Soñar de una mujer la sombra pura!
> Y ¡cuántas, cuántas horas
> Cuyos males con sombra llevo impresos,
> ¡Cuántas me han sorprendido las auroras,
> Soñando labios y esperando besos!

---

[1] J.M., carta a Rosario de la Peña, México, 1875, *Epistolario*, t. I, p. 42. Véase también *OC*, t. 28, p. 361.

> [...]
> ¡Qué beso tan cumplido
> Un beso largo tiempo prometido![2]

El cubano llegaba en momentos de crisis para la musa, a quien por esa fecha Manuel M. Flores le escribía: "En una de tus cartas me dijiste que apaciguando tu corazón, razonabas ...yo no puedo ser amado razonablemente [...] tú, Rosario, precisamente y por tu inteligencia eres la escéptica del amor?... Tú quieres creer en el amor... ¿y no puedes creer en él?... Tu corazón Rosario en materia de amor, es tan ateo como el mío..."[3]

También de esas fechas (fines de marzo o principios de abril) debe ser esta primera carta en que Martí se insinuaba a Rosario apasionadamente:

> Yo no sé con cuánta alegría repito yo muchas veces este dulce nombre de Rosario. // Un amor tempestuoso, quema, un amor impresionable pasa. ¡Qué firme, qué duradero, qué hermoso sería éste que empezase con la confusión de dos espíritus, y la necesidad común de verse y el creciente regocijo de hablarle! [...] Anhelo yo esto, con esta brusca decisión y esta altiva energía que amo yo como a la parte más noble de mi ser.— Que amé, no ha sido. Que quise amar, fue cierto. Que amo hoy, lo espero. Que me aman, es verdad.—

Para concluir:

> ...y Vd. en todas sus dudas y todas sus vacilaciones y todas sus esperanzas—ante mí. Pero abierta, completa, plenamente como conviene a la rara pureza de este afecto y a la dignidad y poder de la inteligencia que ayudó a despertarlo en mí.— // ¡Cómo besaría yo toda mi vida la mano enamorada, pudorosa, franca que lo acariciase y que lo amase! // Soy yo excesivamente pobre, y rico en vigor y afán de amar.[4]

---

[2] J.M., ["Ni la enamoro yo para esta vida"], *PCEDC*, t. II, pp. 64, 66 y 67, respectivamente.

[3] Grace Ezell Weeks, *Manuel María Flores. El artista y el hombre,* México, B. Costa-Amic, 1969, p. 206.

[4] Núñez y Domínguez refiere que esta carta se encuentra en el álbum de Rosario. Al respecto Véase Núñez y Domínguez, *op. cit.*, pp. 125-126, y *Epistolario,* t. I, pp. 37-38.

En abril la *Revista* encarga a Martí que asista a las sesiones del Congreso celebradas entre el 2 y el 15 de aquel mes, para escribir las "Crónicas parlamentarias", de las cuales nos deja páginas intrascendentes. En los debates Martí se aburría, su mente estaba lejos, no lograba concentrarse y ocupaba parte del tiempo en escribir suplicantes misivas a Rosario, como consta en la carta escrita durante la sesión del 7 de abril:

> Rosario:
>
> No he de malgastar en reflexiones frías el tiempo en que estoy pensando en ver a V.—Estoy en el Congreso; debía estar escribiendo la crónica de la sesión, y me pongo a escribir—no pensamientos que ahora no tengo—sino mi necesidad de que pasen las horas que me separan todavía de Vd. // Mañana no sentiré tal vez esta prisa; pero hoy la siento y la escribo. // ¿Por qué no tuve yo la libertad de hablar mucho con Vd. ayer [...] Vivía yo ayer un instante al lado de Vd.—Muy dulces alegrías tuve, y muy íntimos e inolvidables agradecimientos que mis labios hubieran querido concluir en las manos de Vd.—Pero Ramírez me está haciendo mucho daño hoy. Y hablan ahora de presupuestos y de muebles—he aquí muchos disgustos de la vida.[5]

Aquí el romántico cede el lugar al hombre que reclama la necesidad de intimidad, sin compañía indiscreta y, como chispa de celos, alejado del Nigromante, que al parecer no les pierde de vista.

Rosario empieza a obsesionar a Martí, no puede apartar su pensamiento de ella; sus cartas posteriores son impetuosas, volcánicas, pues "no hay un mal tan grave como el de apartar la naturaleza; es contenerla"; se niega a apartar de ella sus pensamientos, y cuando platican, teme entristecerla; por ello, en otra apasionada carta le escribe:

> He dejado en V. una impresión de tristeza: yo amo con una especie de superstición todos los últimos instantes y me irrito

---

[5] J.M., carta a Rosario de la Peña, México, abril de 1875, *Epistolario*, t. I, pp. 39-40. Véase también *OC*, t. 20, p. 251.

conmigo mismo cuando en cada adiós mío digo menos de lo que quisiera decir con él mi alma. —Y, sin embargo, Rosario, tengo en mí esa paz suave y satisfecha que se llama contento. —A nadie perdoné yo nunca lo que perdono a Vd.; a nadie he querido querer yo tanto, como quisiera yo querer a Vd.—

Luego la carta sube de tono, es más directa, se transforma en toda una declaración de amor:

> Rosario, me parece que están despertándose en mí muy inefables ternuras; me parece que podré yo amar sin arrepentimiento y sin vergüenza; me parece que voy a hallar un alma clara, pudorosa, entusiasta, leal, con todas las ternuras de mujer, y toda la alteza de mujer mía.—Mía, Rosario.—Mujer mía es más, mucho más que mujer común [...] Rosario,—Rosario, yo he empezado a amar ya en sus ojos un candor en tanto grado vivo en ellos, que ni Vd. misma sospecha que todavía vive en V. en tanto grado...[6]

¿Qué le ha dicho Rosario? ¿Qué le ha hecho? ¿Qué tiene que perdonarle el apasionado enamorado? ¡Acaso le ha revelado su amor por Flores! Pues ante este amor creciente y desbordado que Martí le manifiesta, ella, más experta, que conoce los peligros de una pasión desenfrenada, se niega a verlo, procura ir alejándolo, le escribe cartas desilusionantes que él considera "calculadoramente frías". Martí sufre las angustias del amor, "tristezas como sombras lo anonadan", y "aunque yo no soy más que una perenne angustia de mí mismo todavía tengo una extraña sonrisa para mis locos dolores". Por lo que en otra misiva apasionada le dice:

> Una vez más ha querido V. contener su corazón en frente de mí; más me hubiera dicho V. que lo que en sus letras me dice; pero yo sé que las amo como son, y las amo más cada vez que las veo, y pocas y cortas, todavía perdona a Vd. a despecho de mi exigente voluntad [...] Esto podría llegar a ser el principio de toda una plenitud en el amar. [...] Angustia esto, de

---

[6] J.M., carta a Rosario de la Peña, México, 1875, *Epistolario*, t. I, pp. 38-39. Véase también *OC*, t. 20, p. 252.

75

sentirse vivísimo y repleto de ternuras y de delicadezas inmortales, y de gemir horas enteras [...] en este vacío de mis amores que sobre el cuerpo me pesa, y que a él lo abruma [...]. Enfermedad de vivir: de esta enfermedad se murió Acuña.

Y una vez que ha recordado al poeta muerto, la carta se hace enfermiza, suplicante:

> Rosario, despiérteme V., no como a él, a una debilidad, disculpable en alteza de alma, pero débil al fin e indigna de mí.—Porque vivir es carga, por eso vivo: porque vivir es sufrimiento, por eso vivo:—vivo, porque yo he de ser más fuerte que todo obstáculo y todo dolor. // Pero despiérteme V. a la agitación, a la exaltación, a las actividades, a las esperanzas [...] Esfuércese Vd.—excedáse Vd., vénzame. Vd.—Yo necesito encontrar ante mi alma una explicación, un deseo; un motivo justo, una disculpa noble de mi vida. // De cuantas vi, nadie más que Vd. podría.—Y hace cuatro o seis días que tengo frío.[7]

Lo cierto es que a pesar de estas súplicas, de estas cartas en que se vertían las angustias sinceras del hombre íntegro, de esta pasión volcánica de los veintidós años, ella no llegó a corresponder nunca al amor del cubano, porque Rosario, que amaba a Flores, tuvo la inteligencia de conservar al amigo, y guardar —dice Carmen Toscano— sólo el poema, el recuerdo, el sueño.

Entonces Martí canta en un verso que titula "Sin amores", su despedida:

> Amada, adiós. En horas de ventura
> Mi mano habló de amores con tu mano:
> Amarte quise ¡oh ánima sin cura
> Ni derecho al amor! Para tu hermano

Porque comprende que:

---

[7] J.M., carta a Rosario de la Peña, México, 1875, *Epistolario*, t. I, pp. 40-41. Véase también *OC*, t. 20, pp. 252-253, respectivamente.

> Esta infeliz de amores se me muere,
> Y por lo mismo que la estás amando,
> Por lo mismo esta loca no te quiere!

Para concluir luego como todos los desilusionados poetas que se acercaron a la musa:

> ¡Perdón! no supe que una vez surcado
> Un corazón por el amor de un hombre,
> Ido el amor, el seno ensangrentado
> Doliendo queda de un dolor sin nombre:—
>
> ¡Perdón, perdón! Porque en aquel instante
> En que quise soñar que te quería,
> Olvidé por tu mal que cada amante
> Pone en el corazón su gota fría![8]

Después, nada en la vida de Martí indica que esta pasajera pasión juvenil haya dejado más huella que la que deja un capricho pasajero; no parece representar nada para la vida integral del patriota, pero es una chispa fulgurante que embelleció la historia de aquella bohemia del romanticismo mexicano, y que dio durante aquellos breves días una ilusión de amor al poeta. Y era natural, pues Martí en aquellos días en México vivía su hora romántica.

Después de tanto fuego, sólo queda como constancia de la exacta dimensión de lo ocurrido una fotografía del poeta dedicada a Rosario al año siguiente, que decía:

> Rosario
> La lealísima amiga.
> Su amigo cariñoso,
>
> José Martí
>
> Mex. 76.

---

[8] J.M., "Sin amores", *PCEDC*, t. II, pp. 73-74.

X. NACE EL PERIODISTA

El tiempo transcurre. La situación de la familia es angustiosa y triste. No obstante, Martí se niega a ejercer su profesión de abogado, quizá porque comprende que es innoble comercializar la justicia sin convertirla de inmediato en fuente de injusticia, y él está llamado a misiones más altas que al simple hecho de vegetar en las sombras de un bufete, entre viejos papeles y litigios ajenos.

En tanto, él se siente a gusto en la redacción de la *Revista*, donde toma afición a la profesión de periodista, la que con su modesto sueldo le permite algunos desahogos económicos con que ayudar a su familia, mientras su prestigio periodístico va creciendo, iniciándose así, en México, una nueva etapa en su vida.

Pero en la calle de Puente del Santísimo el recuerdo de Ana se mantiene latente, por lo que decide trasladar a su familia —refiere García Martí— a otra casa más cómoda, a una pequeña quinta situada cerca del cementerio, con un huerto al fondo, con árboles frutales y un bello jardín al frente, donde Martí logra disponer de un cuarto propio que le permite cierta independencia para su trabajo.[1]

Así el joven poeta va adaptándose y conociendo ampliamente la vida mexicana, recorriendo la ciudad y sus alrededores, lo que le da material para su labor periodística, para el despertar de su labor americanista.

En mayo de 1875, pasa a formar parte del cuerpo de redactores de la *Revista*, y a partir de ese momento su pluma no se da un momento de descanso. Así, ocupa satisfactoriamente las más variadas fuentes: gacetillero, boletinista, editorialista, cronista parlamentario, cronista teatral, crítico de arte, etcétera, e incluso se da tiempo para escribir poemas acordes con la escuela romántica del momento. En todo salió airoso. Su talento claro, la facilidad y elegancia de su palabra, su vasta erudición, hacían que todos lo admiraran y respetaran. "Era el primero que llegaba y el último que salía. Si faltaba

---

[1] Raúl García Martí, *op. cit.*, p. 116, nota 21.

un editorial, él lo elaboraba, lo mismo que un boletín o un entrefilet", y como decía Guillermo Prieto, si hubieran faltado anuncios, Martí los hubiera inventado.[2]

Su pluma llenaba las páginas de la *Revista*, donde se hizo casi indispensable. En mayo le fue encomendada la redacción de los "boletines editoriales", motivo por el cual tenía que abordar tópicos nacionales que en su carácter de extranjero le estaban prohibidos o le expondrían a la crítica y a la polémica, por lo que se vio obligado a firmarlos con el seudónimo de Orestes. En esos escritos, Martí comentaba los temas palpitantes del momento y los hechos importantes de la vida nacional. "En ellos —escribe Carrancá— Martí discute y aplaude, censura y exalta con el entusiasmo de un hijo de México. Pero ve también América".[3]

En sus boletines, en sus artículos, está parte de su vida en México, sus anhelos e inquietudes; es necesario recurrir a ellos para conocerlo y comprender la evolución de su pensamiento. Por ellos vemos cómo, poco a poco, Martí fue adaptándose a las costumbres nacionales, comprendiendo al pueblo, sufriendo por el indio al que encuentra a cada paso, compenetrándose con los problemas obreros, nutriéndose de las ideas liberales, penetrando en las instituciones gubernamentales, en las artes y en la política nacional. Martí va "mexicanizándose".

El 7 de mayo aparece el primero de dichos boletines, relacionado con las celebraciones del "Cinco de mayo", y "Las fiestas de Tlalpan". Ya en él se observa el mexicanismo que va contagiándolo, así como la influencia del liberalismo reformista. En su primer artículo alude al problema de patria y religión, anteponiendo la patria al segundo:

> El culto es una necesidad para los pueblos. El amor no es más que la necesidad de la creencia: hay una fuerza secreta que anhela siempre algo qué respetar y en qué creer. // Extinguido por ventura el culto irracional, el culto de la razón comienza ahora. No se cree ya en las imágenes de la religión, y el pueblo cree ahora en las imágenes de la patria. De culto a culto, el de

---

[2] Juan de Dios Peza, "José Martí. Su labor periodística", en *La República,* enero de 1909.
[3] En México el ferviente martiano Camilo Carrancá y Trujillo (1893-1894) compiló la obra periodística de Martí en México, en un volumen titulado *José Martí. La clara voz de México*, México, UNAM, 1953, p. 14.

todos los deberes es más hermoso que el de todas las sombras. // Bien hace el pueblo mexicano en celebrar fiesta el día en que el enemigo de su libertad fue atacado y abatido: esta fiesta no significa odio, esta fiesta significa independencia patria. [...] Los pueblos tienen la necesidad de amar algo grande, de poner en un objeto sensible su fuerza de creencia y de amor. Nada se destruya sin que algo se levante. Extinguido el culto a lo místico, álcese, anímese, protéjase el culto a la dignidad y a los deberes.—Exáltese al pueblo: su exaltación es una prueba de grandeza.[4]

Días después había de expresar ideas similares en otro boletín en que refiere:

Ondeaba anteayer en Catedral la bandera de la independencia mexicana. El edificio del Estado ostentaba su regocijo en el aniversario de la independencia de un pueblo amigo. // Las épocas se cumplen, y la conciencia emancipada rige ahora a su opresor. La bandera de la libertad era en la Iglesia el triunfo de una época, y a la par decía que protegía el Palacio Nacional donde se alberga el gobernante que el edificio donde los gobernados pueden ejercer libremente el culto. // La bandera estaba sobre la cruz, porque la cruz se hizo enseña de tiránica ambición y errores tristes. A la par estarían, si la cruz no hubiese horadado y vendido la bandera.[5]

Nada escapa a su fina percepción; los más disímiles temas van saliendo de su pluma. Así se refiere a la aproximación entre los estudiantes y los obreros en su boletín del día 7: "El Gran Círculo de Obreros —y es hermoso escribir estas palabras— invitó al Comité Central de las Escuelas Nacionales a que tomaran parte en la festividad de la mañana. Los estudiantes son obreros: unos trabajan la industria: otros trabajan la razón."[6]

---

[4] J.M., "Boletín. Cinco de mayo", en *Obras completas. Edición crítica*, La Habana, Centro de Estudios Martianos/Casa de las Américas, 1985, t. II, p. 29. (A partir de aquí, salvo indicación contraria, todas las citas y referencias a textos de José Martí remiten a esta edición, que se citará como *OCEDC*, tomo y paginación.)

[5] J.M., "Boletín. Elecciones. Fuerza federal", 6 de julio de 1875, *OCEDC*, t. II, p. 112.

[6] J.M., "Boletín. Cinco de mayo", en *Revista Universal*, 7 de mayo de 1875, *OCEDC*, t. II, p. 30.

Por aquellos días fueron expulsados tres estudiantes de medicina, lo que ocasionó que en solidaridad con ellos los estudiantes nacionales se fueran a una huelga general ("la primera en nuestra vida nacional independiente", señala Carrancá y Trujillo); Martí no puede guardar silencio y el 11 de mayo publica la siguiente nota, en que se aprecia la ponderación y mesura con que trataba los temas nacionales:

> Los estudiantes han vuelto a cátedras. Se alejaron de ellas porque se negó a sus compañeros el derecho constitucional de recibir instrucción: este derecho se ha reconocido, este error se ha reparado con una declaración—por lo prudente loable [...] No ha querido el Gobierno herir este movimiento entusiasta y generoso; bien ha hecho en no provocar su debilidad, como ha hecho bien en esperar su templanza para facilitar su avenimiento.—[...] En vez de combatirla imprudentemente, el Gobierno ha protegido esta exaltación de la dignidad. La ha dejado obrar, y le ha procurado una solución honrosa [...] Aunque no hubiera tenido otra importancia, una ha tenido notable el movimiento de las Escuelas. El habitante de un pueblo libre debe acostumbrarse a la libertad. La juventud debe ejercitar los derechos que ha de realizar y enseñar después.[7]

Los boletines se suceden unos a otros, y en ellos Martí aborda los más diferentes tópicos nacionales; al mismo tiempo publica versos y artículos variados en los que no falta la defensa de la causa cubana. Escribe sobre las sesiones del Liceo Hidalgo, de los proyectos del actor Juan Zerecero para montar una temporada de teatro mexicano, la cual deseaba iniciar en Tampico, para después venir a la capital. Martí, por cariño con la idea, la estimula: "Un pueblo nuevo —considera Martí— necesita una nueva literatura. Esta vida exuberante debe manifestarse de una manera propia. Estos caracteres nuevos necesitan un teatro especial."[8]

Y enfatiza:

---

[7] J.M., "Boletín. El Liceo Hidalgo", en *Revista Universal*, 11 de mayo de 1875, *OCEDC*, t. II, p. 41.
[8] *Ibid.*, p. 42.

> México necesita una literatura mexicana. [...] La independencia del teatro es un paso más en el camino de la independencia de la nación. El teatro derrama su influencia en los que, necesitados de esparcimiento, acuden a él. ¿Cómo quiere tener vida propia y altiva, el pueblo que paga y sufre la influencia de los decaimientos y desnudeces repugnantes de la gastada vida ajena? [...] Un pueblo que quiere ser nuevo necesita producir un teatro original.[9]

Martí aboga por la creación de un teatro realista, un teatro que eduque, que represente no al ser de hoy, sino al futuro, al ideal.

A partir de esta cita escribe Cintio Vitier: "la idea de la irrupción histórica como rasgo esencial de lo hispanoamericano, es una constante que en el proceso de su obra se enriquece y profundiza".[10] Martí ponía los cimientos de su visión de una cultura profundamente arraigada en nuestras raíces étnicas.

La libertad, la democracia de que se gozaba durante el régimen de Lerdo de Tejada, a pesar de los ataques de que le hacían víctima sus adversarios, dejan de sorprender a Martí, ya que por aquellos días el general Vicente Riva Palacio acusa al presidente de violación de una ley militar, por lo que el Congreso se erige en jurado para estudiar la acusación. Con toda cautela, Martí escribe en su boletín del 21 de mayo:

> La libertad ejercía allí la más poderosa de sus conquistas; el jefe de un país es un empleado de la Nación, a quien la Nación elige por sus méritos para que sea en la jefatura mandatario y órgano suyo; así caen los gobernantes extraviados en los países liberales, cuando en su manera de regir no se ajustan a las necesidades verdaderas del pueblo que les encomendó que lo rigiese. // Los tres poderes de la República son esencialmente populares: el pueblo, erigido en Congreso, juzga al elegido del pueblo exaltado al Poder Ejecutivo, acusado ante la Nación por un miembro del pueblo elector.[11]

---

[9] *Idem.*

[10] Cintio Vitier, "La irrupción americana en la obra de José Martí", en *Temas martianos. Segunda serie*, La Habana, Centro de Estudios Martianos/Editorial Ciencias Sociales, 1982, p. 10.

[11] J.M., "Boletín. El Congreso erigido en Jurado. La acusación del Presidente", en *Revista Universal*, México, 21 de mayo de 1875, *OCEDC*, t. II, p. 49.

La Cámara juzgó improcedente aquel juicio. Pero Martí consideró "muy notables, honrosas para el Congreso y para el pueblo mexicano"[12] estas acciones de democracia.

Una noche, Martí asiste a la inauguración de las clases orales del Colegio de Abogados, acto que preside el presidente de la República, don Sebastián Lerdo de Tejada. ¡Qué bellos conceptos en cuanto a la dignidad del hombre y de la patria nos lega en su boletín del 25 de mayo!, dedicado a comentar el acto:

> Deben tener los hombres conciencia plena de sí mismos: como el dominio del monarca necesita el púlpito misterioso del Espíritu Santo,—[...] el pueblo de hombres libres ha menester que las cátedras se multipliquen y difundan, y sobre ellos tienda sus alas el Espíritu Santo del derecho, la paloma blanca de la libertad y la justicia. [...] edúquense en los hombres los conceptos de independencia y propia dignidad: es el organismo humano compendio del organismo nacional: así no habrán luego menester estímulo para la defensa de la dignidad y de la independencia de la patria. // Un pueblo no es independiente cuando ha sacudido las cadenas de sus amos: empieza a serlo cuando se ha arrancado de su ser los vicios de la vencida esclavitud, y para patria y vivir nuevos, alza e informa conceptos de vida radicalmente opuestos a la costumbre de servilismo pasado, a las memorias de debilidad y de lisonja que las dominaciones despóticas usan como elementos de dominio sobre los pueblos esclavos [...] ser hombre es en la tierra dificilísima y pocas veces lograda carrera.[13]

Acostumbrado como estaba a la pompa gubernamental española, Martí no deja de sorprenderse al ver la sencillez con que el primer mandatario se dirige a los asistentes, y su sorpresa aumenta, cuando al terminar el acto lo ve rodeado y confundido con todos los asistentes, por lo que manifiesta: "Era grande aquel hombre pequeño, mezclado sencillamente entre los más desconocidos invitados."[14] Y al comentar el discurso de Lerdo, preocupado porque sus palabras

---

[12] *Ibid.*, p. 51.
[13] J.M., "Boletín. El Colegio de Abogados", en *Revista Universal*, México, 25 de mayo de 1875, *OCEDC*, t. II, pp. 54-55.
[14] *Ibid.*, p. 55.

puedan tomarse como adulación, lo que es contrario a su naturaleza, escribe: "Ni el discurso del señor Lerdo necesita encomio, ni nada que pudiese parecer lisonja habría nunca en esta reseña para él."[15]

Desde aquel día, Martí abrazó la causa lerdista y su pluma estuvo siempre presta a su defensa desde las páginas de la *Revista*, sin que perdiera oportunidad de hacerlo.

Por aquella época llega a México el violinista cubano José White, autor entre otras composiciones del popurrí de aires cubanos denominado La bella cubana, para dar una serie de conciertos. A escucharlo asiste Martí en compañía de Juan de Dios Peza. Profundamente conmovido, al influjo del violín de su compatriota, Martí oye a su patria lejana que le canta, que le llama: "White no toca,— subyuga: las notas resbalan en sus cuerdas, se quejan, se deslizan, lloran: suenan una tras otra como sonarían perlas cayendo. [...] Aquel violín se queja, se entusiasma, regaña, llora: ¡con qué lamentos gime! ¡con qué dolor tan hondo se desespera y estremece!" Emocionado, escribe una crónica donde la crítica musical y un canto elegiaco a Cuba se confunden, dejando escapar estas líneas nacidas de lo más profundo de su ser:

> ¡Oh! patria de mi alma: en ti las palmas besan a las brisas, y el aire sabe la manera de conmoverse y de llorar: cuentan las cañas amores a las orillas mansas de los ríos: aman las vírgenes cubanas trémulas de castísima pasión;—¡oh, patria de mi vida! yo sé cómo palpita la armonía en tus campos de oro de maíz; yo sé cómo murmura en tus naranjos el crepúsculo bullicioso y sonriente: yo sé cómo se extiende sobre tus ceibas la tarde meditabunda y quejumbrosa; ¡oh, patria de mi amor!, ¡tú eres bendita al través del alejamiento y la amargura; tú me mandas amores y promesas en el alma de uno de tus hijos: tú me mandas un canto de esperanza en una inspirada criatura, engendrada entre tus suspiros y tus lágrimas, calentada al fuego de mi Sol! // ¡Patria, alma mía, roa la infamia el instante en que todo mi triste corazón no esté adorando en ti![16]

---

[15] *Idem.*
[16] J.M., "White", en *Revista Universal*, México, 25 de mayo de 1875, *OC*, t. 5, pp. 294 y 295, respectivamente.

XI. EN DEFENSA DE CUBA

Durante aquellos meses Martí había establecido contacto con los antiguos cubanos residentes en México adeptos a su causa, casi todos dedicados a labores literarias y periodísticas, entre los que destacaban Andrés Clemente Vázquez, Nicolás Domínguez Cowan —que habitaba en el mismo edificio en que se encontraba la redacción de la *Revista*—, el licenciado Nicolás Azcárate —que escribía en *El Eco de Ambos Mundos* y se encontraba muy enterado de lo que acontecía en la isla, pues recibía periódicos tales como *La Estrella Solitaria* y *El Boletín de la Guerra*, que se editaban en el campo insurreccional, en plena manigua cubana, y ponía a disposición de Martí—, así como Antenor Lescano —que también colaboraba en la *Revista*, y editaba un periódico de agricultura. "Era Lescano hasta entonces —refiere Carrancá—, quien desde la *Revista* venía haciendo la defensa de los revolucionarios cubanos; pero Martí imprimió a esa defensa nueva fuerza."[1]

En efecto, por aquellos días la cuestión cubana aparecía en todos los periódicos a través de extensos partes que en forma parcial enviaban los corresponsales desde La Habana, destacando entre éstos José Triay quien escribía para *El Federalista* y *El Monitor Republicano*, por lo que Martí sintió la necesidad de combatir aquella campaña de desinformación que llegaba sistemáticamente de la isla.

La oportunidad se presentó en mayo, cuando llegan noticias de que Guatemala reconocía la independencia de Cuba.

El 11 de mayo Martí escribe sobre el reconocimiento que ha hecho de la independencia de Cuba el presidente Rufino Barrios y, después de transcribir el decreto 138 que reconoce la justicia de la causa cubana, manifiesta Martí:

---

[1] Carrancá y Trujillo, *op. cit.*, p. 18.

> No nos toca a nosotros excitar la opinión pública en un punto en que fuera mengua que hubiese menester excitación. // En aquel pueblo no mueren los mártires, sino para que mártires nuevos comiencen a nacer [...] El reconocimiento de la independencia de Cuba no significa el odio a España [...] La independencia de Cuba es justa, porque fue justa la independencia mexicana. La verdad no se razona: se reconoce, se siente y se ama. [...] Guatemala ha cumplido un deber; felicitemos y respetemos la conducta de la República vecina.[2]

Como era de esperar, se despierta la polémica. El mismo día, el periódico de don Anselmo de la Portilla comentaba: "Veremos si las demás *grandes* potencias, como Francia, Inglaterra, los Estados Unidos, etc., siguen el ejemplo de Guatemala."[3]

En su gacetilla del día 12, Martí responde a *La Iberia*:

> ¡Cierto! no reconocerán esas *grandes* potencias la república de Cuba, sino cuando esté constituida: esas *grandes* naciones reconocen solamente los *hechos consumados,* por monstruosos que ellos sean. [...] y en cuanto a los Estados Unidos, sin hacer los cubanos un exagerado alarde de heroísmo, han demostrado que para romper las cadenas que atan a la grande Antilla con España, se bastan y puede ser que sobren.[4]

Más agresivos resultan los comentarios de *La Colonia,* periódico dirigido por el intolerante y agresivo Adolfo Llanos y Alcaraz, que con aires de mofa había comentado también la noticia. En su gacetilla del día 13, Martí responde escuetamente a *La Colonia*: "Con verdadero talento y mucha sal ridiculiza nuestro colega español el reconocimiento de Cuba por Guatemala echando en cara a las repúblicas *hispano* americanas que nada tengan que enseñar a la madre patria. // Con que le enseñaran lo que de ella aprendieron saldaban las cuentas pendientes".[5]

---

[2] J.M., "Independencia de Cuba", en *Revista Universal*, México, 11 de mayo de 1875, *OCEDC*, t. 1, p. 245.
[3] J.M., "La Iberia", *OC*, t. 28, p. 76.
[4] *Idem.*
[5] *Ibid.*, p. 81.

A partir de este momento, puesto el caso de Cuba a la luz pública, Martí no se amilana y entra de lleno en la defensa de la causa cubana con el apoyo pleno de los escritores de la *Revista*. Comenta las noticias que traduce de los periódicos norteamericanos, y expone objetivamente la situación de la isla, señalando cómo en "Villaclara, se anuncia de la deserción de gran cantidad de soldados españoles que se han unido a la causa de los insurgentes", pero precisa: "La insurrección acoge, pero no ama a estos partidarios despechados y advenedizos. Las revoluciones hermosas no tienen necesidad de los soldados mercenarios."[6] Otro periódico informa que el vapor Puerto Rico había llevado mil soldados, como parte de los ocho mil solicitados por Valmaseda, y de cómo los incendios de los ingenios continuaban en las cercanías de Sagua y Cienfuegos. Ante la situación, el gobierno concedía el perdón a los insurrectos que quisieran deponer las armas y ofrecía a los oficiales un grado equivalente en el ejército español.

> No puede existir —escribe Martí— un reconocimiento más explícito de la importancia actual de la insurrección. [...] Este hombre [Valmaseda] ofrece ahora grados a los que cuatro años hace mandaba asesinar en las chozas del campo. Acepta como oficiales a aquellos a quienes siempre habló como a bandidos [...] llega a ofrecerles por una traición que no cometerán seguramente, el sacrificio mayor que los españoles de Cuba pueden hacer, el pago de una infamia,—infamia tal que ni permite siquiera pensar en ella [...] Sólo el que es capaz de vender su honra, tiene el valor de proponer la venta de la honra ajena.[7]

Con estos viriles conceptos, Martí renovaba el fuego en México en la defensa de su causa.

La polémica se encrespa y desde las páginas de *La Iberia* y *La Colonia* surgen los ataques contra Martí, en defensa de la causa del gobierno español. En una gacetilla publicada el 14 de mayo titulada "Allá lo veredes", Martí publica estos versos:

---

[6] J.M., "Cuba", en *Revista Universal*, México, 13 de mayo de 1875, *OCEDC*, t. I, p. 246.
[7] *Ibid.*, pp. 247-248.

> ¿Qué se hizo Valmaseda
> Y aquella célebre trocha
> De Morón?
> ¿Qué se hizo voto a bríos?
> Ya ni un castillo nos queda,
> ¡Maldición!
> Todo fue cena de negros:
> Tras tantas peleas ganadas,
> ¿Qué quedó?
>
> Una lágrima en la historia,
> España sacrificada
> Y un adiós.[8]

Como la controversia entre Martí y los periódicos antes citados persiste, a falta de argumentos convincentes *La Colonia* adopta un tono de mofa hacia el cubano: "Como el Sr. Martí mantiene relaciones íntimas con los espíritus —manifiesta aludiendo a su polémica en el Liceo Hidalgo—, nos merece entero crédito su opinión, porque los espíritus lo saben todo."[9] "El Sr. Martí no responde al chiste de *La Colonia*", escribe al día siguiente. "Pero en cuanto toca a comunicaciones con algo, el Sr. Martí recibe noticias cuyos originales conserva, las traduce de los periódicos extranjeros, las comenta como entiende razonable comentarlas y las firma con su nombre porque la bondadosa hospitalidad con que le acoge la *Revista*, no le autoriza a hacerla *eco* de sus opiniones propias."[10]

Como el señor Triay, corresponsal en Cuba de *El Federalista* y *El Monitor Republicano*, ha enviado unos partes a ambos periódicos que no corresponden a la realidad, Martí no puede dejarlos pasar por alto y en su columna "Ecos de todas partes" correspondiente al 18 de mayo, en un artículo titulado "Conciérnenme estas medidas", después de transcribir literalmente las noticias, escribe:

> Ahora bien, D. José Triay y D. Clarencio se parecen como dos gotas de agua, con unos mismos ojos duermen, y con una mis-

---

[8] J.M., "Allá lo veredes", *OC*, t. 28, p. 82.
[9] J.M., "La Colonia Española", *OC*, t. 28, p. 82.
[10] *Ibid.*, p. 83.

ma boca comen, aunque parece que no piensan con una misma cabeza. // Cuando publica las noticias con su nombre, este dualista corresponsal las da a satisfacción de los negreros; cuando las publica con el seudónimo de D. Clarencio, las da como son o como deben ser por lo menos. // En verdad que este corresponsal vale un Perú.[11]

En todo estaba y nadie quedaba sin respuesta, su pluma se había convertido en espada defensora de Cuba. Como *El Federalista* interviniera en favor de su corresponsal en La Habana, manifestando que Triay envía telegramas imparciales, Martí responde: "Todas las buenas cualidades que quiera nuestro estimado colega tendrá el Sr. Triay; será activo, diligente, honrado, etc., pero imparcial no. [...] Perdónenos nuestro colega: primero puede admitirse la existencia de la Santísima Trinidad."[12]

Martí continuará, incansable, informando de lo que sucede en la isla, de la muerte de Castellanos, seguirá elogiando a los que luchan, hablará de cómo se publican en los campos de la insurrección, en plena manigua, *La Estrella Solitaria* y *El Boletín de la Guerra*, de cómo llega el papel de Jamaica para esta publicación. En la cárcel de Madrid había conocido a Lorenzo Jiménez (Lencho), quien se encargaba de estas operaciones. También nos describirá en sus escritos las hazañas heroicas, casi mitológicas, de Julio Sanguily, aquel bravo guerrero que peleaba sin piernas, pues éstas le habían sido arrancadas por una bala de cañón: "Atado a su caballo, con la mano izquierda señala a sus soldados los puestos del peligro y de la lucha: allá va siempre el primero, allá va siempre a la cabeza de su valiente caballería." Sanguily cae prisionero de una columna, y entonces, como surgidos de la epopeya, caen sobre los españoles Ignacio Agramonte con treinta hombres y lo rescatan: "allá se fueron por el camino de la gloria [...] ¡Ira y vergüenza para los que no luchamos a su lado!"[13]

La polémica crece, no basta la argumentación, las pasiones se desbordan. *La Iberia* y *La Colonia* acusan a Martí de abusar de las páginas de la *Revista Universal* para sacar a la luz pública la cues-

---

[11] J.M., "Conciértenme esas medidas", *OC*, t. 28, p. 85.
[12] J.M., "El Sr. Triay", en *Revista Universal*, México, 25 de mayo de 1875, *OC*, t. 28, p. 88.
[13] J.M., "Cuba", en *Revista Universal*, México, 22 de mayo de 1875, *OCEDC*, t. I, p. 251.

tión de Cuba y revivir odios contra España. Martí toma la pluma y en un extenso artículo llamado "A *La Colonia*", publicado el 27 de mayo, manifiesta: "No por deseo inmoderado de ocupar en una polémica innecesaria las columnas de la *Revista*, sino por especial empeño que tengo en que esta no aparezca responsable de la más sencilla idea que sobre los asuntos de mi patria emita en ella yo, contesto al suelto de la *Revista* que publicó *La Colonia* en su número del lunes 24".

Y se extiende en una profusa argumentación tendiente a destruir las acusaciones:

> No escribí yo el suelto aludido en tono de chiste, completamente ajeno a mí. Al proponer *La Colonia* exageradas indemnizaciones del Gobierno español a los cubanos, escribí que aún me parecían pocas, si con ellas había de pagar cada indio muerto de la raza primitiva absoluta y radicalmente extinguida en los primeros años de la conquista [...] escribí después que la indemnización era todavía pequeña para pagar las vidas de tanto cubano asesinado en las calles, fusilado sin causa en las ciudades y muerto a palos en los presidios españoles.—Yo los he visto matar así: yo he estado en presidio. // Esto dije yo: nada contesta *La Colonia* a esto.

Martí se hunde en los dolorosos recuerdos de su infancia para narrar los días pasados en las canteras de San Lázaro, donde ha "visto ordenar y cumplir cincuenta palos en las espaldas de Ramón Rodríguez Álvarez, niño de doce años condenado a diez años de presidio por delitos políticos." Donde ha visto

> ...sangrar llagadas las espaldas de don Nicolás del Castillo, anciano de setenta y seis años a quien se castigó de tan bárbara manera que estuvo más de quince días sin recobrar bien sus sentidos, con su grillo al pie, con sus llagas en la espalda, con su cabeza cana y abierta, llevado y traído cada madrugada y cada oscurecer legua y media de camino para ir y venir en procesión triunfal diaria, y espectáculo patriótico español.

Él ha visto hundir a un hombre en la arena hasta la cintura, a la hora del máximo calor y mantenerlo así hasta la puesta del sol: "¡Con todo el dinero de las armas españolas! no se podrá pagar toda la crueldad vertida sobre Cuba."

En otro párrafo de su larga contestación a *La Colonia*, escribe sobre:

> estos héroes que se levantan con todas las abnegaciones, sin esperar más recompensa para su vida que desaparecer oscuramente en los campos libertadores de la patria. Es una generación que se sacrifica porque otra generación viva respetada, noble y libre [...] Termino aquí, no sin dar antes gracias a la *Revista* por la hospitalidad que ha concedido a este artículo largo y enojoso. // Y he refutado con alguna detención el suelto de *La Colonia*, no porque yo crea que esto fuese absolutamente menester, sino porque, ya que no puedo por mi mal ir a combatir al lado de los que defienden la independencia de mi patria, no fuera honrado permitir que donde pueda yo responderlas, quedasen sin cumplida respuesta afirmaciones gratuitas y vulgares.[14]

De esta manera, la pluma de Martí fue informando a México sobre la cuestión cubana, ganando voluntades para lo que en realidad era la guerra del pueblo cubano por su liberación y dignidad.

El otro periódico español, *La Iberia*, que dirigía el caballeroso don Anselmo de la Portilla, también había unido su voz a *La Colonia* para atacar a José Martí, acusándolo de ejercer influencia en la *Revista* y revivir una polémica ya olvidada. La respuesta no se hace esperar:

> Quiero decir una vez más a *La Iberia*, que todas las opiniones que sobre Cuba exprese yo en la *Revista*, tienen un carácter exclusivamente particular: que yo creo que todas las ideas que se hacen públicas deben ir siempre autorizadas con la firma de quien las produce, y que si *La Iberia* ve en la *Revista* insinuaciones sobre cosas cubanas, éstas no revelan que ejerza yo en la *Revista* una influencia que ella sabría rechazar [...] No es, pues, que yo quiera sacar a plaza en la *Revista* las cuestio-

---

[14] J.M., "A *La Colonia*", en *Revista Universal*, México, 27 de mayo de 1875, *OCEDC*, t. I, pp. 252, 254 y 257.

nes cubanas: es que yo firmo todo lo que pienso, y la *Revista* tiene la bondad de pensar y decir de la misma manera que yo. // Y ahora que en público contesto afirmaciones equivocadas de *La Iberia*, séame lícito [recordando la ayuda de Don Anselmo a su familia, con la colecta promovida por él cuando la enfermedad de Ana] darle gracias por la bondad con que me juzga, y —aunque parezca extemporáneo— expresar aquí mi reconocimiento por un favor tristemente particular que personalmente me obliga para con su señor director.

Pero, irreductible, enfatiza:

Esto, para con él: para cuantos errores se publiquen sobre las cosas de mi patria, yo pediré siempre hospitalidad a la *Revista*, con placer y convicción de mi deber, y —cuando esta me faltara— encontraría yo siempre medio de rechazar toda apreciación extemporánea y todo error injusto que se haga público, en las actuales y dolorosas cuestiones de mi país.[15]

Martí había logrado conmover a todos; sus palabras no quedan solas. El 29 de mayo, los redactores de la *Revista* publican esta "Solemne declaración":

La cuestión de Cuba es cuestión americana que cuenta con las simpatías de todos los hijos del Continente y que debe ser sostenida con la pluma y la palabra y con el esfuerzo de todos los americanos. Las opiniones que acerca de ella, acerca de su probable solución se insertan en la *Revista Universal*, opiniones que no son sólo de la persona que las escribe, sino de toda la redacción del periódico que ha estado y estará conforme con todo lo que en este concepto se publique. La cuestión de Cuba es para la *Revista Universal*, cuestión de derecho, y como tal habrá de sostenerla con todos sus esfuerzos, habrá de consagrarle todos sus bríos, habrá de darle los mismos esfuerzos que daría a la causa de la patria mexicana oprimida.[16]

---

[15] J.M., "A *La Iberia*", en *Revista Universal*, México, 9 de junio de 1875, *OCEDC*, t. I, pp. 259-260.
[16] Véase *Revista Universal*, México, 29 de mayo de 1875.

XII. POR LAS CALLES DE MÉXICO

Martí fue adentrando sus pasos por la ciudad de México y sus alrededores, por el México de "mis recuerdos" que evocan con mano maestra Guillermo Prieto y Altamirano, por el señorial, el pobre y el misérrimo. El que centra su vida en el Zócalo y al repique de campanas se postra de rodillas en la Catedral y en el pueblo de Guadalupe. El de la calle de Plateros, donde pasea su altivez la aristocracia a bordo de lujosos carruajes, y por las noches reúne al pueblo en el Paseo de las Cadenas, donde deambulan con altivez los chinacos, y se ven juntos al indio y al mestizo bajo la mortecina luz de los faroles, los mecheros y las rajas de ocote que alumbran los puestos donde se venden buñuelos y totopostes; mientras, en la esquina, se escucha el grito del pastelero que pregona: "A cenaaar pastelitos y empanadas, pasen niñas a cenaaar."

Algunos van a la Plaza de Armas, donde se han instalado carpas que dan funciones de títeres; otros se dirigen al Teatro Arbeu donde se presenta la zarzuela *Catalina de Rusia o la Estrella del Norte*, mientras en el Principal se canta la ópera de Donizetti, *Poliuto o los mártires*, y en la cartelera se anuncia para la noche siguiente *El trovador*, de Verdi. Algunos carruajes se dirigen hacia el barrio de San Cosme, al tívoli del Eliseo que anuncia rebaja de precios, en tanto que en la plazuela de Santo Domingo da funciones el Circo Ainar.

Los domingos, el paseo obligado es el legendario Bosque de Chapultepec o la Alameda, donde el pueblo une su alegría y su descanso paseando por las avenidas entre el ruido de las fuentes, o reposando en los prados, mientras en el quiosco central tocan los músicos de Tecpan, que interpretan los valses y las polkas de moda; en tanto que, haciendo círculos de encaje, las damas elegantes hacen tertulia y planes para asistir por la noche al baile de la Lonja.

Martí todo lo ve, todo lo observa; junto a este México romántico y costumbrista, la ciudad crece sucia, antihigiénica y abandonada por sus munícipes: "El Ayuntamiento ha sido indudablemente apático." México no es solamente el antiguo Paseo del Emperador, al que se ha cambiado el nombre por el de Paseo de la Reforma, con sus mudas estatuas y palacetes a sus lados, ni la avenida Bucareli, ni la calle de Plateros; junto a éstas existen barrios y una población pobre y misérrima que habita en barrios que se inundan, vecindades sucias y pestilentes, cruzadas con lazos de tenderos y ropa colgada que casi toca el suelo, cortinas de hilacho que hacen difícil penetrar en ellas, donde juegan niños desnudos y desnutridos, donde crece el número de defunciones diarias, y el "tifus terrible [está] sentado a la cabecera de los pobres", que "más parecen los habitantes, osamentas ennegrecidas que seres vivos".[1] Barrios que desde temprana hora se despiertan con los gritos de los pregoneros que venden "Tieeerra paa' las macetas", "mercaaraaan chchicuilotitos viivos", "zapatos que remendar", o "patos del lago de Texcoco". Es el México que se extiende por detrás del Palacio Nacional, donde se encuentra el Cuadrante de la Soledad, la zona obrera de San Lázaro, la temida Candelaria de los Patos; el que se extiende por la calzada de la Viga, con su canal hasta Santa Anita, de donde vienen a la ciudad las flores y las legumbres cultivadas en las chinampas de Xochimilco; y los domingos se convierte en paseo de trajineras con cantos y guitarras y música de salterios. Es un México de contrastes; la ciudad mal alumbrada, con sus calles lóbregas, disparejas, llenas de charcos pestilentes. Donde hay más iglesias que escuelas, y las cantinas y pulquerías se encuentran a cada cuadra, dando un triste y deprimente espectáculo, a tal grado, que *El Monitor Republicano* comentaba: "Nos aseguran que el Jefe de la Policía, Sr. Moreno, cayó en una de las barrancas que hay en las calles de esta capital y se lastimó gravemente." Otro día, *El Siglo XIX* despliega esta nota: "Pulque bendito.—El domingo último el capellán de Manzanares se ocupó de bendecir el pulque de todas las tabernas del barrio." *La Voz* opina que "los que se hayan embriagado con pulque bendito estarán en gracia de Dios".

En tanto, Martí señala, fustigando al Ayuntamiento, que

>...ha sido indudablemente apático. [...] ¿Por qué han de ser el callejón de Cuajomulco, las calles del Puente del Cuervo, de

---

[1] J.M., "El Ayuntamiento", en *Revista Universal*, México, 24 de noviembre de 1875, *OCEDC*, t. II, pp. 219 y 220.

> Chiconuauhtla, del Carmen, de los Gallos, únicas estrofas de la oración fúnebre que habremos pronto de entonar al Municipio? // ¿Por qué abundan tanto en inmundicias las calles de Santa Inés, San Gerónimo, San Pedro y San Pablo? Liberalismo de los Munícipes: han hecho esto sin duda por concentrado odio a los santos.[2]

Nada escapaba a su fina percepción, pero tampoco, nada callaba. Tal era el México en que vivió Martí. La ciudad, como contraste, empezaba a extenderse hacia las lomas de Tacubaya, con su garita que daba paso a Mixcoac y San Ángel. De este México escribió Martí:

> Fuerza es apartar los ojos de las bellezas que ofrecen los libros de poetas [...] para ocupar, si no el ánimo, el espanto en considerar el estado tristísimo de la insalubre y abandonada ciudad de México. // Cosa extraña parece que haya poetas en nuestro imperturbable municipio: es poeta algo como alma limpia y blanca, y pudiera imaginarse que por esencia rechaza cuanto de infecto, deaseado y repugnante le rodea. Agapito Silva publica en *El Porvenir* "Pensamientos poéticos": y ¿cómo puede pensar poesía en esta atmósfera inficionada y mefítica? Y Eduardo Zárate ¿cómo no se espanta de que las alas puras de su musa, gallardamente abiertas en el libro de poetas americanos [...] se arrastren y se enloden por esta cenagosa superficie de las calles míseras de México. El limpio pensamiento ha menester de una atmósfera limpia.[3]

Martí no se detiene ahí, saca conclusiones y señala sus deberes a quienes deben gobernar, pues gobernar es servir al pueblo, y servir al pueblo es mejorar sus condiciones de vida. Dice al señalar el deber de los munícipes:

> No van al Ayuntamiento los ediles para hacer gracia a la ciudad de la calma de sus magníficas personas. Porque el Ayun-

---

[2] *Ibid.*, p. 220.
[3] "El Ayuntamiento", en *Revista Universal*, México, 4 de septiembre de 1875, *OCEDC*, t. II, p. 177.

> tamiento es una especie de prueba de hombres públicos [...] porque la torpeza no es ya un derecho en quien ha tenido concepto suficiente de sí mismo para aspirar a un cargo popular [...] Una ciudad pide a sus munícipes, algo más que la vanagloria fútil de llamarse ediles suyos; pídeles con imperio pulcritud y aseo. [...] ¿Por qué tardan tanto los munícipes en hacer el bien, cuando es hacerlo deber suyo? [...] Es que en los barrios pobres, en que la muerte vestida de miseria está siempre sentada en los umbrales de las casas, la muerte toma ahora forma nueva; se exhalan miasmas mortíferos de la capa verdosa que cubre cenagosas extensiones de agua [...] y este pobre pueblo nuestro, tan débil ya por el hambre, su pereza y sus vicios, todavía sufre más con los estragos de esa muerte vagabunda, que vive errante y amenazadora en todas las pesadas ondulaciones de la atmósfera.[4]

Como mexicano hablaba Martí y así trataba los problemas sociales de un país que ya no le era indiferente, y así iría comprendiendo también a América.

Por las mañanas, cuando se dirigía al trabajo, veía un triste espectáculo que le deprimía y amargaba, hasta que un día no puede callarlo más:

> No quiere el boletinista hablar de cosas tristes, por más que sea para él día oscuro el día que ve vagando por las calles grupos acusadores de infelices indios, masa útil y viva, que se desdeña como estorbo enojoso y raza muerta. Y es que hacen dolorosísimo contraste la mañana, nacer del día, y el indio, perpetua e impotente crisálida de hombre. Todo despierta al amanecer, y el indio duerme: hace daño esta grave falta de armonía.[5]

---

[4] *Ibid.*, p. 178.
[5] "Los indios", en *Revista Universal*, México, 14 de septiembre de 1875, *OCEDC*, t. II, p. 184.

XIII. EL INDIO

Fue en México. En el altiplano mexicano, en el valle rodeado de montañas y nevados volcanes, "en aquellas mañanas radiantes de sol de la gran Tenochtitlán", a la sombra de sus volcanes, recorriendo los barrios y las calles de la colonial Ciudad de los Palacios, atravesando su campiña y poblados próximos, en su encuentro con el indio, raza totalmente extinguida en su patria, ante la tragedia del indio, ante la miseria de un pueblo y la poesía de una raza, donde Martí comenzó a vivir y comprender la tragedia de América.

Fue en aquellas noches de tertulia y debates del Liceo Hidalgo donde escuchara nuevas voces; allí sonaron también las voces indígenas y sabias de un pueblo, los gritos de una raza; palabras que se hicieron eco, ecos que fueron anidando en su cerebro hasta germinar y unirse al dolor de su Cuba, *leitmotiv* de su vida, para engrandecer su visión libertadora y humana. Fue en la mesa del Anáhuac donde Martí amplió su mirada y la proyectó sobre el Continente. En México comenzó a esbozar lo que sería su poema de América.

En Cuba, un pueblo esclavo sufre. En México, "un cura, unos cuantos tenientes y una mujer alzan [...] la república, en hombros de los indios".[1]

Años más tarde, otro indio, un indio zapoteca de la sierra de Oaxaca, esgrimiendo la razón y el derecho para libertar el pensamiento y la patria, ha dado una segunda independencia a los hombres, y ha derrocado a un imperio. La voz indígena y nacionalista de Juárez ha retumbado en todo el orbe representando una raza y una nación y, desde el Cerro de las Campanas, ha partido a todas partes del mundo llevando el apotegma que lo hará inmortal: "Entre los individuos, como entre las naciones, el respeto al derecho ajeno es la paz." Ahí mismo, en el Cerro de las Campanas, la aristocracia y el imperialismo europeos habían recibido una lección de la América indígena.

[1] J.M., "Nuestra América", *OC*, t. 6, pp. 18.

Pero ¡oh contrasentido! En este pueblo libre, a pesar de los sacrificios de esta raza, a pesar de las claras voces indias que se escuchan, y a pesar de la libertad, los indígenas aún viven olvidados y sumisos. Esta visión le duele a Martí y por eso dice con ruda franqueza:

> Irritan estas criaturas serviles, estos hombres bestias que nos llaman amo y nos veneran: es la esclavitud que los degrada: es que esos hombres mueren sin haber vivido: es que esos hombres avergüenzan de la especie humana. Nada lastima tanto como un ser servil. [...] Avergüenza un hombre débil: duele, duele mucho la certidumbre del hombre-bestia.

Y observa dolorido como:

> Pululan por las calles; quiebran en la extensión que su cuerpo indolente cubre, las raíces que comienzan a brotar; echados sobre la tierra, no la dejan producir; satisfacen el apetito; desconocen las noblezas de la voluntad.—Corren como los brutos; no saben andar como los hombres: hacen la obra del animal: el hombre no despierta en ellos. // Y esto es un pueblo entero; esta es una raza olvidada; esta es la sin ventura población indígena de México.[2]

Así, Martí alza su voz hasta alcanzar niveles nunca tocados, soslayados por quienes habían luchado por la libertad de la nación y la república y no se habían preocupado por la redención de la raza. Sólo Ignacio Ramírez, el Nigromante, en 1850, en su periódico *Temis y Deucalión,* editado en Toluca, había escrito un artículo, "A los indios", que pudo ser —dice Altamirano— el levántate y anda para esta raza paralítica, si la suspicacia del gobierno no hubiera impedido su circulación.[3] En dicho artículo Ramírez manifestaba:

> vosotros, hijos de razas generosas y desgraciadas, debéis trabajar por el triunfo de los liberales puros, si aspiráis a recobrar

---

[2] J.M., "Función de los meseros", en *Revista Universal*, México, 10 de julio de 1875, *OCEDC*, t. II, p. 119.

[3] Ignacio Altamirano, "Biografía de Ignacio Ramírez", en prólogo a las *Obras de Ignacio Ramírez*, México, Editora Nacional, 1960, p. XXXVII.

> el esplendor que disfrutásteis en los tiempos de Netzahualcóyotl [...] Cortés no existe y no existirá ya otro Cortés, ¿por qué vuestra libertad no ha despertado? Considerad que no sólo se os oprime, sino que vuestros enemigos se avanzan a asegurar que no pertenecéis a la especie humana...[4]

El cubano señala a veinticinco años del artículo del Nigromante:

> El hombre está dormido y el país duerme sobre él.—La raza está esperando y nadie salva a la raza. La esclavitud la degradó, y los libres los ven esclavos todavía: esclavos de sí mismos, con la libertad en la atmósfera y en ellos; esclavos tradicionales, como si una sentencia rudísima pesara sobre ellos perpetuamente. // La libertad no es placer propio: es deber de extenderla a los demás: el esclavo desdora al dueño: da vergüenza ser dueño de otro.[5]

Martí no es un teórico, necesita conocer al pueblo, identificarse con sus costumbres. Un día es invitado por el licenciado Sánchez Solís, exrector del Colegio de Toluca, "hijo de la raza indígena", y en compañía de Gerardo Silva se dirigen al pueblo de Tultepec, donde festejaban el cumpleaños de Solís, quien se había convertido en protector del pueblo. Allá va Martí, por las calles polvorientas del pueblo, entre órganos y magueyales, "donde cada casa tiene jardín y cada jardín da a un campo de magueyes"; asiste a los servicios religiosos que se brindan en honor del festejado; luego marcha tras la banda de música, mezclado con el pueblo humilde, del brazo de los hijos del señor Solís y los indígenas que los acompañaban, y ahí está Martí rodeado de los pobres de la tierra que le hablan en su idioma, sentados a su mesa. Martí lo ve todo, lo capta todo. "Era hermoso ver [...] aquella sala plena de indígenas en pie, que respondían conmovidos a las salutaciones [del licenciado Sánchez Solís] ...Es hermoso ver a todo un pueblo agrupado alrededor de un hombre." Allí pernoctan, y la música y los bailes continúan por la

---

[4] Véase Guadalupe Pendini, "Por su artículo 'A los Indios', Ramírez el Nigromante, fue acusado", en *Excélsior*, miércoles 13 de mayo de 1992, sec. B, pp. 1, 6-7.
[5] J.M., "Función de los meseros", *OCEDC*, t. II, p. 119.

noche: "Aquellos hombres tienen los pies descalzos y la armonía en el corazón."
De aquella experiencia escribiría días después:

> Para el que tenga una filosofía vacilante, para los que creen de una manera débil en la bondad y en la justicia, fuera cosa salvadora respirar un momento aquella atmósfera de fraternidades no impuestas, de deberes no obligados, de instituciones primitivas, llenas todas y bellas con los primeros elementos de la vida. La naturaleza humana es pura todavía, allí donde ella misma no se ha querido pervertir. [...] Una vez en la vida [...] habíamos visto a un pueblo honrado, y a un hombre feliz.[6]

El dolor que le causa el espectáculo del indio va penetrándolo y estremeciéndolo.

> No quiere el boletinista hablar de cosas tristes —escribirá en otra ocasión—, por más que sea para él día oscuro el día en que ve vagando por las calles grupos acusadores de infelices indios, masa útil y viva, que se desdeña como estorbo enojoso y raza muerta. Y es que hacen dolorosísimo contraste la mañana, nacer del día, y el indio, perpetua e impotente crisálida de hombre. Todo despierta al amanecer, y el indio duerme: hace daño esta grave falta de armonía.[7]

Pero Martí los ve con ojos que no admiten compasión, sino que llaman a la acción, a despertar a esta raza: "¿Qué ha de redimir a esos hombres? La enseñanza obligatoria. ¿Solamente la enseñanza obligatoria, cuyos beneficios no entienden y cuya obra es lenta? No la enseñanza solamente: la misión, el cuidado, el trabajo bien retribuido. [...] Dense necesidades a estos seres: de la necesidad viene la aspiración, animadora de la vida."[8]

El cubano ve más lejos. No sólo ve al indio como una masa inerte, ve el peligro potencial que representan estas masas irredentas,

---

[6] J.M., "Fiesta en Tultepec", en *Revista Universal*, México, 7 de mayo de 1875, *OCEDC*, t. II, pp. 33-38.
[7] J.M., "Los indios", en *Revista Universal*, México, 14 de septiembre de 1875, *OCEDC*, t. II, p. 184.
[8] *Idem.*

olvidadas, sumidas en un estado primitivo y bestial pero útiles para la explotación y el trabajo. Quizá Martí avizora la Revolución de 1910, en que tan importante papel habrían de desempeñar los núcleos indígenas, y señala:

> Se tiene la amenaza sobre sí: ¿no es verdad que es bueno y prudente descuidar la amenaza? Se tiene en gran parte un pueblo de bestias: ¿no es verdad que es bueno, agradable y útil no pensar en que puede bajo el peso de estas bestias morirse súbitamente ahogado? // La avalancha crece, y el valle está tranquilo. Los pastores prudentes deben huir del mal con que los amenaza la montaña.[9]

Y en otra ocasión escribe: "¿por qué, pobre raza hermana, cruzas la tierra con los pies desnudos, duermes descuidada sobre el suelo, oprimes tu cerebro con la constante carga imbécil? ¡Oh, cómo, cómo duelen estas desgracias de los otros![10]

No obstante todo lo anterior, junto a las miserias y los vicios de esta raza que duerme y "espera su Mesías", Martí ha visto erguirse y ha escuchado las voces indias de Ignacio Ramírez, "el Voltaire moderno" de los mexicanos, ha escuchado a Manuel Altamirano, el indio de "dicción agreste", a Sánchez Solís, el "protector del pueblo", la obra de Juárez,

> el indio descalzo que aprendió latín de un compasivo cura, echó el cadáver de Maximiliano sobre la última conspiración clerical contra la libertad en el nuevo continente [...] él, con los treinta inmaculados, sin más que comer maíz durante tres años por los ranchos del Norte, venció, en la hora inevitable del descrédito, al imperio que le trajeron los nobles del país.[11]

Posteriormente, el tema del indio aparecerá constantemente a lo largo de su obra como raíz de la grandeza americana.[12]

---

[9] *Idem.*

[10] J.M., "Familias y pueblos", en *Revista Universal*, México, 21 de julio de 1875, *OCEDC*, t. II, p. 136.

[11] J.M., "El día de Juárez", en *Patria*, Nueva York, 14 de julio de 1894, *OC,* t. 8, p. 255.

[12] Véase José Martí: *El indio de nuestra América*, La Habana, Centro de Estudios Martianos, 1985; Leonardo Acosta, *José Martí, la América precolombina y la Conquista española*, La Habana, Cuadernos Casa, núm. 12, 1974.

Junto al del indio, Martí fue descubriendo otros problemas que, al igual que en México, ahogaban a los pueblos latinoamericanos. ¿Por qué estos pueblos ricos son pobres? ¿Qué detiene el progreso de México, tierra de riquezas infinitas? ¿Por qué se muere de miseria sobre la tierra riquísima? ¿Por qué la industria extranjera vive en México mejor que la industria mexicana?: "México tiene conflictos suyos a los que de una manera suya debe juiciosa y originalmente atender. // La imitación servil extravía, en Economía, como en literatura y en Política".[13] Todo un mundo de conjeturas se abría ante sus ojos, Martí iba descubriendo América.

---

[13] J.M., "La polémica económica", *OCEDC*, t. II, p. 192.

XIV. INTRANQUILIDAD POLÍTICA

Por aquellos días, México se agitaba políticamente. La oposición a Lerdo de Tejada empieza a sentirse, a crecer. El caudillo azuza desde Oaxaca; el clero, sin resignarse a la derrota sufrida a manos de Juárez y los hombres de la Reforma, empieza a atacar, a calumniar, a difamar al exministro de Juárez. "De las ruinas del convento se alzan todavía fantasmas que aconsejan el incendio y la destrucción."[1] Se intriga, se habla de pronunciamientos, de alzamientos en Michoacán, Tabasco y Chiapas, el grupo porfirista toma fuerza; ya se habla de que Porfirio Díaz va a levantarse en armas. La prensa se divide. La oposicionista se atrinchera en las páginas de *La Voz de México*, órgano del arzobispado mexicano, *El Monitor*, *El Ahuizote* y el *Padre Cobos*, y abusa de la amplia libertad de prensa de que disfrutaba; la utiliza para atacar al gobierno, ya que el presidente Lerdo de Tejada nunca lo impidió pues consideraba que la prensa se corregía con la prensa. En tanto que la lerdista —subvencionada por el gobierno: el *Diario Oficial*, que dirige Andrés Clemente Vázquez; *El Eco de Ambos Mundos*; *El Federalista,* la *Revista Universal*, en la cual escribe Martí, cuya alma va mexicanizándose— asume virilmente la causa y la defiende, censurando a "los periódicos que hacen al gobierno una equivocada, loca y torpe oposición".[2]

Con qué sagacidad, con qué firmeza de conceptos y pureza de espíritu y de ideales encara el problema Martí:

> No es el gobierno en modo alguno inerrable o infalible: loco fuera a su vez él si pretendiera serlo: no pudiera, aunque lo intentase, mejorar su programa en vista de uno que se anuncia y no se le presenta: no puede aceptar medidas que no se le

---

[1] J.M., "Boletín. Rumores falsos", en *Revista Universal*, México, 2 de junio de 1875, *OCEDC*, t. II. p. 98.
[2] J.M., "Boletín. Oposición informe", en *Revista Universal*, México, 29 de mayo de 1875, *OCEDC*, t. II, p. 58.

proponen; no puede discutir seriamente con una oposición calumniadora, que muerde sí con ira, pero que no sabe la manera de hablar con razón, ni de hacerse oír con entereza.[3]

Y más directamente señala:

O se quiere reformar el país, o se anhela el puesto desde [el] que se rige a la nación: —aquello fuera nobleza que hay siempre modo de cumplir; esto es ambición bastarda que es noble cuando puede ser medio de un bien, pero que —siendo objeto principal— no puede el país sensato respetar ni proteger.[4]

Continúa su artículo sentenciando:

No existe gobierno invulnerable: la prensa debe ser el examen y la censura, nunca el odio ni la ira que no dejan espacio a la libre emisión de las ideas [...] —Si el gobierno yerra, se le advierte, se le indica el error, se le señala el remedio, se le razona y se le explica; —no se tuercen intenciones, se falsean hechos [...] No debe haber oposición constante: debe haber constante, concienzudo examen y consejo. // Sin esta alteza de ideas, nadie aspire al respeto común, al dominio firme y duradero.[5]

Así escribía aquel idealista que recorría y conocía los caminos políticos de su América.

La tensión iba en aumento; se producen pequeñas revoluciones cristeras en Michoacán y Jalisco. "Apatzingán incendiado: —Robado Paracho", decían los diarios. Entonces la voz de Martí alcanza la tonalidad de los hombres del Partido Liberal, y denuncia a los católicos aliados de Porfirio Díaz: "¡Infames! Pero, ¿no se avergüenzan los católicos mexicanos de acudir para defenderse a estos bandidos prófugos de cárceles, a estos hombres capaces de toda vileza, a los que no cometen un solo acto que no pueda condenarse

---

[3] *Idem.*
[4] *Idem.*
[5] *Ibid.*, p. 60.

con arreglo a la ley común? ¿Qué Dios villano es ése que estupra mujeres e incendia pueblos?"[6]

Por lo que ante el silencio de la prensa opositora, manifiesta:

> Pero hablen los periódicos católicos: tenga uno de ellos la imprudencia de proteger a esa malvada rebelión [...] ¿Qué hacen los periódicos católicos?—Lo que hacen en todos los tiempos: vestirse con el manto de piedad; bajar a tierra estos ojos humanos que se han hecho para mirar de frente a todos; disimular bajo sus vestiduras negras las iracundas palpitaciones de su corazón, y ocultar con la sombra de sus hábitos la sonrisa [...] No basta el hábito: se ve la sonrisa: las llamas del incendio de Apatzingán les iluminan claramente el rostro.[7]

Las elecciones para diputados de aquel año fueron desairadas en las urnas; nadie se interesó por ellas. Al respecto Martí diría: "el triunfo ha sido de los partidarios del gobierno, ¿de quién habían de ser, si nadie ha ido a pretenderlo? [...] No puede quejarse de la esclavitud quien no tiende la mano para romper sus yerros: si los sufre, es porque es digno de sufrirlos."[8]

Días más tarde, cuando se dice que Porfirio Díaz se dirigía a Oaxaca con el ánimo de fomentar allí los rencores contra el gobierno, la voz de Martí se hace oír nuevamente:

> ¿Por qué ha de acudirse a medios que manchan con sangre, cuando no se han empleado los medios que ilustran con el derecho? ¿Por qué ha de venir la revolución que mata hombres, cuando no se ha empleado la revolución que brota ideas? ¿Así serían acreedores al reconocimiento de la patria los que en su primera era de paz la detienen, la ensangrientan y la perturban?[9]

---

[6] J.M., "Boletín. Apatzingán y Paracho", en *Revista Universal*, México, 2 de junio de 1875, *OCEDC*, t. II, pp. 61-62.

[7] *Ibid.*, p. 62.

[8] J.M., "Boletín. Las elecciones del domingo" en *Revista Univeral*, México, 29 de junio de 1875, *OCEDC*, t. II, pp. 93 y 94.

[9] J.M., "Boletín. Nada nuevo", en *Revista Universal*, México, 12 de junio de 1875, *OCEDC*, t. II, p. 72.

Posteriormente, en otro artículo que titula "Rumores falsos", escribe: "¿Y vertiría el general Díaz sangre de mexicanos liberales sobre los atributos presidenciales que desea? ¿Los gozaría con calma después? En el seno de la libertad, ¿es lícito dominarla en provecho propio, llegando a ella por sobre cadáveres de hermanos? La tierra misma se alzaría al paso de los combatientes fratricidas."[10]

Declarando su carácter democrático y partidario de la conciliación por medio del derecho y la razón, expone: "México es todavía República novel: ¿hácense acaso en calma en las naciones madres las elecciones populares? Se hacen en calma cuando la libertad es ya esencia en la naturaleza, y el respeto al derecho ajeno es la garantía del propio.—Todavía no hemos alcanzado esta época de calma reflexiva: ella es, sin embargo, posible: adelantamos hacia ella."[11]

En cada una de sus páginas, Martí hablaba como mexicano. México le había ganado y penetrado hasta lo más íntimo de su ser, y sentía sus tragedias y sus luchas como propias.

---

[10] J.M., "Boletín. Rumores falsos", en *Revista Universal*, México, 2 de junio de 1875, *OCEDC*, t. II, p. 99.
[11] *Ibid*, pp. 99-100.

XV. MISCELÁNEA

Los más diferentes temas son tocados por el boletinista. Los escritos de Martí son un consejo siempre conciliador; sus frases sutiles evitan herir susceptibilidades; nada hay en ellas que provoque o encienda los ánimos, como se aprecia cuando escribe sobre los problemas obreros. Fue en México donde se puso en contacto con la clase trabajadora y principia a escribir sobre el problema obrero. ¿Cómo no había de interesarle?, si su casa es un modesto taller de sastrería y su padre un modesto obrero. Años más tarde, escribiría en los *Versos sencillos*: "Cuando me vino el honor. // De la tierra generosa, [...] // Pensé en mi padre, el soldado: / Pensé en mi padre, el obrero."[1]

Ya desde su primer boletín, al referirse al Gran Círculo de Obreros, dice: "y es hermoso escribir estas palabras". El Círculo había invitado a los estudiantes a participar en los festejos del 5 de mayo, y al respecto considera: "Los estudiantes son obreros: unos trabajan la industria: otros trabajan la razón."[2]

Por ello, cuando, sin un motivo aparente que justificara su acción, los dueños de las sombrererías rebajan el salario de sus operarios y éstos declaran la huelga, Martí toma la pluma para abogar en su defensa:

> La huelga de los sombrereros, en todo conceptos justa, coloca a este ramo de artesanos en situación angustiosa y difícil, privados como están del sustento diario que con su trabajo llevaban a sus hogares, y que con nada pueden ahora remplazar [...] Y ahora que por vez primera se concreta de un modo solemne esta aspiración justísima, ahora que un ramo de artesa-

---

[1] J.M., *Versos sencillos*, poema XLI, *PCEDC*, t. I, p. 278.
[2] J.M., "Boletín. Cinco de mayo", en *Revista Universal*, México, 7 de mayo de 1875, *OCEDC*, t. II, p. 30.

nos inaugura la vía de un derecho nuevo y nueva vida, ahora que un ramo determinado tiene el valor de sufrir las consecuencias de esta rebelión pacífica y necesaria a que no estaba acostumbrada ni preparada la clase de obreros,—toda esta clase en cuyo provecho general redundan estos actos, todos los que han de gozar luego de los beneficios que ahora tan trabajosamente se conquistan, ¿abandonarán a los que inician el camino, a los que con sus privaciones fecundizan los primeros difíciles pasos de la nueva y muy penosa vía?[3]

En otra ocasión, al ver que la función del Teatro Nacional organizada por los sombrereros con el fin de allegarse fondos —y en la cual actuó la actriz cubana Eloísa Agüero de Osorio— había sido un fracaso, pues el teatro se encontraba desierto y el público acudió en escasa cantidad, sin que hubiera asistido a él la masa trabajadora, Martí se lamenta:

> Es triste que la mano de la fraternidad se haya cerrado, sin que los obreros hayan dejado en ella el óbolo de su buena voluntad. Es triste que los que habrán de aprovechar más tarde el movimiento que se inicia ahora, abandonen en los que los pudiera proteger, a los que tienen la energía precisa para sostener, sobre toda dificultad, un derecho natural exagerada e injustamente herido.[4]

Con satisfacción, Martí observa el florecer de la conciencia proletaria en México, y así lo dice cuando los meseros celebran su fiesta anual con un acto en el Teatro Arbeu. Con cuánto cariño ve esta manifestación de cultura, y al pensar en esos trabajadores como parte de la clase obrera, escribe en su boletín del 10 de julio:

---

[3] J.M., "Boletín. Beneficio de los sombrereros en huelga", en *Revista Universal*, México, 10 de junio de 1875, *OCEDC*, t. II, p. 68. Véase, Miguel Ángel Morales, "Sombrereros-huelga" en *Diorama de la Cultura, Excélsior*, domingo 20 de julio de 1980.

[4] J.M., "Boletín. Beneficio de los sombrereros en huelga", en *Revista Universal*, México, 10 de junio de 1875, *OCEDC*, t. II, p. 70. En aquella función la actriz Eloísa Agüero representó la comedia *Es un ángel*, y posteriormente leyó unos versos que decían: "Pueblo cuyo nombre aliento / Despierta mi inspiración / Acoge mi pensamiento, / Y dale por un momento / Tu audiencia a mi corazón. // Soy de esa tierra encantada / que hoy ve sus horas pasar / En lucha desesperada, / Soy de esa perla engarzada / entre las olas del mar."

> Es hermoso fenómeno el que se observa ahora en las clases obreras. Por su propia fuerza se levantan de la abyección descuidada al trabajo redentor e inteligente: eran antes instrumentos trabajadores: ahora son hombres que se conocen y se estiman. Porque se estiman, adelantan. Porque se mueven en una esfera estrecha, quieren ensancharla. Porque empiezan a tener conciencia de sí mismos, están justamente enorgullecidos del adelanto que en cada uno de ellos se verifica [...] Así nuestros obreros se levantan de masa guiada a clase consciente: saben ahora lo que son, y de ellos mismos les viene su influencia salvadora.[5]

Cuando días más tarde la *Revista* se ve obligada a despedir a algunos de sus operarios, por faltar a la redacción de un trabajo urgente, tras un largo análisis de la falta en que incurrieron los trabajadores, Martí finaliza su extenso artículo destinado a aclarar la verdad del cese, diciendo: "El derecho del obrero no puede ser nunca el odio al capital: es la armonía, la conciliación, el acercamiento común de uno y de otro."[6]

Pero esta angustia que vive como propia se transforma, en una de aquellas noches de labor e insomnio en la *Revista*, en un poema que titula "De noche, en la imprenta":

> Hay en la casa del trabajo un ruido
> Que me parece un fúnebre silencio.
> Trabajan; hacen libros:—se diría
> Que están haciendo para un hombre un féretro.
> Es de noche; la luz enrojecida
> Alumbra la fatiga del obrero;
> Parecen estas luces vacilantes
> lámparas fugaces de San Telmo,
> [...]
> Es la labor de imprenta misteriosa:
> Propaganda de espíritus, abiertos
> Al Error que nos prueba, y a la Gloria,

---

[5] J.M., "Boletín. Función de los meseros", en *Revista Universal*, México, 10 de julio de 1875, *OCEDC*, t. II, p. 118.
[6] J.M., "Boletín. Meseros", en *Revista Universal*, México, 15 de julio de 1875, *OCEDC*, t. II, p. 133.

> Y a todo lo que brinda al alma un cielo,
> Cuando el deber con honradez se cumple,
> Cuando el amor se reproduce inmenso.
> Es la imprenta la vida y me parece
> Este taller un vasto cementerio.
> [...]
> Vivir es comerciar; alienta todo
> Por los útiles cambios y el comercio:
> Me dan pan, yo doy alma: si ya he dado
> Cuanto tengo que dar ¿por qué no muero?[7]

En otra ocasión, cuando el actor Zerecero propone montar una temporada de teatro mexicano —que iniciaría en Tampico y luego llegaría hasta la capital—, Martí toma la idea y la estimula, siendo éste el génesis de su universidad americana: "Un pueblo nuevo necesita una nueva literatura. Esta vida exuberante debe manifestarse de una manera propia", para luego anotar: "La vida americana no se desarrolla, brota."[8] Martí vislumbraba ya los caminos de su América. Estos pueblos necesitaban una literatura propia, un teatro propio, "no copias serviles de naturalezas agotadas". Y en cuanto a México, dice: "México necesita una literatura mexicana [...] La independencia del teatro es un paso más en el camino de la independencia de la nación", y para subrayar esta necesidad, refiere enfático: "¿Cómo quiere tener vida propia y altiva, el pueblo que paga y sufre la influencia de los decaimientos y desnudeces repugnantes de la gastada vida ajena? [...] Un pueblo que quiere ser nuevo necesita producir un teatro original."[9]

Meses después aquel proyecto de escribir teatro mexicano es acogido por el actor español Enrique Guasp de Peris, antiguo ayudante de Lersundi, que abandonó las armas por el teatro, y vino a México para encontrar una segunda patria. Guasp envió el proyecto

---

[7] J.M., "De noche, en la imprenta", en *Revista Universal*, México 22 de agosto de 1875, *OCEDC*, t. II, pp. 101-102. Véase, además, Herrera Franyutti: "Una poesía desconocida de José Martí", en revista *Casa de las Américas*, núm. 93, La Habana, noviembre-diciembre de 1975, pp. 87-89; Carlos Ripoll, "Un poema de Martí proletario", en José Martí, *Letras y huellas desconocidas*, Nueva York, Eliseo Torres Editor, 1976, pp. 23-24.

[8] J.M., "Boletín. El Liceo Hidalgo", en *Revista Universal*, México, 11 de mayo de 1875, *OCEDC*, t. II, p. 42.

[9] *Idem.*

al presidente Lerdo de Tejada, quien lo vio con cariño y estimuló la formación de un teatro nacional.

Pero la creación de un teatro nacional perjudicaba a los traductores, que veían mermados sus ingresos. Ante la protesta de los traductores, Martí sale nuevamente a la palestra en defensa de lo nuestro:

> ¿Se quiere crear arte dramático propio? No se recompense en mucho la traducción de obras del arte dramático extranjero [...] Es cosa difícil crear para el teatro una obra buena, a la par que es muy fácil empresa traducir o arreglar una obra buena extraña [...] [La obra traducida] destruye con la imitación el sano gusto original, e introduce en la vida mexicana la contemplación y el tratro de costumbres que para su bien le fuera bueno no sospechar ni conocer."[10]

También escribe sobre el Liceo Hidalgo. Sus últimas reuniones han sido tristes y se han visto poco concurridas, a pesar de presentarse Juan de Dios Peza y Gustavo Baz, le apena a Martí ver aquella sala vacía. ¿Dónde está la juventud que no asiste a aquellas reuniones? ¿Por qué no está ahí para recibir la orientación de Ignacio Ramírez y de Guillermo Prieto, que siempre están dispuestos a darla?:

> Como que huye esta generación naciente de toda instrucción sólida y adelantamiento laborioso: como que lo ligero la fascina por lo fácil, y lo imaginativo por lo fastuoso y lo brillante. No han de asentarse sobre idealidades, en pocos sublimes y en casi todos frívolas, las venturas y progresos de la patria: no es el progreso político término de toda aspiración [...] Al fin, de la esclavitud brotan los héroes: pero de la infructífera libertad brotan solamente los inútiles [y tomando como ejemplo a Guillermo Prieto para fustigarles, observa]: ...cómo son venerables los ancianos que trabajan, y cómo excitan a tener pena de ellos los jóvenes, más que a estudio fructífero, dados a vano empleo y a las futilezas. [...] Hay un individualismo pernicioso en la juventud dada en México, no al cultivo, sino

---

[10] J.M., "Boletín. Los indios", en *Revista Universal*, México, 14 de septiembre de 1875, *OCEDC*, t. II, pp. 185-186.

a la brotación de la literatura; porque, con excepciones muy escasas, déjase aquí crecer el ingenio a su sabor y voluntad, sin cuidarse de encaminarlo y dirigirlo.[11]

Así escribía Martí ante el respeto y la veneración que le profesaban Prieto y Ramírez, quienes llegaron a tener cierta influencia sobre el cubano:

Es Guillermo Prieto —escribe Martí— poeta fecundísimo; y a vueltas con la constancia y el estudio, economista claro en el decir, y en la exposición y deducción, mesurado y sensato: esto es más repetido que creído, y en verdad que no ha de tener dificultad para asentarlo quien sepa algo de cosas económicas y hable luego de ellas, siquiera sea someramente, con el desaliñado Fidel.[12]

Sobre Ramírez, a quien no conoce bien, manifiesta: "Más diría del *Nigromante Orestes* si lo conociera mejor, por más que para sí le baste con saber cuánto hay en él de conocimiento en la literatura, aliñado lenguaje y gracia ática."[13]

Hombre de gran cultura, Martí no permanece ajeno a los problemas del proteccionismo y libre cambio que se debatían por aquellos días y en que tan importante papel tenían Prieto y Ramírez. Su pluma también intervino las discusiones. "La posición de Martí, —escribe Rafael Almanza— consistía en un *proteccionismo táctico*, que rechazaba la adopción del libre cambio para México, en tanto le impediría formarse, es decir, industrializarse."[14]

Imposible sería seguir toda la vasta producción periodística del cubano, cuyos variados artículos merecen un amplio análisis cada uno. Así, ante la aparición de un artículo que, según investigaciones de Carrancá y Trujillo, parece haberse publicado en *El Pájaro Verde* el 13 de octubre, titulado "El absolutismo entronizado por los tránsfugas liberales" —y que llevaba como epígrafe unos versos

---

[11] J.M., "La ley de la veneración", en *Revista Universal*, México, 12 de agosto de 1875, *OCEDC*, t. II, pp. 170-171.
[12] *Ibid.*, p. 172.
[13] *Idem*.
[14] Al respecto véase Rafael Almanza Alonso, *En torno al pensamiento económico de José Martí*, La Habana, Editorial Ciencias Sociales, 1990.

que denigraban al país: "—En México doquier la maldad triunfa. —La fe, el pudor y la verdad huyeron"—, Martí, indignado, escribe en su boletín del 21 de octubre, bajo el título de "Un artículo indigno":

> No es mexicano, decían todos, y tenían razón. Aunque hayan nacido en México, los que se han puesto error voluntario en el pensamiento y lodo en la pluma, no son mexicanos. // He ahí los verdaderos extranjeros; los extranjeros al decoro; los que en vez de prestar a su patria el apoyo útil de un hombre honrado, desconceptúan y desprestigian la tierra en que nacieron.

En cuanto a la prensa que miente e injuria, la prensa reaccionaria de la época, Martí ha de marcarle sus deberes, al señalar:

> No es oficio de la prensa periodística informar ligera y frívolamente sobre los hechos que acaecen, o censurarlos con mayor suma de afecto o de adhesión. Toca a la prensa, encaminar, explicar, enseñar, guiar, dirigir; tócale examinar los conflictos, no irritarlo con un juicio apasionado; no encarnizarlos con un alarde de adhesión tal vez extemporánea; tócale proponer soluciones, madurarlas y hacerlas fáciles, someterlas a consulta y reformarlas según ella; tócale, en fin, establecer y fundamentar enseñanzas, si pretende que el país la respete, y que conforme a sus servicios y merecimientos, la proteja y la honre. [...] ayude la prensa periódica a los que gobiernan, señalando y presentando estudiadas las cuestiones que han menester más seria y urgente reforma. La prensa no es aprobación bondadosa o ira insultante; es proposición, estudio, examen y consejo.[15]

---

[15] J.M., "Boletín. Un artículo indigno", en *Revista Universal*, México 21 de octubre de 1875, *OCEDC*, t. II, p. 214. Véase Camilo Carrancá y Trujillo, *La clara voz de México*, México, Imprenta Universitaria, 1953, p. 215. Los versos señalados expresaban: "En México doquier la maldad triunfa. / La fe, el pudor y la verdad huyeron; / Y el fraude, la violencia y la injusticia, / Y la moralidad se sucedieron... / Y la rapiña de oro, no saciada, / Se ve en ella también autorizada..."

Los boletines de Orestes desaparecieron inexplicablemente en el mes de noviembre. El último aparecido con su firma, sobre "La Escuela de Sordomudos, y Ponciano Arriaga", se publicó el 30 de noviembre de 1875.

Entre la enfermedad y el trabajo, los días transcurren salpicados de pequeñas satisfacciones y anécdotas.[16]

Con motivo de festejarse el 6 de noviembre de 1875 el cuarto aniversario de la fundación de la sociedad artística-literaria de El Porvenir, el Liceo Hidalgo designa a Martí junto con Antonio Rivera Mendoza y Francisco Sosa como sus representantes a tal acto. Este hecho se señala escuetamente y casi en los mismos términos, tanto en la *Revista* del 28 de octubre, como en *El Eco de Ambos Mundos* del día 29.

Como en aquellos días la prensa anunciara el debut de un José Martí que habría de presentarse en el Teatro de la Zarzuela, la *Revista*, en su edición del 30 de octubre, inserta una aclaración quizás escrita por el propio Martí, aunque está redactada en tercera persona:

PROTESTO

> De ninguna manera: aunque no sea necesario advertirlo, el José Martí que va a trabajar en el teatro de la zarzuela no es nuestro compañero de redacción.
>
> Ya había un José Martí [y Folguera] poeta catalán, más medidor de versos que inspirado, y muy amigo de Ramón de Campoamor. Hay otro pintor [José Martí y Monsó], valeisoletano [...] Otro hay alpargatero, orador de club en Valencia [...] y todavía hay otro, loco en el Manicomio de Zaragoza, y homónimos, para concluir:
>
> Ventajas de tener nombres ilustres, derivados en línea recta de muy plebeyos escuderos.[17]

---

[16] Véase Núñez y Domínguez, *Martí en México*, México, Secretaría de Relaciones Exteriores, 1934, p. 40; Paul Estrade, "Otras polémicas de Martí en México", en *Anuario Martiano*, núm. 6, La Habana, Consejo Nacional de Cultura, 1974, p. 16.

[17] J.M., "Protesto", *Revista Universal*, 30 de octubre de 1875, *OC*, t. 28, p. 95.

Con motivo de la publicación de las "Calaveras", tradición mexicana que consiste en la satirización de personajes el 2 de noviembre, celebración del día de muertos, no podía faltar la sátira que se dedicara al cubano, probablemente debida a la pluma de Enrique Chavarrí (Juvenal), en *El Monitor Republicano*:

> Esencia de tu ser evaporado
> Del fulgor planetario yace aquí:
> Del sol el alma al mundo había volado,
> Y rayos, lunas, soles frenesí,
> Nos muestran el sepulcro de Martí.[18]

En su número del 7 de noviembre del mismo periódico, y quizá debida a la misma pluma de Juvenal, bajo el título de "Un sabio" aparece un artículo que hace burla del estilo de Martí, refiriéndolo de la siguiente manera: "Yo, José Martí, idealizado en las fuentes parnaseáticas del Parnaso comercial de las tres veces jamás vencida pensadora América boreal, en el progreso, he cantado extra-mí, en coro vivo, azás las mesuras de la doctrina honrada, el adelanto del cambio libre contra la muerta protección que nace..."[19]

Por ingenioso, este artículo se reproduce de nuevo en la edición del 11 de noviembre de la *Revista*.

Definitivamente Martí no pasaba inadvertido para la prensa y los círculos intelectuales.

---

[18] Véase el número correspondiente al 2 de noviembre de 1875 de *El Monitor Republicano*.

[19] Núñez y Domínguez, *op. cit.*, pp. 141-142.

XVI. VIDA ÍNTIMA.
AMOR CON AMOR SE PAGA

Finalizaba el año. La vida de Martí había sido sencilla, llena de éxitos sociales y literarios; se había forjado un nombre y era respetado; pero en lo íntimo, en lo familiar y económico, su existencia estaba plena de angustias y dolores callados.

Martí continuaba viviendo de su labor periodística. Pero ser periodista sin ser servil, sin vender su pluma, sin prestarse a adulación ni ponerse al servicio de bajos intereses, no es fuente de riqueza, aunque sí de honor y satisfacción. Y así vivía, humildemente.

Sus problemas personales se complicaban. Aquella casita que tan amorosamente había tomado la familia cerca del panteón, hubo que dejarla con gran premura, pues cuando llovía, la casa y sus alrededores se inundaban, y era difícil llegar a ella, por lo cual Martí tuvo que cambiarse a otra más pequeña y alejada, por el barrio de Huacalco.[1] Al poco tiempo de residir ahí don Mariano se enferma de un padecimiento respiratorio que le obliga a guardar cama. "Pepe se alarma ante la enfermedad de su querido viejo, y todos los cuidados le parecen pocos desviviéndose por atenderlo personalmente. Él mismo se ocupa de conseguirle y darle a sus horas, las medicinas recetadas por el médico, como pudiera hacerlo la más hábil enfermera."[2]

Por aquellos días también llega a México Leonor, la Chata, la única hermana que había quedado en Cuba. Toda la familia se encontraba reunida con indescriptible regocijo; pero Leonor estaba embarazada, y al poco tiempo nace en la casa de Huacalco su hijo Mario.[3] Aunque Martí nada dice, se le debe haber hecho tremendo sostener a la familia con su exiguo salario.

---

[1] Raúl García Martí, *op. cit.*, p. 117. No hemos podido identificar el lugar denominado Huacalco, quizá exista una equivocación en el nombre.
[2] *Idem.*
[3] *Idem.*

Así, su vida transcurre entre el éxito social y literario y sus angustias familiares. Pero si el escritor, el hombre político y revolucionario se da por entero en su prosa, el hombre íntimo, el que sufre, se refugia en la poesía y se nos manifiesta en "versos":

> ¡Oh, mi vida que en la cumbre
> Del Ajusco hogar buscó,
> Y tan fría se moría
> Que en la cumbre halló calor![4]

En otras ocasiones, en noche de labor y de desvelo, en medio del bullicio de la imprenta le brota la angustia, y entonces manifiesta:

> Duermo de pie: la vida es muchas veces
> Esta luz apagada y este sueño.
> [...]
> Porque en la frente que me agobia tanto
> De muchas vidas pesadumbre tengo.
> Trabaja el impresor haciendo un libro;
> Trabajo yo en la vida haciendo un
> muerto.[5]

Otras veces vive horas de nostalgia y dulces recuerdos, pues allá en Zaragoza no le olvidan, y suspirando por su ausencia, las cartas "quejumbrosas" van llegando, una a una, trayendo la mancha de alguna lágrima escapada a quien suspira por "su dueño" ausente. Cartas que hacen al joven romántico enamorado sentirse "un infeliz enfermo de extraños males que no tienen cura". ¿A quién confiar sus cuitas? Nuevamente el verso amigo viene en su ayuda:

---

[4] J.M., "Versos", en *Revista Universal*, México, 1 de agosto de 1875, *PCEDC*, t. II, p. 92. Fueron publicados por segunda ocasión en *El Partido Liberal*, México, el domingo 11 de enero de 1891 y nuevamente el 9 de abril de 1893. Este poema fue divulgado por Rubén Darío, que lo publicó en *La Nación*, de Buenos Aires en 1895; quizá lo tomó de la última publicación de 1893, suprimiendo la estrofa VII, y dando a la primera parte (del I al VI) el nombre de "Rimas", y para la VIII "Juguete", como se publicó posteriormente. Véase, Herrera Franyutti, "Un poema de Martí fragmentado y mutilado", en *Panorama Médico*, año V, núm. 58, México, 15 de octubre de 1975, pp. 42-44.

[5] J.M., "De noche, en la imprenta", *PCEDC*, t. II, p. 102.

Nuevas vienen de allá; mano querida
Llama a mi corazón: recuerdo evoca
Del tiempo en que hizo sol para mi vida,
Y palpitan los versos en mi boca.
[...]

Tiene ¡oh mujer! con esta carta fiesta
Mi corazón sobre tu amor dormido:
¡Cuánto lloran los solos! ¡Cuánto cuesta
Mover al pobre huérfano afligido!

Besos me mandas: pídesme de abrazos
Porción que pueda sofocar tus males:
Oh, flor perpetua, cariñosos lazos
De los amores buenos y los leales!

Pobre! Tú lloras, y yo aquí —callado
De manera que al muerto en mí revelo—
Tengo siempre algún beso preparado
Que dar no puedo y que te mando al cielo![6]

Por las tardes continuaba su costumbre de pasear por la Alameda, o por el Bosque de Chapultepec, en compañía de Mercado, compartiendo sus penas y recordando al pintor Manuel Ocaranza, que se encontraba en Europa. Eran tardes en que el cubano abría su corazón a las confesiones, sus angustias y sus sueños, con lo cual iba ganándose más la admiración de Mercado.

En las noches era frecuente verle en los teatros en compañía de don Nicolás Azcárate, Peón Contreras o Juan de Dios Peza en las tertulias familiares o en las sesiones del Liceo Hidalgo. Pero la mayoría de las veces permanecía trabajando infatigable en los talleres de la *Revista*, donde su pluma iba llenando, una a una, las páginas de aquel periódico a las que había agregado las crónicas de la columna "Correo de los teatros", y muchos artículos que se identificaban, por su estilo, con aquella columna llamada, "Ecos de

---

[6] J.M., "Cartas de España", en *Revista Universal*, México, 22 de agosto de 1875, *PCEDC*, t. II, pp. 99-100.

todas partes", en que trataba los tópicos más diversos: políticos, policiacos y culturales. Como ejemplo del gran esfuerzo periodístico realizado por Martí en México, véase la *Revista Universal* del 12 de octubre de 1875, donde aparecen: en la primera página, el boletín de Orestes; en la segunda, "Ecos de todas partes", llenando casi toda la plana; en la tercera continúa la anterior, agregándose los reportajes teatrales. La última página está dedicada a los anuncios, pero "si hubieran faltado éstos, también los hubiera redactado", refirió Guillermo Prieto.

El 28 de octubre aparece el penúltimo de sus boletines en que escribe sobre el "Proyecto de Instrucción Pública. —Los artículos de la fe y la enseñanza obligatoria". Poco después Martí enferma, lo que le mantiene en cama casi todo el mes. La *Revista* da cuenta de su enfermedad, por lo que su casa fue visitada por numerosas personas. Martí estuvo bajo los cuidados de Mercado y doña Dolores, su esposa. Manuel Mercado, desde entonces, es su amigo más íntimo, su hermano, su confidente.

No sabemos a ciencia cierta por qué causa desaparecen sus boletines. El 30 de noviembre aparece el último, sobre "La Escuela de Sordomudos", pero como si fuera una despedida, o quisiera identificarse, desaparece Orestes, y lo firma con su nombre. Quizá la situación política del país, que iba tornándose peligrosa, lo obligó a cambiar los temas de sus artículos hacia otros tópicos menos comprometedores.

Por aquellos días su afición al teatro lo relaciona en el ambiente teatral con el actor Guasp de Peris, el cual pide a Martí que escriba una obra para la temporada del Teatro Nacional, próxima a inaugurarse; petición que refuerza Concepción Padilla, la actriz mexicana de moda en el Teatro Principal, quien pide al Maestro: "por favor una obra ligera, una obrilla modesta, un juguete, un proverbio". Ante tal súplica, el ardiente corazón del cubano no puede resistirse, y en unas cuantas horas escribe el proverbio en un acto, *Amor con amor se paga*.

> Juguete es este sencillo
> Hecho al correr de la pluma...

Que como aclara refiriéndose a Guasp:

> Por la mañana encargó,
> Y se pensó en la mañana
> Más frívola que galana,
> Por la tarde se acabó.

Después de todo, la obra no era más que una:

> Caprichosa distracción
> De un mísero corazón,
> Que por hallarse suspira.[7]

Pronto empiezan los ensayos, y como escribe Mañach, "lo que Martí encontró fue el corazón de Concha Padilla". Nuevamente se enciende la pasión, surge la musa, nace el amor y con él las dudas; entonces escribe un poema que titula "Patria y mujer".

> ¡Otra vez en mi vida el importuno
> Suspiro del amor, cual si cupiera,
> Triste a la patria, pensamiento alguno
> Que al patrio suelo en lágrimas no fuera!
> ¡Otra vez el convite enamorado
> De un seno de mujer, nido de perlas,
> Bajo blonda sutil aprisionado
> Que las enseña más con recogerlas![8]

Amor con amor se paga se estrenó en el Teatro Principal la noche del 19 de diciembre, representada por Concepción Padilla y Enrique Guasp. Al anunciarse la obra, no se daba el nombre del autor, sólo se decía "proverbio mexicano", por lo que entre el público existía gran expectación. La representación fue un éxito, y cuando cae el telón, atruena la ovación pidiendo la presencia del autor. Martí sale a recibir los aplausos que el público le tributa. El teatro se encuentra lleno, toda la bohemia literaria y sus amigos estaban en la sala; los

---

[7] J.M., *Amor con amor se paga*, en *OC*, t. 18, p. 126. Véase Fina García Marruz, "Martí y el teatro", en *Temas martianos*, primera serie, La Habana, Biblioteca Nacional José Martí, 1969, pp. 272-274. Para datos complementarios, véase Núñez y Domínguez, *op. cit.*, pp. 53-74.

[8] J.M., "Patria y mujer", en *Revista Universal*, México, 28 de noviembre de 1875, *PCEDC*, t. II, pp. 103-104.

aplausos se redoblan nuevamente cuando Concha Padilla, a nombre de la compañía, trata de ponerle a Martí una corona de laurel, que éste no acepta, pero que toma en sus manos y la estrecha contra su pecho simbólicamente.

Su mirada va recorriendo el teatro, agradeciendo los aplausos. Ahí estaban Juan de Dios Peza, Peón Contreras, Justo Sierra, y muchos compañeros de la *Revista*. En un palco ve a su paisano Pedro Santacilia, acompañado de la familia Juárez. En otro, próximo al escenario, se encuentra su familia: ve a don Mariano conmovido y ve, en los ojos fatigados y mirar borroso de doña Leonor asomarse las lágrimas; pero esta vez son lágrimas de gusto, de orgullo, de felicidad, al presenciar el triunfo de su hijo amado. Quizá ésta fuera una de las pocas alegrías que recibiera aquella Mater Dolorosa de su Pepe, que tantos dolores le había dado; de aquel hijo rebelde cuyo idioma no podía comprender, porque estaba demasiado lleno de patria y de universo, para una madre que sólo ve el mundo en el cuerpo y la dicha de su hijo, pues aún resonaban en sus oídos las palabras:

> Hombre incompleto es el hombre
> Que en su estrecho ser se pliega
> Y sobre la tierra madre
> Su estéril vida pasea,
> Sin besos que lo calienten
> Ni brazos que lo protejan.
> [...]
> Y el hombre no es hombre, en tanto
> Que en las entrañas inquietas
> De la madre, el primer hijo
> Palpitar de amor no sienta.[9]

Pero estas palabras sencillas que hablan de amor y necesidad de matrimonio, estas palabras sí las entiende doña Leonor, las comparte y la conmueven hasta las lágrimas.

También las comprenden en otro palco, donde unos ojos femeninos se clavan en Martí con insistencia, mientras aplaude con entusiasmo al compatriota que cosecha triunfos en tierra extraña. Ella

[9] J.M., *Amor con amor se paga*, OC, t. 18, pp. 113-114.

es Carmen Zayas Bazán, bella cubana de porte aristocrático, recién llegada a México desde Camagüey, "donde todas las mujeres son trigueñas y todos los ojos son hermosos". Carmen le aplaude con una efusión que va más allá de la admiración al artista, sin comprender que más allá del arte está el amor.

Al día siguiente los periódicos se vuelcan en elogios para el autor. *La Iberia* considera que la obra es un primor de arte. *El Eco de Ambos Mundos*, donde escribe Nicolás Azcárate, ofrece una crónica emocionada, en la que éste expresa el orgullo de ser compatriota del autor. *El Siglo* la considera una gran obra de talento y sensibilidad. En *El Socialista*, más efusivo, se publica la siguiente nota: "Vemos en él, un hermano, que ha adquirido su carta de naturalización mexicana, conquistando con su talento y sentimiento un lugar en nuestra sociedad, en nuestro periodismo, en nuestra literatura y en nuestro teatro."

Sin embargo no faltó la nota discordante, la crítica negativa. En *El Monitor*, que no perdona que el cubano se le hubiera enfrentado en alguna ocasión, se escribe: "El señor Martí, fue llamado a la escena y muy aplaudido, pero disgustó soberanamente al público aquella especie de lucha que sostenía con la Señorita Padilla y con el Sr. Guasp. Esos arranques de modestia están buenos entre bastidores, pero no delante de un público, ante quien se debe uno presentar con más respeto."

SEGUNDA PARTE

LA MUJER AMADA

*He visto vivir a un hombre
Con el puñal al costado,
Sin decir jamás el nombre
De aquella que lo ha matado.*

I. MARTÍ, CRÍTICO DE ARTE

Desde que en noviembre la *Revista* suprimió los boletines de Orestes, la actividad de Martí quedó limitada, sus ansias de lucha se encuentran restringidas, ya no tiene acceso a la polémica nacional. Sus boletines habían sido cátedra de mexicanismo; mediante ellos se asomó a América y principió a cantarla. Escribió sobre México con una grandeza y patriotismo dignos de un mexicano; su voz fue un himno de conciliación, pero su carácter de extranjero hacía peligroso que interviniera en los problemas nacionales.

En diciembre lo encontramos convertido en cronista, y a partir de este momento comienzan a publicarse los artículos con su firma; en esto ha ganado, porque considera que firmar un artículo obliga a ser responsable de lo que se escribe, pues "un pensamiento y una firma, son un pensamiento y un hombre. Y sin firma, es un pensamiento solo".[1]

Sus pasos recorren ahora los salones de la Exposición Nacional, que se inaugura el 1 de diciembre, y de la Academia de San Carlos. Sobre la primera escribe cinco artículos titulados "Una ojeada a la Exposición", que abarcan entre el 5 de diciembre y el 26 de enero de 1876;[2] en ellos se nota cierto desgano, las crónicas son frías, no tienen el vigor de sus artículos anteriores, se percibe claramente el periodismo de compromiso. Qué diferencia con sus crónicas acerca de "Una visita a la exposición de Bellas Artes", sobre la que escribió cuatro artículos, del 25 de diciembre de 1875, al 7 de enero de 1876.[3] Pues considera que: "el alma gusta más de la música que de la pintura, y tal vez más de la pintura que de la poesía: ¡triste aquel que delante de un cuadro hermoso no haya sentido en sí como el crecimiento de una fuerza extraña, y en su garganta como amon-

---
[1] J.M., "Extranjero", *OCEDC*, t. II, p. 291.
[2] J.M., "Una ojeada a la exposición", *OCEDC*, t. II, pp. 224-248.
[3] J.M., "Una visita a la exposición de Bellas Artes", *OC*, t. 6, pp. 382-383.

tonadas sin salida las palabras de contento y conmoción! Son las leyes de lo eterno, que escapan a los legisladores de lo físico".[4]

En esa crónica su pluma toma nuevos bríos, se le siente cómodo, muestra sus conocimientos pictóricos, aunque aclara que escribe "sin hacer gala de críticos, ni intención de decir la última palabra en lo que no queremos que sea más que un reflejo de la primera impresión".[5] Martí nos toma de la mano para introducirnos al edificio: atravesamos el patio rodeado de blancas estatuas y hermosas fuentes y exquisitas flores, donde "las mujeres que suben a visitar las salas de pinturas, nos dan la forma previa de la belleza que hemos menester, para juzgar".[6]

Ya en las salas, nos detiene ante un hermoso retrato hecho por Miguel Portillo, "de aquella alma taciturna y pálida que se llamó en la tierra Manuel Acuña". Para detenerse después ante un cuadro de Félix Parra que representa a Galileo en la escuela de Padua, al que considera escuetamente bueno.[7]

Luego, su exposición va subiendo de tono. Cuando Martí escribe sobre pintura, su pluma parece transformarse en pincel, y dando colores a su tinta nos envuelve en el relato, y nos lleva prendidos a su prosa para analizar los cuadros. Pasa rápidamente por el departamento de grabados en madera. Ya en las salas de pinturas nos hace ver un pequeño cuadro de Josefa Ocampo de Mata, de la aventajada discípula de Navlón, Josefina Mata de Ocampo. También exalta otros cuadros en bellas descripciones, vertiendo siempre un halago para aquellos valores que formaron la primera generación de pintores mexicanos. Detiénese luego ante un retrato de Matías Romero, que "es obra de José Vargas, la mejor de cuantas ha enviado esta vez al concurso". Adelante, nos habla de un retrato de don Juan Gómez, exgobernador de Puebla, que es obra de Felipe Gutiérrez —de quien ya había escrito con anterioridad—,[8] del que

---

[4] *Ibid.*, p. 387.
[5] *Ibid.*, pp. 382-383.
[6] *Ibid.*, p. 382.
[7] *Ibid.*, p. 383.
[8] *Ibid.*, p. 387. Véase además un artículo suyo sobre Felipe Gutiérrez aparecido en *Revista Universal*, 24 de agosto de 1875, *OCEDC*, t. II, p. 380. Con anterioridad a la llegada del pintor a México, había escrito una nota en la sección "Ecos de todas partes" de la propia revista, con fecha 30 de mayo de 1875. Véase J.M., "Sr. Felipe Gutiérrez", *OC*, t. 28, p. 91. Véase el artículo de Justino Fernández, "José Martí como crítico de arte", en *Anales del Instituto de Investigaciones Estéticas*, México, UNAM, 1951.

dice: "pinta con grandes rasgos entre grandes sombras. No diluye la luz: la descompone y la contrasta: no dibuja con líneas, sino con experimentados golpes de pincel. [...] Es el estilo libre y propio de un pintor que ha visto la vida en los cuadros de Miguel Ángel Ribera y Tintoretto".[9] Entre los retratos de Espronceda, se destaca la *Stella Matutina*, a la que alude como

> ...la Virgen de Cordero, que desde el primer instante llama la atención por su originalidad de colorido. [...] El mérito y el nombre del artista ordenan el respeto; pero no quiere el orden de nuestra vida que dejemos de hacer observaciones generales". Caen las miradas, más que sobre la figura principal, sobre el ángel robusto que hiende el espacio tendiendo rosas a sus pies [...] La Virgen de Cordero es hija de una inspiración más atrevida que tierna.[10]

Pero ¿por qué seguir unidos al pasado pintando temas religiosos, cuando éstos ya no están en la atmósfera que se respira en la sociedad liberal?

> ¿por qué huir del medio en que se produce la inspiración real? Cuando había muchas opresiones en la tierra, el espíritu volaba más a las imágenes del cielo: hoy las libertades vienen, y las vírgenes católicas se van. Si la religión no está en el alma ¿cómo ha de estar la unción religiosa en el pincel? [...] // Todo anda y se transforma, y los cuadros de vírgenes pasaron. Imagínese y créese; que en todas épocas existe lo fantástico; [...] // No vuelvan los pintores vigorosos los ojos a escuelas que fueron grandes porque reflejaron una época original [...] Copien la luz en el Xinantecatl y el dolor en el rostro de Cuautemotzín: adivinen cómo se contraen los miembros de los que expiraban sobre la piedra de los sacrificios; arranquen a la fantasía los movimientos de compasión y las amargas lágrimas que ponían en el rostro de Marina el amor invencible a Cortés, y la lastima de sus míseros hermanos. Hay grandeza

---

[9] J.M., "Felipe Gutiérrez", *OC*, t. 6, p. 379.
[10] J.M., "Una visita a la exposición de Bellas Artes", *OC*, t. 6, pp. 388-389.

y originalidad en nuestra historia: haya vida original y potente en nuestra escuela de pintura.[11]

Pero hay otro cuadro de Cordero que también merece su atención, el de las cuatro "hijas del Licenciado Manuel Cordero" (1875), al que se refiere como "cuadro de familia" y se extiende en sus apreciaciones estéticas de la pintura.

> Un cuadro no debe echar de sí por su estrechez a los seres que en él tienen vida: debe dilatar el espacio para que se destaquen de él; debe dar techumbre de cielo a sus paisajes; extensión relativa al número y tamaño de las figuras que en el cuadro se crean. [...] En este cuadro hay un pintor amanerado; pero hay un pintor: [...] Queden dicha la verdad, tranquilo el ánimo y respetado el nombre de un pintor.[12]

Como lo hiciera antes por la creación de un teatro nacional, abogaba ahora por la creación de una escuela de pintura mexicana. Martí dirige su mirada a las raíces de nuestra América, y las encuentra en los cuadros de Velasco cuando al proseguir su visita manifiesta: "Detengámonos; detengámonos", cuando queda extasiado ante los paisajes del valle de México. Ahí se pinta nuestro cielo, reflejándose en las tranquilas aguas del lago. "Velasco había puesto colores de genio en su paisaje del Valle."[13]

Pero ¿qué hacen al lado de los cuadros de Velasco los retratos de Escudero y Espronceda? Martí no quiere tener palabras de censura y aclara: "y callamos nuestro juicio cuando algo no nos lo merece bueno, qué harto elocuente es el silencio, y harto severa es de suyo la opinión general". Pero hay tal cantidad de retratos de Escudero y Espronceda a los que les encuentra ciertas imperfecciones, que aconseja: "Pinte menos para pintar más: tal vez la incorrección de esas obras depende de la precipitación con que las hace: tal vez un deseo loable de crear le ha llevado demasiado pronto a apartarse de las buenas reglas de pintura, que no obligan a la ser-

---

[11] *Ibid.*, pp. 389 y 390.
[12] *Ibid.*, pp. 391 y 392.
[13] *Ibid.*, p. 388.

vidumbre, pero que merecen, sin duda, general observancia y respeto."[14]

De Rebull, quien tuvo una larga pausa en su producción artística debida a un padecimiento reumático que lo afectó seriamente, se expone un pequeño cuadro, la *Muerte de Marat*, quizá la pintura que más impresiona a Martí, al grado de dedicarle íntegra su cuarta crónica, en la que señala:

> La pintura, noble señora del espíritu, puso colores de genio en los pinceles de Santiago Rebull. Concibió en su fantasía y realizó en el lienzo cuadro tal, que hace por sí el orgullo de una escuela, la reputación de un nombre, y la vida ilustre de un pintor. Así se obra, asombrando. [...] Un hombre enfermo ha producido un lienzo vigoroso; he ahí como las debilidades corporales en nada empañan ni perturban las creaciones del dolor y del amor.[15]

La crítica no se hace esperar. En la sección dominical literaria de *El Federalista*, del 16 de enero de 1876, el crítico Felipe López López publica un artículo titulado "Exposición de la Academia Nacional de San Carlos", en que ataca en forma abierta al "anónimo articulista de la *Revista Universal*":

> No faltaron tampoco, entre la concurrencia sensata, críticos profanos, genios chispeantes, autoridades precoces que resueltamente deciden y no vacilan en imponer opiniones desfavorables que vayan a deslustrar reputaciones justamente arraigadas, envolviendo en poético lenguaje correcciones inadmisibles e inadecuadas observaciones que ponen en evidencia la ignorancia artística que las dicta y las malignas intenciones que las sugiere. // ¿Cómo podrá tomar en consideración los obstáculos quien nunca ha empuñado el estique o pulsado una paleta? [...] No es el mejor medio para captarse las simpatías de una sociedad, el herirla en sus creencias, en sus reputaciones respetables o en sus apreciables obras.

[14] *Idem.*
[15] *Ibid.*, p. 394.

Y para hacer énfasis en el extranjerismo de quien había escrito el artículo, afirma: "¡No! El que desconoce la belleza de este cuadro no es mexicano, por más que quiera persuadirlo en sus conceptos vertidos ante el paisaje de Velasco; el que se ensaña contra Cordero en apreciaciones tan injustas, no puede ser un compatriota..."[16]

La respuesta no se hace esperar, en un suelto de la *Revista* publicado el 19 de enero de 1876, bajo el título "Nuestras revistas de la exposición", se dice: "Bueno será advertirle [al señor López] que el autor de nuestros artículos, que es nuestro compañero José Martí, no conoce a ninguno de los pintores sobre cuyos cuadros ha escrito, excepto a los señores Gutiérrez y Miranda, ni sufre imposición de opinión ajena, ni ha sido pintor nunca."[17]

Lo cierto es que si Martí, como se afirma, no conocía personalmente a los pintores, sí conocía casi a la perfección el medio artístico mexicano, y hacía gala de amplios conocimientos en la materia.

En otra ocasión, al insistir en su tesis sobre la pintura mexicana, en un artículo publicado meses después, "La Academia de San Carlos", escribe:

> En general se sabe que en el gran concurso americano, han llamado poderosamente la atención nuestras pinturas de México: [...] México les parece un país de oro, y todo les sorprende en nosotros [...] Esto es una gran fuente de riquezas. [...] ¿Qué hace Ocaranza que no anima sus composiciones delicadas y picarescas con tipos de México? ¿Por qué no hace Parra episodios de nuestra historia? ¿Por qué Tiburcio Sánchez y Rodrigo Gutiérrez no dan vida, aquél con su costumbre de copiar tipos, y éste con su colorido y dibujo envidiables, a nuestro Mercado de la Leña, a nuestras vendedoras de flores, a nuestros paseos a Santa Anita, a nuestras chinampas fértiles, perpetuo seno preñado de flores? ¿Por qué, para hacer algo útil, no se crea en San Carlos, olvidando las inútiles escuelas sagrada y mitológica, una escuela de tipos mexicanos, con lo que se harían cuadros de venta fácil y de éxito seguro?

---

[16] Carrancá y Trujillo, *op. cit.*, t. III, pp. 337-338.
[17] *Ibid.*, pp. 237-238.

Luego agrega: "nos duele que se dé razón para decir una verdad que no es más que aparente: que la pintura en México no tiene porvenir. // En México, puede ser cierto, por falta de educación artística, amor patrio y buen gusto entre los ricos; pero fuera de México, sí tiene gran porvenir la pintura mexicana".[18]

Martí fue profético en estas apreciaciones. "Se da cuenta muy tempranamente —escribe Adelaida de Juan— que la venta de cuadros era una vía posible para independizar al artista latinoamericano de los cánones académicos esclerosantes, y que era además la vía de lograr un reconocimiento de la existencia de un arte propio que reflejase una realidad propia."[19]

Años más tarde, desde su exilio neoyorquino, en sus artículos tendría siempre presente a los pintores mexicanos, a los que no deja de alabar y comparar; mucho de lo que no dijo en sus crónicas mexicanas, afloró en sus escritos posteriores.

Los pintores mexicanos no lo olvidan. Diego Rivera lo plasmó en su polémico mural hecho para el Hotel del Prado, *Sueño de una tarde dominical en la Alameda Central*, donde se representa Diego tomado de la mano de la calavera catrina, y atrás de él se encuentran representados Frida Kahlo y José Martí en medio de personajes de su época.

---

[18] J.M., "La Academia de San Carlos", *OC*, t. 6, pp. 400-401.
[19] Adelaida de Juan, "José Martí y el arte mexicano", en *Revolución y Cultura*, La Habana, enero de 1983, p. 24.

II. INQUIETUD

Como si quisiera significar el cambio de año, el 1 de enero de 1876 Martí hace un paréntesis en su labor mexicanista, para publicar en la *Revista*, como si fuera una tarjeta navideña, un artículo diferente, titulado "El año nuevo en Madrid", magistral relato de estampas típicas, verdadera página costumbrista por la que desfilan; "la criada garbosa de Aragón con sus mejillas encarnadas", "los dos sencillos amadores, gala ella de las *gorristas* de la calle de la Montera", "el mancebito de tienda en la calle de Postas, habituado a medir con las manos varas de blonda y franela", las modistillas de Madrid que "son ellas cuna de gracia, gala de la mantilla, y seductoras maestras de donaire". Dibuja en breves trazos a "la *gorrista* con vestido de cuadros, y el *hortera* de gabán menos limpio que los primerizos amores de su alma", sin faltar el "carterillo", "pilluelo del Lavapiés en otros tiempos, soldado luego en África y en los riscos de la ensangrentada Cataluña", y "el conde marido y la marquesa esposa [que van] a visitar al general en boga", personajes que parecen arrancados de una novela galdosiana o de la escena de una zarzuela.[1]

Pero si Martí se encontraba enfermo, como había señalado la *Revista*, su intensa actividad parece desmentirlo. Ya a principios de enero participa en una entrega de premios a los niños de las escuelas de Coyoacán, organizada por el ayuntamiento del lugar, la cual se había encargado al licenciado Manuel Mercado, "y se nombrará para orador al apreciable poeta Sr. José Martí".[2]

El acto se efectuó el 9 de enero, como queda constancia en la *Revista* del 11 del mismo mes, en un artículo debido a la pluma de Martí, que en tercera persona señala: "Los premios se repartieron luego solemnemente. Había sido invitado para hablar José Martí,

---

[1] J.M., "El año nuevo en Madrid", en *Revista Universal*, México, 1 de enero de 1876, y en *Anuario del Centro de Estudios Martianos*, núm. 2, La Habana, 1979, pp. 7-8.

[2] Paul Estrade, "Otras polémicas de José Martí en México", en *Anuario Martiano*, núm. 6, 1976, p. 144.

nuestro compañero de redacción, y cumplió con buena voluntad y gratitud su cometido. Terminó el acto con una alocución del Sr. presidente Manuel Mercado, que felicitó con su palabra correcta y persuasiva, a los vecinos de la población."[3]

Pero luego, al comentar el banquete que se ofreció posteriormente, dice:

> Se notaba en todos los brindis el cariño con que ven los vecinos al prefecto Romo, y la alta estimación en que tienen al Sr. Manuel Mercado. Éste se vio obligado a hablar dos o tres veces, y en ellas dijo cosas oportunas y simpáticas que fueron muy bien recibidas por los concurrentes. Y algo más pudo verse en los brindis: Coyoacán quiere incondicionalmente y con entusiasmo la reelección del Sr. Lerdo para la presidencia de la República.[4]

Es ésta una de las raras ocasiones en que Martí escribe sobre Manuel Mercado, y es muy significativo el que se refiriera (o destapara, como decimos en estos tiempos) a la reelección del presidente.

Por el tiempo en el que se escribió este artículo, la situación política del país se hace más tensa; de la oposición se ha pasado a la rebelión; ésta crece como flama que se extiende desde el sureste. El 10 de enero se proclama en Oaxaca el Plan de Tuxtepec, por medio del cual se desconoce al gobierno de Lerdo de Tejada, se postula la no reelección y se nombra como jefe del movimiento al general Porfirio Díaz.

Martí, que no pierde las oportunidades de expresar su pensamiento, aprovecha una iniciativa de Rivera Cambas y Rodríguez y Cos en pro de la raza indígena para expresar sus ideas ante la revolución que ve aproximarse, aunque sin nombrarla, la cual debe tener como fin supremo, por encima de intereses partidarios o personales, la incorporación de las grandes masas indígenas a una etapa social superior, humanizándola. Y como una advertencia a la situación que se presenta, bajo el título "La civilización de los indígenas" publica el 14 de enero un artículo que expresa:

---

[3] J.M., "Coyoacán", en *Revista Universal*, México, 11 de enero de 1876, *OCEDC*, t. II, p. 250.
[4] *Idem.*

Es verdad que no deben abandonarse en México la vida y la lucha políticas, hasta tanto que no estén definitiva e incontestablemente asentados los principios liberales; no peligran hoy: es necesario aún más evitar que puedan verse en riesgo. Pero no es éste el trabajo principal de nuestra generación. Hemos hecho muchas revoluciones de principios; pero todas éstas serán infructíferas mientras no hagamos una revolución de esencia. Se está consumando el ideal político; pero necesitamos para realizarlo de la unidad social. Somos a la par miserables y opulentos; hombres y bestias; literatos en las ciudades, y casi salvajes en los pueblos: las naciones no se constituyen con semejante falta de armonía [...] // Nada de esto diríamos, [...] si no hubiese entre nosotros una criminal indiferencia hacia una raza que es todavía una esperanza, pero que pudiera llegar a anonadarnos con su enorme peso. Instruida, será una grandeza; y torpe, es una rémora. Aunque no nos obligara a su educación la generosidad, el egoísmo debiera forzarnos a ser sus apóstoles y sus maestros.[5]

En tanto en la capital, que goza de aparente calma, la temporada de teatro nacional está en marcha. Martí alejado "aparentemente" de los asuntos políticos principia a escribir para la sección "Correo de los teatros" sus crónicas teatrales.

El 4 de enero escribe sobre *Los Maurel* de Roberto Esteva, donde enjuicia la obra del joven dramaturgo al que aconseja y señala: "El Teatro ha de ser siempre, para valer y permanecer el reflejo de la época en que se produce", y el día 15 comenta *Hasta el cielo*, del yucateco Peón Contreras. Ese año es fecundo en obras; las críticas teatrales de Martí ese año alcanzan el número de ocho: además de las dos señaladas con anterioridad, escribe sobre *La hija del rey*, *Luchas de honra y amor*, *Juan Villalpando* e *Impulsos del corazón*, de Peón Contreras, *La cadena de hierro*, de Agustín Cuenca, y una crónica crítica sobre *ambición* y *coquetismo* de Sebastián Segura, las cuales fueron publicadas en la *Revista Universal* entre el 4 de enero y el 27 de agosto de 1876. "Admira —escribe Nicolás Dorr— que precisamente un dramaturgo ejerza la crítica sobre otros coetáneos, con tan entregada simpatía. No eran rivales para el hombre

---

[5] J.M., "La civilización de los indígenas", *OCEDC*, t. II, p. 254.

superior, aquellos contrincantes: eran creadores dignos de ser tratados con justicia y de ser alentados." De Peón Contreras, a quien le une una entrañable amistad, Martí afirmaba que es el "más alto talento dramático que han producido los pueblos donde se habla la lengua española".[6]

Martí se encontraba ligado plenamente al ambiente teatral del momento. Su proverbio *Amor con amor se paga* se había vuelto a representar en otras ocasiones, con éxito desbordante, pero el autor no volvió a aparecer en el proscenio a recibir los aplausos al lado de la actriz principal, pues ya las murmuraciones se extendían más allá del ambiente artístico, y se conformaba con permanecer en la luneta o en un palco, hasta donde se dirigían las miradas de Concha y el aplauso del público.

El 26 de enero en el Teatro Principal se celebra una función a beneficio del actor Guasp de Peris, en la cual se representó la imitación que hizo Coello del *Hamlet* de Shakespeare, y según se lee en la gacetilla del *Eco de Ambos Mundos* correspondiente al día 27, "al terminar la representación el Sr. Guasp recibió entusiastas y debidas ovaciones. Las Srtas. Padilla y Servín, y el Sr. Alonso, le presentaron varias coronas y leyeron poesías del fluido, correcto y dulce poeta José Peón Contreras, y del ardiente y profundo José Martí.... Mañana publicaremos esas poesías".[7]

En la edición del 28, en la sección "Variedades" y bajo el título "En el beneficio de Guasp", se reitera: "He aquí los versos que ayer ofrecimos publicar":

A ENRIQUE GUASP.
EN SU BENEFICIO

El genio es la encendida
Llama que en el poeta estrellas brota,
Y da a las sombras en el lienzo vida,
Y al alma en los espacios adormida
Forma de un sueño, timbre de una nota.

---

[6] Nicolás Dorr, "José Martí, crítico y cronista teatral", en *Bohemia*, núm. 4, La Habana, 27 de enero de 1978, p. 8.

[7] J.M., "El beneficio de Guasp", en *El Eco de Ambos Mundos*, México, 24 de enero de 1876. Véase Herrera Franyutti, "Martí en *El Eco de Ambos Mundos*", en *Panorama Médico*, núm. 90, México, junio de 1978, pp. 35-37.

[...]
¡Y en el proscenio, cuánto
El genio acrece! cuando airado estalla,
Cuando abre en nuestro amor fuentes de llanto,
Cuando empeña batalla
Entre el pálido crimen y el divino
Perdón —allí concluye lo mezquino,
Y el genio hermoso claridad derrama;
Y ora con Sancho desgarrado implore,
Ora mate en Maurel, ora devore
Al fiero Hamlet vengativa llama,
Se llora ¡siempre es bueno que se llore!
Se sufre ¡así se ama![8]

Versos de Martí que son seguidos por los que dedicarán al actor Peón Contreras, M.M. Flores y Roberto Esteva.[9]

El 31 de enero, el Liceo Hidalgo rinde homenaje al pintor Santiago Rebull, y Martí es designado para ofrecer el discurso. Pero su salud está quebrantada; él tiene que hablar aquella noche y al invitar a Domínguez Cowan, le manifiesta:

Nicolás:

Esta noche hay fiesta en la Academia de Pinturas, y yo me veo obligado a hablar enfermo y disgustado como me siento hoy. Gustaría yo mucho de ver en el salón caras amigas y benévolas. Le acompaña una invitación, por si quisiera V. ver cómo coronan al pintor Rebull, e ir a perdonar las cosas violentas que dirá esta noche su afmo. amigo

José Martí[10]

No obstante, en *El Federalista* del 2 de febrero se refiere que el discurso de Martí fue "admirable por su entusiasmo", pero no ha sido posible localizarlo.

---

[8] J.M., "A Enrique Guasp. En su beneficio", *OCEDC*, t. II, p. 106.
[9] *Idem*.
[10] J.M., carta a Nicolás Domínguez Cowan, México, enero 31 de 1876, *Epistolario*, t. I, p. 49. Véase también *OC*, t. 20, p. 254.

¿A qué se debe el disgusto que Martí refiere? Días antes, el 28 de enero, según puede leerse en la *Revista* del día 29, Roberto Esteva, José Peón Contreras, Gustavo Baz y José Martí habían fundado la Sociedad Alarcón, con el deseo de agrupar a nuestros autores, actores y críticos dramáticos. La reunión se efectuó en el Teatro Principal, y en ella cada uno de los fundadores propuso a otros socios. Entre los propuestos por Martí se encontraban Justo Sierra y el maestro Altamirano; esto, inexplicablemente, molestó a este último, "por haberse hecho en su ausencia", por lo cual declina el ofrecimiento, ya que pertenece a la Sociedad Gorostiza, formada con anterioridad con el mismo fin, y Altamirano declara que no es su deseo "hacer estériles sus esfuerzos dividiéndolos", según refiere *El Porvenir* en su edición del 2 de febrero.

Pronto los periódicos se encargan de encender el fuego, y se mantiene una larga polémica. La *Revista* aclara que la Sociedad Alarcón no era hostil a la Gorostiza, pero *El Porvenir*, en su edición del 7 de febrero, vuelve a tratar el asunto por encargo de Altamirano, quien dice "estar dispuesto a renunciar el cargo de miembro de la Sociedad Alarcón aunque agradece mucho el honor que se le hizo nombrándolo", y agrega "que si alguno calificaba de descortesía esa renuncia, preferiría pasar por descortés más bien que ser calificado de inconsecuente para con sus amigos y discípulos que forman la Sociedad Gorostiza, de la cual es fundador".[11]

La respuesta de Martí no se hace esperar, el 8 de febrero, en un suelto publicado en la *Revista* titulado "El señor Altamirano", expone que:

> Los cargos honoríficos no se renuncian, por modestia siquiera, sobre todo cuando vienen de personas que los conceden por un acto natural de respeto literario y de lealtad amistosa. Rechazar el nombramiento de miembro de una sociedad, envuelve [...] algo más. // No hay inconsecuencia en pertenecer a dos sociedades literarias, a menos que no se tenga voluntad determinada de hacer de una corporación literaria una sociedad egoísta y hostil.[12]

---

[11] Carrancá y Trujillo, *op. cit.*, pp. 239-241; Herrera Franyutti, "Martí en *El Federalista*", en *Panorama Médico*, núm. 98, México, febrero de 1976, pp. 46-47.
[12] J.M., "El Sr. Altamirano", *OC*, t. 28, p. 97.

También *El Federalista* interviene en la polémica. En su edición del 9 de febrero podemos encontrar la respuesta de Altamirano:

> Al Sr. Martí.—Ayer el Sr. Altamirano que tuvo la bondad de hacernos una visita leyó, porque se lo enseñamos, el párrafo en que el Sr. Martí le dirige los más vivos reproches por su determinación de no aceptar el nombramiento de miembro de la Sociedad Alarcón [...] El Sr. Altamirano nos dijo que creía haber sido propuesto [...] por el Sr. Esteva, según se deduce de la relación que hizo *El Eco de Ambos Mundos*; pero con este motivo agradece también al Sr. Martí su imprudencia y leal recuerdo [...]
>
> Por lo demás nosotros creemos que si ha habido descortesía en este asunto, el Sr. Martí es quien la ha cometido, pues a pesar de la decantada consideración que dispensa al Sr. Altamirano, no juzgó necesario solicitar su consentimiento para proponerlo como miembro de la Sociedad Alarcón.[13]

Al día siguiente, en una gacetilla titulada "Por un párrafo de *El Federalista*", publicado en la *Revista*, Martí trataba de minimizar el hecho y poner fin a la innecesaria polémica expresando:

> No he de responder —escribe Martí— a lo que dice el párrafo que, a consecuencia del mío, aparece en *El Federalista*. [...] // Tengo conciencia de huésped agradecido, y no hago oficio de organizar ni contribuir a disensiones entre los que me acogen con cariño. [...] // ¿Pensó bien lo que decía el que tal cosa escribió? ¿Cómo pudo ser descortés para conmigo el mismo Sr. Altamirano, porque galantemente y sin mi permiso, me postuló para socio del Liceo Hidalgo? [...] // y doy éstas por últimas palabras, por mi parte, en un asunto que no ha merecido tal vez tantas.[14]

Como la polémica se prolongara, el mismo día *La Iberia*, de don Anselmo de la Portilla, interviene amistosamente para pedir cordu-

---

[13] Véase *El Federalista*, 9 de febrero de 1876; Herrera Franyutti, "Martí en *El Federalista*", art. cit.
[14] J.M., "Por un párrafo en *El Federalista*, *OC*, t. 28, p. 97.

ra a ambos bandos: "Les aconsejamos que se calmen; que hablen y que se entiendan. Todos son amigos, todos son hermanos, todos van a un mismo fin, todos trabajan en el campo de la literatura. No la esterilicen con sus discordias. ¿No basta y sobra la política para dividir a los hombres? ¡O también las letras han de ser campo de Agramante?"

Pronto el incidente queda olvidado, y ante la situación política que vive el país la Sociedad Alarcón queda inactiva. Martí, en su nobleza, parece olvidar el incidente y posteriormente dedicaría cálidas páginas a Altamirano.[15] En tanto, éste prefirió ignorar a Martí en sus artículos posteriores.

Poco tiempo después, el Liceo Hidalgo encomienda a Martí el discurso en el homenaje que se rinde a la fallecida actriz Pilar Belaval: "Me llaman —expresa Martí— para honrar a una artista y para celebrar a una mujer: diera mi mala fortuna que no hubiese palabras en mis labios, y este motivo de loor pondría en ellos palabras a raudales." Y refiriéndose a sus representaciones continúa:

> ¡Cuán celosa dicen que era en Adriana Lecouvreur, y amante en Piedad, y angustiada en la gran obra de Tamayo, y llorosa y sublime en la Eugenia infeliz del gran Acuña! Ella fue la que realizó en el teatro la obra generosa de aquella alma pálida, perpetuamente inquieta por diversos devaneos, y que estalló en su cráneo, más que por obra de una mano loca, por fuerza del cerebro poderoso que dentro del cráneo se ahogaba y oprimía. // Ella, espíritu culto, debía entender las exaltaciones de Acuña, gran espíritu.[16]

Definitivamente Martí era el hombre del día. México se le había entregado y todas sus puertas le estaban abiertas y reclamaban su presencia.

---

[15] J.M., "Ignacio Manuel Altamirano", *OC*, t. 8, p. 237.
[16] J.M., "Pilar Belaval", *OC*, t. 6, p. 420.

III. RELÁMPAGOS DE AMOR

Los chismorreos e intriguillas no podían faltar; la juventud de Martí, su verba florida, su fama creciente, su vida entre bambalinas se prestaban a ello y, según cita Mañach, sus amoríos con la Padilla se habían hecho conocidos, llegando en algunos momentos a alcanzar carácter de escándalo, ante el enojo natural de la familia y las recriminaciones de don Manuel Mercado. "Un criticastro teatral, a quien llamaban Juvenal el Tuerto, por serlo de ojos tanto como de intenciones, se había permitido ironías baratas sobre la coronación, y acerca de los amores del cubano con la actriz."[1] Ya se hablaba también "de la hija del general G. y de Edelmira Borrel, que visitaba la casa de los Martí muy a menudo pretextando recados de su padre, pero en realidad atraída por el gesto de trovador con que Pepe le besaba siempre la mano al llegar". Por lo que Nicolás Azcárate solía llamarle Galantuomo con afectuosa burla.[2]

También el álbum de Concha, como antes el de Rosario, había recibido versos de Martí en los que éste expresaba una vez más sus ansias de amor, y aquella sensación de vacío en que vivía, haciéndolo sentir muerto espiritualmente:

¿QUÉ ES EL AMOR?

Para la ilustre actriz mexicana
D. Concepción Padilla

Es fama que a un cementerio
llegó un sabio cierto día
afirmando que no había
tras de la tumba misterio.
Un ser blanco, vago y serio

---

[1] Jorge Mañach, *Martí el Apóstol*, Madrid, Espasa-Calpe, 1968, p. 85.
[2] *Idem.*

>a la tumba se acercó:
>Amor, amor pronunció
>con voz triste y quejumbrosa
>y al punto alzóse la losa
>¡Y el muerto resucitó![3]

México daba a Martí, como años atrás lo hiciera con el "Caraqueñito" Simón Bolívar, en brazos de la Güera Rodríguez, una ilusión de amor.

Pero quién mejor para describir aquella página romántica en la vida del cubano, que ha sido tan discutida y aún negada por algunos autores, que Peón Contreras, compañero y confidente de Martí en aquella etapa de su vida, a la cual cantó en bellos versos que no resistimos transcribir, tomados de su poema "Canto a Martí":

XV

>Con escénico arte, hirió tu anhelo
>aquél querub del cielo,
>con formas de mujer arrobadoras;
>y te hallaste, de pronto, sorprendido
>vencedor y vencido,
>entre las redes del amor traidoras.

XVII

>¡Ella ocupó tu corazón sensible!
>su magia irresistible
>acrecentó su llama y su violencia,
>y algún injusto celo, advenedizo,
>le dio calor y hechizo
>a aquel hermoso amor de Tu existencia.

XXI

>¡Cómo tu joven corazón saltaba
>cuando el concurso daba
>frenéticos aplausos a su genio!,

---

[3] J.M., "Qué es el amor", *OC*, t. 17, p. 198.

¡cuando, ella de sus ojos expresivos,
te enviaba fugitivos
relámpagos de amor, desde el proscenio!

XXIV

¿Enmudeció gimiendo, el arpa de oro?...
Dejaste tu tesoro
en aquel escenario tan querido.
¡Se borró la visión!, ¡y el loco empeño
en la sima profunda del olvido![4]

Quizás por ello escribió atinadamente Raimundo Lazo: "Se puede pues, hurgar tanto en la vida pública de Martí como en su vida privada, y aquellos nos admirarán y nos conmoverán estos y en definitiva no habremos hecho sino hacer resaltar más su grandeza."[5]

El 18 de marzo, Martí dedica unos versos "A Enrique Guasp de Peris", en su álbum. Y es curiosa la forma en que trascienden al público. En la sección "Ecos de México" publicada el domingo 26 de marzo, a cargo de Nicolás Azcárate, en *El Eco de Ambos Mundos*, podía leerse "Un robo en obsequio a mis lectores.—Versos de José Martí":

No he podido resistir anoche *la tentación* de hacer un robo en obsequio de mis lectores. Sírvame de circunstancia atenuante mi deseo de complacerlos.

Al hojear el álbum de mi amigo Enrique Guasp de Peris, que tengo desde ayer sobre mi mesa, me han deslumbrado por su poderosa inspiración y conmovido hondamente, por el sentimiento que los ha dictado, los versos escritos en su primera página; y sin autorización ni consentimiento del autor, los he sacado del libro, para presentar hoy una perla a los abonados de *El Eco*. Dicen así:

---

[4] Peón Contreras, "Canto a José Martí", en *Revista Cubana*, vol. XXIX, La Habana, julio de 1951-diciembre de 1952, pp. 292-293.
[5] Raimundo Lazo, *Martí y su obra literaria*, La Habana, s.e., 1929, p. 38.

Surcando el mar, pidiendo a las inquietas
Olas del Golfo, espacio y albedrío—
Al par llegamos, tú con tus poetas,
Yo con el mal de un alma en el vacío.

Los dos trajimos a esta tierra bella
Un sueño y un amor; algo de canto
En la voz juvenil, y algo de estrella
En ti de gloria, par mi de espanto.[6]

Por aquellos días Guasp paga de su peculio la edición de *Amor con amor se paga*, la cual fue editada en la Imprenta del Comercio, Dublán y Compañía, calle de Cordobanes núm. 8, 1876, en uno de cuyos ejemplares Martí puso la siguiente dedicatoria: "Guasp.— Puesto que este proverbio descarnado debe a V. dos veces vida —por naturaleza, por gratitud y por vivo cariño del autor, es todo él de V.—Sea una prenda más de corazón entre V. y su amigo."[7]

En el ejemplar que le dedica a la Padilla, le expresa sin huellas de mayor intimidad: "Concha: —Ud. tomó esta escena descarnada y puso en ella corazón, gracia y talento; es justo que su primera página sea todo gratitud y de especial cariño para Ud. De su respetuoso amigo y s. J. Martí. —México, 30, marzo 76."[8]

Pero no todo es romanticismo y poesía en el Apóstol, aunque sí representa otra forma de cariño su amor al hombre trabajador, a los desheredados, a los obreros. Hay un hecho que no ha sido debidamente estudiado, pero que muestra el ascendiente que para aquella época Martí había logrado en México entre la clase trabajadora. Cuando es designado "Delegado al Congreso Nacional Obrero", el cual debía celebrarse en aquel año, se afirmaba escuetamente que "Martí había sido designado para representar a los obreros de Chi-

---

[6] Véase *El Eco de Ambos Mundos*, 18 de marzo de 1876. Además, Herrera Franyutti, "Martí en *El Eco de Ambos Mundos*", art. cit., p. 36. Aunque Martí expresa en este poema que ambos llegaron juntos, trátase sólo de una licencia poética, pues en *El Federalista* del 15 de julio de 1875 se asienta la llegada de Guasp de Peris a Veracruz el día 14 de julio, en el vapor francés Ville de Brest.
[7] Véase Núñez y Domínguez, op. cit., p. 61.
[8] *Ibid.*, p. 70.

huahua", error que se repetiría a lo largo de todos sus intentos biográficos durante varios años.[9]

Fue el acucioso investigador francés Paul Estrade quien estudió profundamente la actuación mexicana del cubano y quien en su magistral intervención en el Coloquio Internacional sobre José Martí, celebrado en Burdeos, Francia, en 1973, "Un socialista mexicano: José Martí", aportaría nuevas luces al tema.[10] Indudablemente, los escritos de Martí, sobre la huelga de estudiantes, la de los sombrereros y la de los impresores de la *Revista Universal*, así como sus claros principios políticos, lo identifican con la clase trabajadora. No olvidemos que ya en su primer boletín se refiere a el Gran Círculo de Obreros y considera que: "es hermoso escribir estas palabras".[11]

Estrade, en su explícita conferencia, aclara el tema.

> El 5 de marzo de 1876, tiene lugar el primer Congreso Obrero de México, patrocinado calurosamente por el Gran Círculo Obrero y su órgano, *El Socialista*, entre cuyos representantes se encuentra José Martí, el cual es designado por la Sociedad Esperanza de Empleados junto con otros cuatro representantes, y aunque éste aceptó su credencial en la sesión plenaria, no existe constancia de que haya estado presente.[12]

A partir del 2 de febrero, las páginas de *El Socialista* reciben también la colaboración de Martí. En dicho periódico laboraban también Ignacio Manuel Altamirano, Ignacio Ramírez, Justo Sierra y Guillermo Prieto. Entre los escritos de Martí a dicho periódico, Estrade aporta dos artículos, "Los tiempos se acercan", del 11 de junio, y "Los meseros", del 23 de julio, ambos de 1876. Respecto del tema

---

[9] Según Paul Estrade, la primera referencia al respecto la proporcionó Enrique Trujillo, en el *Álbum de El Porvenir* (1890, t. 1, p. 108), y a partir de entonces ha venido repitiéndose la infundada cita.

[10] Paul Estrade, "Un socialista mexicano: José Martí", en *En torno a José Martí*, Burdeos, Ediciones Biere, 1974 (*Bulletin Hispanique*, t. 75 bis), pp. 273 y ss. Véase también *José Martí, militante y estratega*, La Habana, Centro de Estudios Martianos/Editorial de Ciencias Sociales, 1983, pp. 11 a 35.

[11] J.M., "Boletín. Cinco de mayo", *OCEDC*, t. II, p. 30.

[12] Paul Estrade, *op. cit.*, n. 244. En este texto Estrade precisa que se trata de la Sociedad Esperanza, de México, D.F., y no de la de Chihuahua, la cual "congrega a los empleados del Secretario del Congreso de la Unión, de la Tesorería General de Hacienda y de Relaciones, o sea, todos los trabajadores del Estado".

del socialismo, debemos señalar que en un artículo poco conocido —"Melchor Ocampo"—, publicado en la *Revista Universal* el 12 de junio de 1875, Martí decía del Mártir de Pomoca: "Así Ocampo; el que vio en el socialismo y la fraternidad de la naturaleza, la ley del socialismo y la fraternidad humanas. Dan al que escribe crónica detallada de su vida."[13]

---

[13] J.M., "Melchor Ocampo", en *Anuario del Centro de Estudios Martianos*, núm. 2, La Habana, 1979, pp. 5-6, y en *OCEDC*, t. II, p. 76.

IV. MARTÍ Y LA MASONERÍA. ACERCA DE UNA POLÉMICA

El 21 de marzo de 1876 Martí asiste a una ceremonia masónica que tiene lugar en el templo de las calles de Independencia, en cuyo acto algunas niñas habrían de recibir su bautismo a la vida de Hiram, según el rito masónico. Aquella ceremonia no podía "ser a ningún modo cosa desagradable a ningún Dios, ni aún al Dios terrible del *dies irae* y de las gavillas de Michoacán". Después de la ceremonia ritual, tomaron sucesivamente la palabra, Maximiliano Baz, Gustavo Baz, José G. Malda, Martí, Adrián Segura y Francisco Hernández y Hernández. Como era natural, *La Voz de México*, reconocido periódico católico y enemigo de los masones, critica la ceremonia y la presencia de mujeres, que minimiza.

En la reseña de "La fiesta masónica", escrita por Martí y publicada en la *Revista* del día 25, se lee: "No estaba tan desprovisto de señoras el salón como hubiera deseado *La Voz de México*", y más adelante, al referirse a los oradores que menciona en el orden que tomaron la palabra, dice: "Nuestro compañero Martí dijo un discurso que no fue mal recibido; Adrián Segura hizo gala de su fervor masónico y de su palabra fácil."[1] Nada había en la crónica que pudiera dar lugar a crítica o polémica.

No obstante, ésta surge espontáneamente. Adrián Segura y Tornel, profesor de historia de la filosofía en la Escuela Nacional Preparatoria, protesta airado, se siente aludido —él no es masón; en realidad quien habló en la reunión fue un homónimo, otro Adrián Segura procedente de Zacatecas.

En carta personal al indignado Segura y Tornel, fechada el 27 de marzo, tras las explicaciones del caso, Martí le expresa irónicamente: "Hubiera yo deseado que aquel Segura fuese Vd., porque así me llevaría hacia Vd., un lazo más de fraternidad y simpatía. // Si in-

---

[1] J.M., "La fiesta masónica", *OCEDC*, t. II, p. 256.

teresa a Vd., que haga yo esta rectificación en el periódico, sírvase decírmelo, y cumplirá al instante este deber de justicia, su amigo y servidor, José Martí".[2]

¿Cuál fue la actitud de Martí en aquella ocasión? El 26 de marzo, Nicolás Azcárate, en su columna "Ecos de México" —en la que se reprodujo el poema de Martí a Guasp de Peris— transcribió una carta de una dama que asistió a aquel acto, firmada sólo con las iniciales V.G., la cual resulta muy reveladora de lo acontecido en aquella reunión masónica; luego de dar su opinión sobre el discurso de cada uno de los oradores refiere que:

> después que había hablado por la Logia Tolteca un joven literato, tan conocido como que es redactor del *Eco,* y se sienta al lado de Azcárate y de Pepe Martí en el Teatro Principal, subió luego a la tribuna un paisano de usted, que es muy simpático; sus labios gruesos, su pelo crespo y alborotado, su voz fuerte, sus facciones fieras, contrastando con la dulzura de sus miradas, imponen desde la tribuna. Habló de manera elegante, fácil, correcta y sentida, de su patria ausente, de los destinos y fines de la masonería; y concluyó haciendo un recuerdo de gratitud y admiración a la memoria de Juárez que fue también masón escocés. Tuvo este orador rasgos que demuestran en él una inteligencia superior, un corazón templado y una gran suma de generosos sentimientos.[3]

Martí había utilizado aquella tribuna, independientemente de sus ideas masónicas o no, señala Toledo Sande, "para enaltecer el recuerdo de Juárez, bandera mayor, empresa de reforma que guiaba Lerdo de Tejada, y para hablar acerca de Cuba".[4]

Pero el indignado Segura, no satisfecho con la carta de Martí, pide una retractación pública, y el 30 de marzo se lee en *La Voz de*

---

[2] J.M., carta a Adrián Segura, 27 de marzo de 1876, *Epistolario*, t. I, p. 52. Véase también, *OC*, t. 20, pp. 255-256.
[3] Véase "Carta de una dama sobre la fiesta masónica", en *El Eco de Ambos Mundos*, 26 de mayo de 1876; Herrera Franyutti, "Martí en *El Eco de Ambos Mundos*", art. cit., pp. 36-37.
[4] Luis Toledo Sande, "La propaganda de algunos masones y Caballeros de la Luz acerca de José Martí", en *Ideología y práctica en José Martí*, La Habana, Centro de Estudios Martianos, 1982, p. 232.

México: "Como públicamente se me ha calificado de masón, deseo que también se publique la rectificación."[5]

Martí, caballeroso, no tiene inconveniente en hacerlo. El 30 de marzo publica en la *Revista*, "Aclaración de justicia":

> Dijimos en la crónica ligera que publicó la *Revista* del 21, que había hablado en ésta el Sr. Adrián Segura, joven de palabra fácil y apenas conocido en México. Nos dirigió una carta el Sr. Adrián Segura [...] extrañándose de que habláramos de su presencia en la fiesta de una asociación a la que no pertenece: le respondimos por carta que sigue, cuya publicación nos pide el Sr. Adrián Segura, no el orador masón, sino el médico-catedrático, que desea esta aclaración de justicia.[6]

Carta que también reproducen *El Federalista* y *La Voz de México*. Todo parecía quedar ahí, pero un periodista no identificado de *El Federalista*, se empeña en mantener viva la polémica, y en un artículo titulado "No hay que levantar el velo", publicado el 1 de abril, ataca a Martí y a Antenor Lescano, manifestando: "Una pregunta solamente, y amistosa, a los señores masones de la *Revista Universal*: // ¿La Masonería es o no una asociación secreta? // Si lo es, ¿por qué publicar los nombres de las personas que asisten a las tenidas?"[7]

Ahora la polémica se entabla entre Martí y el diario de las Escalerillas, como se denominaba también a *El Federalista*, lo que permite a Martí, en dos artículos aparecidos el 4 y el 6 de abril, explayar sus ideas al respecto:

> La masonería no puede ser una sociedad secreta en los países libres, porque su obra es la misma obra del adelanto general; y para los que piensan cuerda y ampliamente, el misterio de forma en que se envuelve... [responde Martí] la masonería no es más que una forma activa del pensamiento liberal.[8]

---

[5] Véase *El Federalista*, 1 de abril de 1876, y J.M., *OCEDC*, t. II, p. 261, n. 4.

[6] J.M., "Aclaración de justicia", *OC*, t. 28, p. 98.

[7] J.M., "Al *Federalista*. I", en *Revista Universal*, 4 de abril de 1876, *OCEDC*, t. II, p. 259.

[8] *Ibid*.

...la masonería fue secreta cuando necesitó serlo, y hoy es secreta por hábito, por respeto a lo pasado y por cierto extraño placer que se encuentra siempre en el misterio. [...] Obrar irreprochablemente, perfeccionar el ejercicio de la libertad, preparar a los ciudadanos a la vida pública, ayudar al logro de toda noble idea, estos, sin uno más, sin nada incógnito, sin nada oculto, son los misterios de la orden masónica. [...] trocados ya los tiempos, creemos cumple a la dignidad de la razón, trocar el concepto secreto de la masonería. Y esto no es solitaria idea nuestra: así lo expuso en otras tierras el que escribe, ante altos cuerpos masónicos, y así lo apoyó y discutió, sin verse por cierto solo en la contienda.[9]

Por el último párrafo se puede apreciar que su liga con la masonería no era nueva, aunque no podamos saber hasta dónde se extendía ésta o si Martí era un simple simpatizante que la admiraba por sus bases éticas y patrióticas. Camilo Carrancá considera que Martí no fue miembro activo de la masonería, salvo en el periodo de su estancia en Madrid.[10] No obstante, Fermín Valdés Domínguez, en "Martí: ofrenda de hermano", nos lega algunos antecedentes de sus relaciones con la masonería en España:

Las noches [en los días de tregua en el estudio, que eran muy pocos] las dedicaba a los teatros o a la logia masónica, aquella logia Armonía, que presidía el general Pierrat o el músico notable Max Marchal, en la que Martí era orador; lugar aquel en el que se daban cita todos los cubanos jóvenes que estaban en Madrid. [...] Era la logia templo de amor y caridad: ella auxilió más de una vez a los cubanos presidiarios de Ceuta, y así como atendía a las necesidades de los pobres de cualquier país, seguía al cubano al hospital o la casa. Aquella logia fundó un colegio de niños pobres, del que era director y único maestro el español —deportado por infidencias— don Amelio del Luis y Vela de los Reyes. Visitaban muchos hermanos, de noche aquella escuela. Martí lo hacía con frecuencia: ha-

---
[9] J.M., "Al *Federalista*. II", en *Revista Universal*, 6 de Abril de 1876, *OCEDC*, t. II, pp. 263-264.
[10] Carrancá y Trujillo, *Martí en la masonería*, La Habana, Lex, 1946, p. 25.

blaba a los niños con todo el cariño de su alma, y les dejaba dulces y libros."[11]

La polémica llegó a su fin. El día 7 de abril, en *El Federalista* se publicaba el siguiente suelto: "El Dr. Adrián Segura nos ha remitido disecadas, a guisa de flores cordiales, unas cuantas rosas blancas (silencio), con el encargo de trasmitirlas a Pepe Martí."

---

[11] Fermín Valdés Domínguez, "Martí: ofrenda de hermano", en *Revista Cubana*, vol. XXIX, La Habana, julio de 1951-diciembre de 1952, pp. 246-247.

V. VIENTOS DE GUERRA

1875 había sido el último año de paz para el gobierno de Lerdo y la república. La paz que disfrutaba el país se deterioraba rápidamente. En enero la *Revista* había lanzado la reelección de Lerdo a la Presidencia, pero en Tuxtepec se había encendido la llama de la revolución. En Oaxaca, Puebla y Yucatán se producen levantamientos, y el gobierno tiene que mandar fuerzas a combatirlos; por doquier cunde la intranquilidad. La revolución está en marcha, la campaña antilerdista va en aumento, los partidos están cada vez más activos. "Aquí también —escribía Altamirano, refiriéndose a la situación de la capital— no se habla de otra cosa en ninguna parte. La ciudad está inquieta y triste. Las gentes se encierran por temor a la leva y este carnaval está de dar grima."[1]

Nuevamente la prensa se divide, comienzan los ataques contra la *Revista*. El 23 de marzo se expresaba en *El Siglo XIX*:

> La diferencia que hay entre algunos que se titulan lerdistas, muy pocos ciertamente, y nosotros, es que los primeros, a trueque de ser diputados o de obtener tales o cuales ventajas, se prestan a todas las inconsecuencias del Sr. Lerdo, y a ser sus instrumentos, entretanto que nosotros no aceptamos papel semejante: la diferencia es que los primeros se hacen cómplices de la política personal del Sr. Lerdo por las ventajas que obtienen, y nosotros rechazamos ese papel [...] La *Revista* aplaude esa conducta, y nosotros la reprobamos, como la reprobaría todo hombre que dé alguna importancia al compromiso político.[2]

---

[1] Ignacio M. Altamirano, carta a Concepción Quiros P., 29 de febrero de 1876, en *Obras completas. Epistolario 1*, México, CNCA, 1992, t, XXI, p. 337.
[2] Véase *El Siglo XIX*, 22 de marzo de 1876; Carrancá y Trujillo, *op. cit.*, p. 106.

El Padre Cobos del 24 de marzo va más lejos, al publicar intimidades de la administración de la *Revista* y datos sobre la procedencia del sueldo que cobraban sus colaboradores: "¿Qué hacen los recibos del Sr. Villada en casa de don Ramón Guzmán? ¿Quién obliga a los diputados y al ministro de Gobernación a tomar suscripciones a la *Revista* para saldar el presupuesto?", y una tercera y más indiscreta pregunta: "Qué significa la distribución de los trescientos pesos para la redacción que se hacen como sigue: Negrete, cincuenta. Bulnes, *idem*. Martí, *idem*. y Frías y Soto, Grostrokwski y Mateos que recibían la misma cantidad."

La *Revista* no puede callar, y sin pérdida de tiempo contesta defendiéndose de aquellas acusaciones en un suelto que titula:

> Al *Padre Cobos*.— Ha creído *El Padre Cobos* que husmear la intimidad de un periódico es una noble conducta y medio de probar el despotismo del gobierno,— y en contestación a cada una de las interrogantes que plantea, dicho periódico va refutándolas una a una.— "No sabemos a qué recibos se refiere el colega: natural es que en casa de Ramón Guzmán haya recibos firmados por el propietario de la *Revista* [...] puesto que en él se hacen algunos de sus trabajos de imprenta." A la segunda pregunta responde: "Nadie los obliga ciertamente: el Ministerio de Gobernación no toma ni una sola suscripción a la *Revista*. En cuanto a los diputados, cierto es que hay muchos de ellos suscritos, porque nuestro periódico defiende la política que ellos apoyan y son cómpañeros y amigos del Sr. Villada." Y respondiendo a la tercera y más indiscreta pregunta manifiesta: "En cuanto a los demás redactores, de la *Revista* les paga un sueldo porque para la *Revista* trabajan." ¿Quiere acaso *El Padre Cobos* que no se remuneren los trabajos de sus escritores?[3]

También entre los redactores de la *Revista* comienzan las dudas y deserciones. Todo esto desconcierta y entristece a Martí que, hombre íntegro, permanece fiel a Villada y a la causa lerdista. Él no puede defeccionar, pues la impresión favorable que tiene de Lerdo,

---

[3] Véase al respecto *Revista Universal*, 24 de marzo de 1876; Carrancá y Trujillo, *op. cit.*, pp. 107-108.

desde la noche que le conociera en aquella velada del Colegio de Abogados, aún perdura en él, y considera leal y honrada la causa de éste, independientemente de su compromiso afectivo con sus amigos.

En tanto, Porfirio Díaz había abandonado el país para refugiarse en Brownsvil, Texas, desde donde azuza la revolución. En abril cruza la frontera y toma Matamoros. En el poblado de Palo Blanco expide el plan que lleva el mismo nombre, reformando al de Tuxtepec, que sería la bandera de la revolución. Luego avanza sobre Nuevo León.

Martí no puede callar; gran lector y sagaz evaluador de la prensa internacional, no pierde noticia de lo que los periódicos de los Estados Unidos manifiestan, y con sus propias palabras los da a conocer a la opinión pública mexicana. En una gacetilla publicada el 26 de abril, comenta las opiniones vertidas en *The Herald* y *The Evening Post* sobre la situación política mexicana:

> Los Estados Unidos codician indudablemente a México, y los rebeldes les están dando el pretexto que tal vez en secreto esperaban. Los Estados Unidos necesitan probarnos que somos impotentes para dirigir bien nuestros elementos de riqueza: nuestras revoluciones no hacen más que dar argumentos para probar esta impotencia. // La lectura de los periódicos americanos nos inspira graves pensamientos, y debe a todo buen hijo de México inspirarlos, porque el exceso de previsión no es seguramente el que ha de llevarnos a la ruina.[4]

Al día siguiente escribe un sustancial artículo, "México y los Estados Unidos", en el que analiza pormenorizadamente la situación, así como lo que la irresponsabilidad de Díaz puede acarrear a México:

> Vienen acumulándose sucesos, vienen dándose opiniones, vienen presentándose dictámenes en la misma cámara de representantes de los Estados Unidos, que están creando en la vecina república una atmósfera que nos es perjudicial, por cuanto quiere llevarse a la opinión pública norma allí del go-

---

[4] J.M., "México y los Estados Unidos", *OCEDC*, t. II, p. 270, n. 4.

> bierno, el convencimiento de que es justa, necesaria y útil la invasión de una parte del territorio mexicano. No fuera patriótico ocultar un peligro grave, en nuestro concepto para la patria. [...] La cuestión de México como la cuestión de Cuba, dependen en gran parte en los Estados Unidos de la imponente y tenaz voluntad de un número no pequeño ni despreciable de afortunados agiotistas, que son los dueños naturales de un país en que todo se sacrifica al logro de una riqueza material.[5]

Luego señala las opiniones que el presidente Scheicher había manifestado a la Cámara, en que consideraba:

> Ahora es el momento a propósito para que el gobierno americano intervenga y arregle la cuestión del Río Grande. Fundo mi opinión en estos hechos: el gobierno de Lerdo no tiene autoridad sobre Tamaulipas ni sobre población alguna de la frontera, y no tiene un solo soldado sobre la línea divisoria, del lado de México. El gobierno de Díaz, que es el que está en posesión de ese lado del país, no está reconocido como tal Gobierno por el de Estados Unidos, y, de hecho, no es más que una chusma sin ley. Si las tropas de los Estados Unidos cruzan la frontera, no violan el territorio del gobierno legítimo de México, sino simplemente invaden un Estado insurrecto que ha arrojado de sí los representantes civiles y militares del gobierno legítimo, y no es, en fin, un gobierno reconocido allí.[6]

Martí comprendía y señalaba, ya en 1876, el peligro en que iba convirtiéndose el naciente imperialismo norteamericano, por lo que escribe posteriormente: "Ni el tono portugués ni una ocultación cobarde, convienen en el análisis de todas estas cuestiones. Que los mexicanos saben morir, no vendría a enseñarlo al mundo una nueva invasión americana: los sabinos de Chapultepec tienen escrita en sus canas nuestra historia..."

Y señalando los peligros de esta revuelta, escribe:

---

[5] *Ibid.*, p. 266.
[6] *Ibid.*, p. 267.

Faltaba este título de gloria al funesto revolucionario Díaz: no ha visto, en su culpable obcecación, que las formas vedaban a los Estados Unidos la invasión de un pueblo que estaba en paz, que se acreditaba en el extranjero [...] regido por un gobierno perfectamente legal [...] una nueva rebelión de la soldadesca, un nuevo crimen de la vanidad, ayudasen a fortalecer la opinión, en los Estados Unidos muy válida, de que México es un país ingobernable, y de que harían una obra humanitaria reduciendo por la fuerza a ser tributarios de la Gran República [...] ¿Y no se espanta la revolución, no pide perdón, no depone aterrada las armas, no cede en su empeño criminal cuando ve que por levantar a un hombre comienza desde sus primeros pasos comprometiendo la independencia del país? ¡Tal parece que la ambición ahoga en los hombres todo sentimiento levantado y generoso!

Por ello concluye su extenso artículo con esta invocación conciliatoria que pone los intereses de la patria por encima de cualquier interés personal:

No hay revolución ni lerdismo; no hay generales ni hombres civiles; no hay rebeldes ni leales; no hay más que mexicanos que se agrupan alrededor del que defiende la salvación de la patria, y ciegos y traidores que adelantan hacia su ruina, engañosamente espoleados por los que quieren hacer de México un mercado donde asegurar su vacilante potencia mercantil.[7]

Martí permanece unido a la causa lerdista; por ello, cuando se aproximan las elecciones, en *El Socialista* del 11 de junio escribe un elocuente artículo, "Los tiempos se acercan" en el que invita a los obreros a no permanecer indiferentes en la contienda:

De nada servirían la libertad y el derecho, si el derecho y la libertad no se ejercieran [...] Ninguno necesita más que el obrero influir en los resultados electorales por ser él más humilde en las clases sociales, y por ser el más numeroso. Por eso, cuando los periodos electorales llegan, el obrero, o es ha-

[7] *Ibid.*, pp. 268-270.

lagado en sus intereses y en sus aspiraciones, o es cruelmente oprimido. Los tiempos de la opresión han pasado por fortuna: hoy, cada individuo, y especialmente cada trabajador piensa con su propia cabeza, y obra con sus propios impulsos [...] Mr. Gladstone ha dicho, y ha dicho bien: el siglo XIX es el siglo de los obreros. [Por ello] no tiene el obrero en los periodos electorales el derecho del aislamiento ni de la indiferencia, tiene el deber de ser útil, y se es útil luchando, y se es asociándose, y se es proponiendo y discutiendo y votando. Si los obreros constituyen inmensas mayorías, y así dejan como desiertas las casillas electorales, ellos serán los verdugos del sufragio, los desprestigiadores de la noble institución representativa. [...] Cercano el día de las elecciones, no volvamos los ojos al campo de la guerra de donde no puede venir más que la muerte; no miremos allá. Ancha tumba se construyen con su propia mano las maldades, y está abierta la fosa donde el espíritu popular lanza espantados a los que han querido enterrar en ella la conciencia de la nación, el decoro de la patria. A estorbar la serena marcha de las instituciones ha venido la nefanda guerra civil; a eso ha venido a parar su tarea; no puede vencer y se detiene; no puede triunfar y estorba. Rompamos ese obstáculo; que sea culpa de ellos la falta de progreso.[8]

Martí, conciliador como siempre, invitaba a la lucha a los obreros, no por medios violentos, sino por el camino democrático y civilizado del voto en las urnas electorales, pues conocía el poder de su fuerza por la cantidad que representaban.

Una vez más, se aprecia, la importancia que el joven revolucionario daba a la clase trabajadora en las grandes decisiones de un país, y sus ligas con el incipiente socialismo mexicano. Aunque siempre conciliador, consideraba, como había escrito anteriormente, que sería un crimen "abandonar al obrero a sus resentimientos y alejar de él las palabras de paz; dejar que en él fomente la soberbia, y mantener dormida a la concordia".

---

[8] J.M., "Los tiempos se acercan", en *El Socialista*, 11 de junio de 1876, *OCEDC*, t. II, pp. 274-275.

VI. EL AMOR VERDADERO

Pero otra ilusión le sostenía. Días después del estreno de *Amor con amor se paga*, Martí intima con la dueña de aquellos ojos que se clavaron en él con tanta insistencia en el Teatro Principal. ¡La había tenido tantas veces cerca! Carmen es hija del licenciado Francisco Zayas Bazán, cubano que también había llegado a México unos años antes, huyendo de la revolución que incendiaba la isla. Viudo, había traído a estas tierras a sus tres hijas: Isabel, Rosa y Carmen Zayas Bazán e Hidalgo. Al poco tiempo de su llegada, Rosa contrajo matrimonio con don Ramón Guzmán, rico industrial mexicano y dueño de la casa donde viviera la familia Martí. Fue éste quien presentó a Martí al licenciado Zayas, que habitaba en la primera calle de San Francisco número 12, precisamente junto a la casa que ocupaba la redacción de la *Revista*.

Ahora iba Martí con frecuencia; visitaba al señor Zayas por las tardes o en las noches antes de ir al teatro. Éste jugaba al ajedrez, y había encontrado en el paisano un buen contrincante. En el silencio de la sala, mientras Zayas, ensimismado, piensa las jugadas, Martí y Carmen entrecruzan significativas miradas; quizá sea necesario perder esta partida, con tal de ganarle al viejo la partida final.

Nuevos amores se iniciaban con el beneplácito de doña Leonor y los amigos que trataban de hacerle olvidar a la Padilla, y ante los refunfuños de Zayas que no veía con buenos ojos el romance que se iniciaba, por no pertenecer el joven cubano, a pesar de sus títulos, a una familia de alta alcurnia como él, que se ufanaba de ser descendiente de don Ignacio Zayas Bazán, que había sido presidente de la Audiencia de Santo Domingo, allá por los años de 1627. Pero ante la oposición de un viejo y la ilusión de unos jóvenes se impone lo segundo.

Ya se les ve pasear del brazo por la calle de Plateros o la calzada de la Alameda al joven cubano y a la bella criolla de altivo porte. De aquellas visitas a su casa, de aquellos paseos vespertinos, de las cenas en el Tívoli de San Cosme, la belleza de Carmen y la cadencia de su voz tropical van ganando el corazón del joven poeta.

Ya la Padilla se da cuenta de cierto abandono de Pepe, lo que ocasiona entre ambos escenas de celos. Carmen le recrimina también su asistencia al teatro. Surgen en el romántico enamorado las dudas, y éstas acrecientan el amor.

Pero a principios de mayo Martí enferma nuevamente. Aquel mal que adquiriera en las Canteras de San Lázaro le ocasiona frecuentes infartos ganglionares de la ingle, y algunas fiebres, por lo cual había tenido que atenderse en tres ocasiones en España. Ha recaído nuevamente; una tras otras se suceden las fiebres y el delirio, que cuando ceden lo dejan débil y agotado. Es la sarcoidiosis que ya no le abandonará nunca, e irá minándole y debilitándole lentamente.

Como la enfermedad se prolonga, el 9 de mayo se publica en la *Revista*: "José Martí.— Este querido compañero nuestro se encuentra postrado en el lecho del dolor a causa de una grave enfermedad que recogió en la prisión cuando fue encarcelado por haber defendido a su Patria. Tenemos confianza en los médicos que lo atienden, y dentro de poco volverá la *Revista* a engalanarse con sus producciones."

Y el día 14 en *El Eco de Ambos Mundos*. "D. José Martí. Este apreciable redactor de la *Revista* está notablemente aliviado, según nos asegura. Nos alegra mucho."

Pero el 16, en la sección de *Gacetillas*, página 3 de *El Federalista* leemos: "Una Operación Dolorosa— tuvo que sufrir el Sr. Martí, pero la soportó intrépidamente, y ya está fuera del lecho del dolor. Nuestros más hiperbólicos plácemes."

Al día siguiente, el 17, la *Revista* manifestaba que "Por enfermedad de nuestro compañero Martí, encargado en nuestro periódico de las crónicas del Teatro Principal, José Negrete tomará a su cargo el juicio crítico de la pieza."

El médico que lo atendía era el notable cirujano Francisco Montes de Oca, quien le operó con éxito y pronto entra en un periodo de larga convalecencia. Posteriormente, cuando se encuentra en vías de recuperación, Martí agradece en una nota impersonal titulada "Honrosa semblanza", publicada en la *Revista*, las atenciones que para él tuviera dicho médico:

Nuestro compañero Martí, entre otros, le debe muy especial gratitud, y se alegra de tener una ocasión de hacerla pública. A la solicitud afectuosa y notable habilidad de Montes de Oca, debe una curación casi completa, obtenida merced a una oportuna operación que notables médicos de España no se decidieron a hacer, y que el doctor mexicano llevó a cabo con precisión sorprendente, tacto sumo y éxito feliz. En el alma lleva nuestro compañero estos favores.[1]

Durante el tiempo que duró la enfermedad, llegaron hasta el lecho del enfermo las misivas de Concha Padilla, las visitas de Carmen y Edelmira Borrel, que no perdía pretexto para visitarlo. Durante este tiempo, Martí ha podido pensar serenamente en el amor, y de ello, una voz cadenciosa con arrullos de trópico fue imponiéndose; sus dudas fueron despejadas y decidió terminar con Concha.

"Aquella fue un racha pasajera, que creó la fantasía en el vuelo fugaz de un pensamiento", escribió Peón Contreras. Y el 20 de mayo fecha un poema llamado:

CARMEN

El infeliz que la manera ignore
De alzarse bien y caminar con brío,
De una virgen celeste se enamore
Y arda en su pecho el esplendor del mío.

Beso, trabajo, entre sus brazos sueño
Su hogar alzado por mi mano; envidio
Su fuerza a Dios, y, vivo en él, desdeño
El torpe amor de Tíbulo y de Ovidio.

Es tan bella mi Carmen, es tan bella,
Que si el cielo la atmósfera vacía
Dejase de su luz, dice una estrella
Que en el alma de Carmen la hallaría.[2]

---

[1] J.M., "Honrosa semblanza", en *Revista Universal*, México, 13 de julio de 1876, *OC*, t. 7, p. 86.
[2] J.M., "Carmen", en *El Eco de Ambos Mundos*, México, 23 de mayo de 1876, *PCEDC*, t. II, p. 109.

Estos versos se publican en *El Eco de Ambos Mundos* el 23 de mayo, y es lo único que publicará durante ese mes.

Cuando ya convencido de su amor a Carmen brota en él como una nueva fuerza, escribe otro poema:

AVES INQUIETAS

La voz se oyó de la mujer amada,
Habló de amor con sus acentos suaves,
Y las rebeldes aves
En trémula bandada,
Las alas que su cárcel fatigaron
En mi cráneo y mi pecho reposaron,
Cual Rojo mar en los ardientes brazos.[3]

No obstante este amor, en 1876 enmudeció la lira poética de Martí. Sus versos no tuvieron la prodigalidad del año anterior, porque Carmen no fue fuente de inspiración poética.

Por aquellos días retorna a México Manuel Ocaranza. Los periódicos difunden la noticia, el 19 de mayo, J. María Stos. Coy, encargado de la Gacetilla de *El Eco de Ambos Mundos*, insertaba lo siguiente: "El Sr. Manuel Ocaranza. Este distinguido artista que, pensionado por el gobierno, fue hacer estudios a Europa, ha llegado a esta ciudad donde ocupará su curul como representante por el Estado de Michoacán. Felicitamos al Sr. Ocaranza por su feliz arribo, y al distrito que tan dignamente representa en la Cámara de Diputados de la Unión."

En *El Federalista* del sábado 20 se daba la noticia casi en los mismos términos, agregando "séale tan fácil manejar la vara de legislador, como la paleta y los pinceles".

Ocaranza se instaló nuevamente en casa de Mercado, donde tenía su estudio, y sería un grato compañero para la enfermedad y recuperación del cubano a quien unía grandes lazos afectivos.

Martí y Ocaranza simpatizaron. Un recuerdo imborrable les unía, la amistad se estrechó, y ya mejorado, Martí pasaba largas horas en casa de Mercado, en el estudio del pintor, rodeado de sus

---

[3] J.M., "Aves inquietas", en *Revista Universal*, 22 de junio de 1876, *OCEDC*, t. II, p. 110.

cuadros. Ahí debieron estar, *La flor marchita*, pintado en 1868 —y que por lo tanto no corresponde a Ana, como se ha insinuado en algunas ocasiones—, *La cuna vacía* —del cual regaló una fotografía a doña Leonor con la siguiente dedicatoria: "A la simpática buena y virtuosa señora Leonor Martí, Manuel Ocaranza"—, el boceto a crayón del perfil de Ana, que realizara en horas felices en vida de ésta, un simpático cupido que denominó *Travesuras del amor* y un pequeño paisaje de Chapultepec que obsequió a Martí y que acompañó siempre a éste, y aquel cuadro sobre el que Martí escribió posteriormente, en que "pintó, junto a un cráneo húmedo y hueco, un vaso medio vaciado de ajenjo, todo sobre un fondo verdoso. Nada podría ser más sencillo, más emocionante, real y horrible. En Leavitt hay un viejo cuadro, que recuerda este capricho del mexicano".[4] Sobre este mismo cuadro escribió Gutiérrez Nájera un poema titulado "Un cuadro", en el que dice: "¡Oh pintor de lo triste! Tu talento / Fue una estrella fugaz que aún ilumina / Ese desnudo cráneo amarillento / Y esa copa opalina. // Yo he soñado tu cuadro, y he creído / Que en él pintaste tu contraria suerte: / ¡Amabas la corona del olvido / Y el licor de la muerte!"[5]

Martí pidió a Ocaranza que pintará un retrato de Ana, del cual el pintor, con anterioridad, ya había hecho algunos bocetos, y ambos se extasiaban durante largas horas de amena charla, contemplando cómo sobre el blanco lienzo iba apareciendo el rostro amado de la hermana muerta, de la novia ausente, mientras disfrutaban las humeantes tazas de café que cariñosamente les preparaba doña Lola, la esposa de Mercado, y cuando éste llegaba, las charlas se hacían más animadas y profundas.

Otras tardes salían en compañía de Mercado. A ellos se unía algunas veces Juan de Dios Peza para pasear por la Alameda o por los solitarios senderos del Bosque de Chapultepec, donde abrían su alma a las confidencias.

Martí gozaba de aquella armoniosa y fraterna amistad con Ocaranza y Mercado, pero no sólo les unía una comprensión familiar o artística, sino simpatías políticas y la causa liberal y lerdista.

---

[4] J.M., "Los viejos maestros en Leavitt", *OC*, t. 19, p. 285.

[5] Manuel Gutiérrez Nájera, "Un cuadro", citado por Fernando Tola de Habich, 'El cuadro de Ocaranza y el sueño de Gutiérrez Nájera", en *El Mundo Literario Ilustrado*, t. III, 1892, p. 254.

En septiembre, con motivo de la designación del gabinete, se organiza un banquete eminentemente político en el cual toman la palabra, entre otros oradores, Manuel Mercado, Manuel Ocaranza y el presidente Lerdo, así como el militante liberal comprometido, José Martí, uno de los cuatro periodistas que fueron invitados al banquete.[6]

El 19 de septiembre la *Revista Universal* publica la crónica detallada de "El banquete del domingo", en un "largo y fervoroso artículo" que Estrade considera escrito por Martí.[7]

Días después, al leer en un periódico las condiciones en que se trasladaban los presos a Yucatán, y como esto le duele en carne propia, en la *Revista* del 24 de septiembre aparece esta pequeña nota:

CADENAS Y GRILLOS

Indignados ponemos la pluma sobre el papel.
¿Es verdad, como dice un colega, que los criminales deportados a Yucatán llevan en los pies grillos y cadenas?
¿No hay un artículo constitucional que lo prohíbe?
¿No han estado nunca presos los que esta crueldad mandan?
Convendría que los jueces visitasen de vez en cuando en calidad de presos las prisiones.[8]

Es por estas fechas cuando el gobierno de Lerdo de Tejada, a través de Mercado y Villada, ofrece a quien así lo defiende y tanta lealtad le ha demostrado el puesto de secretario del Gobierno del estado de Puebla. Pero Martí, cuya misión no es de estas tierras, ni utiliza su pluma para subir escaños, a pesar de sus necesidades económicas declina agradecido el ofrecimiento.

---

[6] Paul Estrade, *op. cit.*, p. 149.
[7] *Idem*.
[8] J.M., "Cadenas y grillos", en *Revista Universal*, 24 de septiembre de 1876; puede encontrarse también en *Revolución y Cultura*, núm. 125, La Habana, enero de 1983, p. 12.

VII. COMUNIDAD DE EMIGRADOS

Las inquietudes políticas de México, aunadas a sus intereses patrióticos, unían más a toda esa pléyade de emigrados cubanos, que se frecuentaban constantemente para dar salida a sus angustias, nostalgias y proyectos, bajo la protección y consejo del influyente Santacilia, y se reunían principalmente en casa de don Nicolás Domínguez Cowan, que vivía en el número 13 de la primera calle de San Francisco, en los altos de la casa donde se encontraba la *Revista Universal*. Esto permitía a Domínguez Cowan estar en mayor contacto con Martí, así como con el licenciado Nicolás Azcárate que habitaba en el Hotel Iturbide, otro sitio de reunión de los cubanos. Para esas fechas Martí se había labrado un prestigio entre sus compatriotas, pues había venido a dar nuevos impulsos a su lucha.

Domínguez Cowan tenía una posición desahogada; vivía de sus rentas, entregado a sus aficiones literarias y al juego de ajedrez; con él se reunía el licenciado Andrés Clemente Vázquez, cubano también, colaborador de los principales diarios y ajedrecista consumado, que acababa de fundar un periódico dedicado al ajedrez llamado *La Estrategia Mexicana*. Una noche, según refiere Clemente Vázquez en su libro *En el ocaso*,[1] Cowan reunió en su casa a distinguidos ajedrecistas; entre éstos se encontraba Martí, quien se enfrentó a un niño de siete años, Andrés Ludovico Vieca, considerado por entonces un portento en el ajedrez, en relación con su edad, y que derrotó a Martí al término de cuarenta y siete jugadas.

En otras ocasiones, las bancas de la Alameda, de los teatros, o del Hotel Iturbide, a donde acudía con frecuencia Martí a buscar a Azcárate, eran el campo de sus discusiones. Azcárate, que acababa de llegar de España, se ganaba ahora su vida de desterrado como gacetillero en *El Eco de Ambos Mundos*, y era frecuente verlo en

---

[1] Andrés Clemente Vázquez, *En el ocaso*, La Habana, s.e., 1898. Véase además Núñez y Domínguez, *op. cit.*, p. 297.

frecuentes polémicas con Martí sobre política o literatura; a ellos se unía don Antenor Lescano, quien también colaboraba en el mismo diario y había publicado un periódico de agricultura denominado *El Cultivador*, y que además ocupó el puesto de profesor de la Escuela de Agricultura. Ocasionalmente se reunía con ellos el poeta Alfredo Torroella, quien llevaba ya siete años de vivir en México y se había casado con una dama mexicana. Radicaba en Matamoros, Tampa, desde donde estaba en contacto con sus colegas de la capital, y ya muy enfermo, venía a ésta, donde era auxiliado por Domínguez Cowan. Éste había recibido el nombramiento de agente de la Junta Revolucionaria Cubana de Nueva York, y trabajaba infatigablemente por la libertad de Cuba, por lo que su casa era el centro de reunión de los emigrados cubanos.

El 26 de abril de 1876, Ramón Roa, secretario de Relaciones Exteriores del presidente Estrada Palma, había dispuesto la creación de un registro en el cual deberían empadronarse todos los cubanos emigrados que aspirasen a ser inscritos como ciudadanos de la república. El registro se llevaría a cabo en la agencia general de Nueva York. En él se consignarían, "además de los nombres respectivos, los servicios que hubiesen prestado, bien formando parte de las expediciones militares, o sus auxilios con dinero o elementos de guerra o efectos útiles, bien desempeñando cualesquiera comisiones por orden directa o indirecta de los agentes oficiales del Gobierno".[2]

La respuesta no se hizo esperar. Según consta en el borrador de una carta de Miguel Aldama, que ocupaba en los Estados Unidos el cargo de agente general del gobierno de la República de Cuba, sabemos que con fecha 30 de junio, en una carta colectiva habían solicitado su inscripción Nicolás Domínguez Cowan, José U. Carbó, José Martí, Máximo du Bouchet y Mendive y el doctor M. Galán, y que según la solicitud que presentaron, "han sido inscriptos los nombres de Vds. en el registro de ciudadanos cubanos abierto en esta Agencia por disposición de nuestro gobierno..."[3]

---

[2] Enrique H. Moreno Pla, "¿Conspiró Martí en México?", en *Patria*, núm. 4, La Habana, abril de 1976, p. 1.

[3] Véase el exhaustivo estudio de Ibrahim Hidalgo Paz, "José Martí y una posible expedición desde México", en *Incursiones en la obra de José Martí*, La Habana, Centro de Estudios Martianos/Editorial Ciencias Sociales, 1989, p. 87.

¿Cuáles eran las actividades políticas de Martí, al margen de su labor periodística, si es que las hubo? Se sabe, según las exhaustivas investigaciones de Ibrahim Hidalgo, que por aquella época existía un plan de los hermanos Manuel y Rafael de Quesada, según el cual "se concebía [un ataque] de acuerdo con el presidente Sebastián Lerdo de Tejada, quien pondría a disposición del empeño unos mil hombres armados, entre jefes, oficiales, asistentes y soldados del ejército mexicano" para trasladarse a Cuba. "Para el adelanto de los preparativos, Manuel propuso ir a México, donde pediría su alta en el ejército de este país, y a la vez, solicitaría que lo comisionaran para organizar un regimiento en Yucatán."[4]

Un año antes, en 1875, había estado en México el general Manuel Quesada, tratando de preparar la expedición.[5] ¿Desempeñó Martí algún papel en todo esto? Lo ignoramos, pues sólo hay una cita de Gonzalo de Quesada y Aróstegui en *Patria*, de Nueva York, correspondiente al 9 de julio de 1892, en que expresa: "No hemos de decir ahora que en México [Martí] organizó una brillante expedición que fracasó por causas tristes de recordar."[6] Hasta el momento no se han encontrado datos confirmatorios de esta aseveración.

Unidos por sus cuitas de exilados, los cubanos de México aún tenían tiempo para ayudarse, como se observa en una carta que Martí, aún enfermo, dirige a Domínguez Cowan, el 18 de julio de 1876, para recomendarle a su "amigo y compañero de destierro, el médico cubano Rafael Pino", y que Cowan le indique los trámites necesarios "para hacer valer en México su título, y de lo que aquí le sería más conveniente hacer".[7]

A pesar de la difícil situación política, Martí tiene oportunidad de defender la causa cubana, en relación con un artículo "La insurrección cubana", publicado el 16 de agosto en *La Colonia Española*, periódico del recalcitrante hispanista Adolfo Llanos Alcaraz, quien recientemente había publicado otro artículo titulado "No vengáis a América", en el que consideraba a los países liberados como peor gobernados que en tiempos de la Colonia, y se expresaba

---

[4] *Ibid.*, p. 93.
[5] *Idem.*
[6] Gonzalo de Quesada y Aróstegui, "El Delegado y el tesorero del Partido", en *Patria*, Nueva York, julio de 1892.
[7] J.M., carta a Nicolás Domínguez Cowan, México, 18 de junio de 1876, *Epistolario*, t. I, p. 54. Véase también *OC*, t. 20, p. 256.

en términos ofensivos para todos los pueblos de la América hispana. Esto motivó la justa indignación de varios periodistas mexicanos, quienes reunieron el pasaje de Llanos Alcaraz de regreso a España, cosa que éste no hizo, como ocurre con tantos que reniegan del país que los acoge con cariño y del que hablan con ingratitud constante.

Llanos —que acababa de regresar de los Estados Unidos con un ejemplar del diario neoyorquino *The Sun*— iniciaba su artículo sobre la sublevación cubana diciendo: "Después de la decepción que hizo sufrir a los *mambises* el aborto de la expedición de Aguilera, Rafael Quesada y otros, nada peor podía haberles sucedido que lo que dice *The Sun*."[8] También hablaba de la poca importancia que se había dado en el país del norte a la independencia de Cuba, ya que durante la celebración del 4 de julio ni uno solo de los oradores "al elogiar el heroísmo de sus antecesores había tenido una palabra de simpatía para la pobre Cuba", y a continuación transcribía íntegro el artículo de *The Sun* que había tomado como pretexto

El 19 de agosto, en las páginas de la *Revista*, aparece la respuesta de Martí. "Los cubanos en el Centenario Americano" en donde se refutan las afirmaciones de *The Sun* y se contraponen con lo expresado en otros diarios:

> De Masonic Hall salió la procesión cubana, compuesta de 600 cubanos [...] llevando unos la bandera que enarboló en Cárdenas el año 1850 el general Narciso López [...] Banderas, estandartes, transparentes y escudos animaban alternando aquella numerosa procesión [...] No aplausos, ovaciones recibían los atributos de la heroica Antilla por su largo tránsito: ¿qué menos merece la sangre que derrama con valor un pueblo libre, que los vítores de afecto y de amor de un pueblo hermano?[9]

Como *La Colonia*, en su número del 28 de agosto, responde al artículo de Martí diciendo entre otras cosas que los cubanos se hacían ilusiones, éste responde desde las páginas de la *Revista* el 8 de septiembre:

---

[8] J.M., "Los cubanos en el Centenario Americano", *OCEDC*, t. I, p. 271, n. 1.
[9] *Ibid*., p. 272.

Debo a *La Colonia* una respuesta desde hace buen número de días: la exigente política ha tomado para sí todas las columnas de este activo diario, y a mí no me ha sido dado hasta hoy contestar al periódico español. [...] ¡Que nos hacemos ilusiones! Ilusiones se hacen los que niegan a los hombres el hermoso derecho de conmoverse y admirar. // No deduzco yo de los vítores, que sean reconocidos por los Estados Unidos los derechos cubanos: tengo fe en que el martirio se impone, y en que lo heroico vence. Ni esperamos su reconocimiento, ni lo necesitamos para vencer. [...] A tener conciencia de sí misma, enrojeceríase el acta de 4 de Julio de 1776 viéndose olvidada por sus hijos de cien años; tal parece que aquella acta fue escrita para nuestros dolores y nuestra justificación, y esta se nos niega y aquellos son desconocidos por los mismos que merced a ellos se alzaron pueblo libre de la atormentada colonia de Inglaterra.[10]

Como en otra parte del artículo de *La Colonia* se afirmaba que no se vio en los Estados Unidos una sola "banderita" cubana, Martí responde airado:

No *banderita*, bandera! No pueblo imbécil que soporta un yugo más imbécil que él; pueblo altísimo que impone a los valientes, amigos o enemigos, respeto, amor y asombro. Dignísima bandera que cobija a un pueblo que cuenta siete años de grandezas; que tiene héroes activos, y mártires errantes; a la que sobran brazos que la empuñen; que para ser más respetada es más infortunada; que para durar más tiempo, tarda más tiempo en desplegarse.[11]

Así defendía Martí en tierra azteca la libertad de su patria, pues había encontrado plena libertad de expresión y la compresión para su causa en la tierra de Juárez.

Cualquier triunfo de algún cubano le enorgullecía, como se aprecia en su último poema fechado en México, en agosto de 1876, publicado en la *Revista Universal*, "A Rosario Acuña (poetisa cubana, autora del drama *Rienzi el Tribuno* recientemente laureado en Ma-

---

[10] J.M., "A *La Colonia Española*", OCEDC, t. I, p. 274.
[11] *Ibid.*, p. 276.

drid)". Al saber el triunfo de la que considera su compatriota,[12] Martí no puede contenerse y escribe un verso abundante en contradicciones que es, a la vez, aplauso y reproche, canto a España y amor a Cuba:

> Espíritu de llama,
> Del Cauto arrebatado a la corriente,
> Ansioso de aire, libertad y fama:
> Espíritu de amor, trópico ardiente
> De Anáhuac portentoso,
> Oye el aplauso que en mi voz te envía
> Al hispánico pueblo, el más hermoso
> Que mares ciñen y grandeza cría
> [...]
> ¿Cómo, cuando Madrid te coronaba,
> Hija sublime de la ardiente zona,
> Sin Cuba allí, no viste que faltaba
> A tu cabeza la mejor corona?
> [...]
> Y truecas a tu hermoso Santiago
> Por el rudo Santiago de Galicia?
> [...]
> ¡Oh, vuelve, cisne blanco,
> Paloma peregrina.
> Real garza voladora;
> Vuelve, tórtola parda,
> A la tierra do nunca el sol declina,
> La tierra donde todo se enamora;
> Vuelve a Cuba, mi tórtola gallarda![13]

No escribió más versos, quizás porque estaba convencido, como aconsejara a Herberto Rodríguez, de que "la voluntad no debe preceder a la composición poética: ésta debe brotar, debe aprovecharse su momento, debe asírsela en el instante de la brotación: lo demás fuera sujetar el humo a formas".[14]

---

[12] Rosario Acuña había nacido en España. Véase J.M., *OCEDC*, t. II, notas 1 y 2 sobre Rosario, pp. 122-123.
[13] J.M., "A Rosario Acuña", *PCEDC*, t. II, pp. 110-112.
[14] J.M., "La poesía", en *El Federalista* (edición literaria), México, 11 de febrero de 1877, *OC*, t. 6, p. 368.

VIII. LA TORMENTA

La situación política se hacía más álgida; el 24 de junio se celebraron las elecciones, con la ausencia de la oposición, que se negó a concurrir a las urnas por considerarlas inútiles. *La Voz de México*, en su número del 1 de julio, decía en su editorial. "No quisimos ser objeto de burla de nuestros contrarios, ni estábamos dispuestos a cooperar con la farsa de costumbre."

El 26 de octubre Lerdo es declarado reelecto para el periodo del 1 de diciembre de 1876 al 30 de noviembre de 1880, lo que motiva que José María Iglesias, presidente de la Suprema Corte de Justicia, desconozca la reelección de Lerdo y otros legisladores, pues considera que se había violado el orden constitucional; renuncia a su puesto y parte a Toluca donde inicia un plan revolucionario. De ahí continúa a Salamanca, donde en vista de su condición de presidente de la Corte y vicepresidente de la República, se autonombra presidente interino, forma un gabinete y nombra a Guillermo Prieto secretario de Gobernación, a Francisco Gómez del Palacio de Relaciones y a Felipe Berriozábal de Guerra. Le siguen Justo Sierra e Ignacio Ramírez, pero éste es inmediatamente encarcelado en compañía de los licenciados Sierra, Guzmán y García Ramírez, en un calabozo de la diputación.

Lerdo tenía ahora que combatir en dos frentes, contra Iglesias y Porfirio Díaz, quien el 16 de noviembre derrota en la batalla de Tecoac al general Alatorre, que mandaba las fuerzas del gobierno. Lerdo se desmorona, sus amigos lo abandonan, y cunde la anarquía. El héroe de la Carbonera se hace dueño de la situación.

Entre los escritores de la *Revista* habían surgido también las deserciones; Guillermo Prieto abandona la causa lerdista y junto con él, Justo Sierra, Franz Cosme y otros. La *Revista* los acusa de "que habían sido a última hora los primeros en abandonar la legalidad para denigrarla y traicionarla".

Desde las páginas de *El Federalista*, y seguido por *El Monitor Republicano*, Gerardo M. Silva toma la defensa de éstos contra los ataques de la *Revista* y *La Ley Fundamental*, sin que falten las alusiones a Martí:

> Por qué se separan de su camino la *Revista* y *La Ley* manchándose sus redactores, muy buenos todos, honrados todos, muy desgraciadamente apasionados y ciegos todos, manchándose con el lodo que pretenden arrojar a frentes como la de Justo Sierra, una de nuestras más puras glorias literarias; como la de Guillermo Prieto, que, recuérdenlo Pepe Martí, y Pepe Negrete y Vicente Villada, nos dirigía no hace 14 meses, con cariñosa solicitud, en nuestros diarios trabajos periodísticos, endulzando con sus palabras de miel la amargura de nuestras tristezas o de nuestras penurias.[1]

Todo esto entristece a Martí, por que ve alejarse a sus amigos y porque éstos lo obligan a tomar partido en medio de tantos afectos. El 18 de noviembre la *Revista* contestó a Silva con una respuesta sin firma, que según Carrancá pudo ser redactada por el propio Martí, y que, por lo menos, fija de modo indudable su situación personal en aquellos momentos:

> De los redactores de la *Revista*, unos no harían jamás una ofensa, porque no está en su carácter ofender: otros más jóvenes, más exaltados, más lastimados reclaman el derecho, que sostiene cada uno con su firma [...] Tres nombres cita Gerardo Silva, y a ellos invoca, Villada, editor del periódico, deja a sus redactores en absoluta libertad de acción; amigo leal, se duele del extravío de sus amigos [...] Nada ha escrito Negrete que ofenda a un hombre a quien sinceramente estima. En cuanto a Martí, por decoro, por respeto a su condición de no nacido —que no es lo mismo que extranjero— en México, y por su carácter, ni ha ofendido ni ofenderá a los que como inteligencias [y] estima; aunque leal y completamente acepta los riesgos de una situación en cuya legalidad, buena·fe y conveniencia pública cree: la hora de la lealtad debe ser siempre la hora del peligro.[2]

[1] Carrancá y Trujillo, *op. cit.*, p. 108.
[2] *Ibid.*, p. 109.

El énfasis, el tono, la virilidad de su defensa sin claudicar, así como la aceptación de los riesgos, no nos dejan duda que se deba a la pluma de Martí.

Al día siguiente, el 19, la *Revista Universal* publica su último número y sin una nota de despedida cierra sus puertas. El día 21, sin renunciar a la Presidencia, don Sebastián Lerdo de Tejada abandona la capital, en medio de canciones satíricas que parodiaban "La paloma":

> Los pobres palaciegos
> arreglan su equipaje,
> y listos para el viaje
> nos dicen que se van.
>
> Que se vayan a otra parte
> en busca de tomines;
> adiós ¡oh malandrines!
> Adiós, don Sebastián.

Acompañado de sus ministros, Romero Rubio, Escobedo, don Juan José Baz, Francisco Mejía y Vicente Villada, en penosa odisea Lerdo partió rumbo al estado de Michoacán, y de ahí hacia Acapulco, donde se embarca hacia el exilio.

De esta manera, Porfirio Díaz, que gobernará durante treinta años de férrea dictadura, entra el día 23 de noviembre con repique de campanas en la capital de la república, enarbolando la bandera de la no reelección. Todos los periódicos que sostenían a Lerdo de Tejada desaparecieron y quedó sólo *El Federalista*, dirigido por Alfredo de Bablot; muchos periodistas fueron presos o tuvieron que esconderse, en tanto que de la *Revista*, hasta su nombre fue borrado del lugar donde se publicaba.

Mientras el pueblo celebra enardecido, entre cohetes y repiques de campana, la entrada de las fuerzas porfiristas, Martí, en previsión de represalias contra quienes habían defendido a Lerdo, se encontraba escondido en casa de Domínguez Cowan, en los altos del mismo edificio donde estuvieron las oficinas de la *Revista*. Nada tenía que temer Martí. Muchos de sus antiguos amigos, los intelectuales, son ahora el brazo derecho del caudillo y lo defienden.

El día 26 de noviembre, al no llegarse a ningún avenimiento con

Iglesias, quien insiste en la legalidad de su gobierno, "Porfirio Díaz se autonombra jefe del Poder Ejecutivo de la República, toma posesión del Gobierno de la República y designa un gabinete, designando a Vicente Riva Palacio en Fomento, Ignacio L. Vallarta en Relaciones, Pedro Ogazón en Guerra y al licenciado Ignacio Ramírez al frente del Ministerio de Justicia e Instrucción Pública".[3] "Una vez más —escribe Altamirano— como ya había acontecido en otras ocasiones, el Nigromante pasaba de la prisión al poder."[4]

Una etapa se cerraba y una nueva se abría en la vida de Martí. Su situación se complicaba; en lo económico era difícil, en lo familiar, peor. Además de las carencias pecuniarias, su hermana Antonia enfermó del corazón, y ante el temor de que corriera la suerte de Ana, sin que podamos precisar la fecha, Antonia y doña Leonor regresan a Cuba, probablemente en los primeros días de diciembre. Permanecen en México don Mariano, la Chata, Carmen y Amelia, los que se cambian a habitar al edificio que ocupara la *Revista*, en una de las viviendas interiores, situada en el entresuelo del piso que ocupaba la familia Cowan.

Martí ya no encuentra el clima propicio para vivir en México. No se siente tranquilo en un país en el que ha estado contra el gobierno, porque en lo más profundo de su ser, siente angustia: "con un poco de luz en la frente, no se puede vivir donde mandan los tiranos".

Martí se encuentra pobre, no ha logrado forjarse un porvenir definido, ha rechazado un puesto político, su familia vive humildemente y esto le ata las manos; teme que sus hermanas también enfermen. Además está Carmen, el amor, sus anhelos matrimoniales, que lo obligan a buscar algo más positivo que le permita su unión con la mujer amada. Ha oído hablar de Guatemala como una tierra en la que puede abrirse paso con facilidad, y la inquietud comienza a apoderarse de él; ve a la tierra del quetzal como una esperanza en su futuro, y el deseo de partir principia a anidar en su mente con carácter imperioso.

Indudablemente, don Ramón Uriarte, ministro de Guatemala en México, es quien más influye en esta decisión que a Carmen parece

---

[3] *Historia general de México*, México, El Colegio de México, 1988, t. 2, pp. 925-930.
[4] Ignacio Manuel Altamirano, "Biografía de Ignacio Ramírez", prólogo a las *Obras de Ignacio Ramírez (el Nigromante)*, México, Editora Nacional, 1960, p. LVIII.

no desagradarle. Uriarte frecuentaba las mismas tertulias literarias a las que acudía Martí. Al conocerse, y el afán común por la literatura los une; Uriarte había publicado en 1873 la *Galería poética centroamericana*, dos tomos que reunían las más selectas poesías de los mejores poetas centroamericanos. Uriarte, que gozaba de gran influencia en Guatemala, recomienda ampliamente a Martí. "Ahí encontrará grata acogida, Pepe, no dude Ud.", y le asegura y promete "que tendrá desde el primer momento la situación holgada que procura, las cátedras son fáciles, y las privadas abundan. La reválida [de su título] es sencilla, y la hará en una semana". Ante tan bello panorama, Martí ya siente que Guatemala le llama.[5]

---

[5] David Vela, *Martí en Guatemala*, La Habana, Imprenta Mundial, 1953, p. 121.

IX. EN *EL FEDERALISTA*

Desaparecida la *Revista*, en *El Federalista* se acoge a Martí con cariño. ¿Pero cómo escribir en condiciones semejantes, acallando sus pensamientos? Por aquellos días Martí lee el programa de la Liga de los Independientes, redactado por el puertorriqueño Eugenio María Hostos, "cuyo objeto sería trabajar material, intelectual y moralmente en favor de la independencia de Cuba y Puerto Rico, hasta conseguir su total separación de España y su indiscutible existencia como naciones soberanas".[1] El manifiesto encuadra con el momento que se vive; entonces Martí escribe un artículo que titula "Catecismo democrático", el cual se publica en dicho periódico el 5 de diciembre:

> Así, al caso —escribe Martí—, tomamos de Hostos un párrafo que acabamos de leer, y ese párrafo es éste que acaso pueda tener algunas analogías con nuestra situación. "El Imperio democrático que desde César Augusto hasta Napoleón III ha tratado de combinar dos principios antagónicos, no porque haya entre ellos antagonismo lógico, sino porque están aplicados con falacia y con maldad, destruye el principio democrático porque sustituye un pueblo por un hombre, y destruye el principio de autoridad de la ley e imperio de la ley, porque hace legislador, ejecutor y juez a un supuesto delegado del poder popular..."

Transcrito esto, manifiesta:

> Claro es que no copiamos esto porque venga precisamente a cuento, ni porque tengamos ni podamos tener en México

---

[1] Véase Manuel Maldonado Denis, "Martí y Hostos: paralelismos en la lucha de ambos por la independencia de las Antillas en el siglo XIX", en *Anuario del Centro de Estudios Martianos*, núm. 3, La Habana, 1980, pp. 186-187.

imperio democrático, pero en tiempo de convulsiones políticas, nunca está de más la palabra que recuerde cómo el principio de soberanía, que es la expresa e incontestable voluntad de todos, es el único que puede ya regir a un pueblo como el nuestro, habituado a ejercer con energía y sin contradicción su voluntad.[2]

En la misma tónica, el día 8, en *El Federalista*, transcribe el discurso que Simón Bolívar pronunciara ante el Congreso de Colombia el 3 de octubre de 1821.

Señor:

El juramento sagrado que acabo de prestar en calidad de Presidente de Colombia, es para mí un pacto de conciencia que multiplica mis deberes de sumisión a la ley y a la Patria. [...] Yo siento la necesidad de dejar el primer puesto de la República al que el pueblo señale como al jefe de su corazón. Yo soy el hijo de la guerra: el hombre que los combates han elevado a la primera magistratura [...] Esta espada no puede servir de nada el día de la paz, y ese debe ser el último de mi poder; [...] *porque no puede haber República donde el pueblo no esté seguro del ejercicio de sus propias facultades.* Un hombre como yo, es un ciudadano peligroso en un gobierno popular: es una amenaza inmediata a la soberanía nacional. Yo quiero ser ciudadano para ser libre y para que todos lo sean. Prefiero el título de ciudadano al de Libertador, porque éste emana de la guerra y aquél emana de las leyes. Cambiadme, señor, todos mis dictados por el de *buen ciudadano*.

El estilo en que escribe permite identificar a Martí como el anónimo articulista. Dice en su comentario final:

Así dijo Bolívar, el hombre águila y rayo, el que abatió montes, humilló continente, rindió pueblos y unió ríos [...] cuando juró ante el congreso de Colombia cumplir y hacer cumplir enérgicamente la Constitución. // No sabemos por qué nos ha

[2] J.M., "Catecismo democrático", *OCEDC*, t. II, p. 282.

parecido este discurso, artículo sin precio para las presentes circunstancias; los militares deben tributar admiración a aquel militar extraordinario: los dictadores deben tomar lección y ejemplo de aquel ilustre Dictador. // Nos parece que será oída con gusto y con respeto la palabra del colaborador grandioso de *El Federalista*.[3]

De esta inteligente manera continuaba Martí su combate por la libertad y contra la tiranía porfirista. Como revolucionario nato, no se rendía.

No podía faltar la nota romántica; con motivo del cuarto año del fallecimiento del poeta suicida Manuel Acuña, "en un día como éste, que una cobardía no es un derecho", el 6 de diciembre Martí escribe un emotivo artículo titulado "Manuel Acuña", en el que si bien se refiere a un poeta muerto, nos lega un autorretrato de su carácter. "Un himno a la vida es cada párrafo", escribe Lizaso;[4] pero también un raudal de energía, de fe en el hombre, una orientación para los que tiemblan y dudan, un modo de encontrarse a sí mismo, un tratado de ética martiana:

¡Lo hubiera querido yo tanto, si hubiese él vivido! Yo le habría explicado qué diferencia hay entre las miserias imbéciles y las tristezas grandiosas; entre el desafío y el acobardamiento; entre la energía celeste y la decrepitud juvenil. Alzar la frente es mucho más hermoso que bajarla; golpear la vida es más hermoso que abatirse y tenderse en tierra por sus golpes.

¡Acaso él mismo se había quemado en la misma llama y salido indemne! Lo siente como un hermano...

cuyo delito fue un desequilibrio entre la concepción y el valor [a quien] habría acompañado, en las noches de mayo, cuando hace aroma y aire tibio en las avenidas de la hermosísima Alameda [...] habríamos juntos visto cómo es por la noche más extenso el cielo, más fácil la generosidad, más olvidable la

---

[3] Herrera Franyutti, "Martí en *El Federalista*", art. cit., apéndice a la segunda parte, p. 12; J.M., *OCEDC*, t. II, pp. 285-286.
[4] Félix Lizaso, *Martí místico del deber*, México, Losada, 1952, p. 122.

amargura, menos traidor el hombre, más viva el alma amante, más dulce y llevadera la pobreza. [...] Yo sé bien qué es la pobreza: la manera de vencerla. Las compensaciones son un elemento en la vida.

Y al recordar cuánto luchó por arrancarse el amor de Rosario, cuyas fogosas cartas le quemaron el alma, manifiesta:

> Le habría yo enseñado cómo renace tras rudas tormentas, el vigor en el cerebro, la robustez y el placer en el corazón [...] Si la fortuna nos produjo en accidentes desgraciados, la gloria está en vencer, y la generosidad en dar lección a la fortuna [...] Hoy lamento su muerte: no escribo su vida; hoy leo su *nocturno* a Rosario, página última de su existencia verdadera, y lloro sobre él, y no leo nada. Se rompió aquella alma cuando estalló en aquel quejido de dolor.

Y ya que ha mencionado a Rosario, sigue:

> ¡Oh! La limpieza del alma: he aquí una fuerza que aun es mejor compañera que el amor de una mujer. A veces la empaña uno mismo, y, como se tiene una gran necesidad de pureza, se mesa uno los cabellos de ira por haberla empañado. Tal vez esto también mató a Manuel Acuña; ¡estaba descontento de su obra y despechado contra sí! No conoció la vida plácida, el amor sereno, la mujer pura, la atmósfera exquisita. Disgustado de cuanto veía, no vio que se podían tender las miradas más allá.[5]

Qué velada alusión hace ahora de Rosario, al hablar de "la mujer pura", a la cual no conoció. ¿Acaso considera impura a "su lealísima amiga"? "Su delirante imploración ante Rosario fue un momento de debilidad que ha estado pesándole como una culpa. Fieramente se reivindica, en su misma reivindicación del poeta suicida", escribió Lizaso.[6]

---

[5] J.M., "Manuel Acuña", *OC*, t. 6, pp. 369, 370-371.
[6] Lizaso, *op. cit.*, p. 299.

Pero la guerra no ha terminado. Como Díaz no se pone de acuerdo con José María Iglesias, presidente de la Suprema Corte de Justicia, quien insiste en que a él le corresponde constitucionalmente la Presidencia interina y no reconoce a Porfirio Díaz, éste le cede el poder al general Méndez, y al frente de doce mil hombres marcha a combatir a Iglesias.

Martí escribe:

> ¿Conque al fin es verdad? ¿Conque se vuelven a matar los mexicanos? ¿Conque se ha violado una tradición, derrocado a un gobierno, ensangrentado un año a la patria, para volver de nuevo a ensangrentarla, para desacreditarnos más, para ahogar en germen el adelanto que alcanzábamos y el respeto que se nos iba teniendo, para hacernos más imposibles a nosotros mismos todavía? // ¿Y qué mueve esos ejércitos? ¿quién carga esos fusiles? ¿quién lleva a la muerte a esos hombres robustos que van la campaña del brazo de sus mujeres, indiferentes y serenos, con sus hijuelos palmoteando y meciéndose sobre las mochilas? [...] Es que una facción quiere a toda costa levantar a su caudillo a la presidencia definitiva de la república; es que una falange de partidarios azuza a su jefe y le extravía; es que un grupo de voluntades desordenadas han hecho garra en el corazón destrozado del país.

Luego sentencia: "Una revolución es necesaria todavía: la que no haga Presidente a su caudillo, la revolución contra todas las revoluciones: ¡el levantamiento de todos los hombres pacíficos, una vez soldados, para que ni ellos ni nadie vuelvan a serlo jamás!"[7]

Da la impresión que en este canto doloroso al pueblo, Martí hubiese querido rendir su homenaje al país que lo había asilado durante dos años, y a la raza que ve morir víctima del despotismo de un hombre. En este artículo de valor universal, el cubano alza su voz contra todas las tiranías, contra el militarismo, y se duele del pueblo que ve partir a la guerra, del indio que prepara su sangre para derramarla en los campos de batalla; para él, la miseria, los ban-

---

[7] J.M., "Alea Jacta Est", en *El Federalista*, 7 de diciembre de 1876, *OCEDC*, t. II, pp. 283–284.

quetes de tortilla con chile, y el honroso derecho de ser carne de cañón de cualquiera que enarbole una bandera. Con tristeza los ve marchar al campo de batalla. "En tanto, allá van, espíritus que no lo han sido nunca, carne que dejará pronto de serlo, esos infelices defensores de la voluntad de un hombre solo, con sus mujeres a su lado, con sus hijuelos palmoteando sobre la mochila."[8]

Su indignación va en aumento a medida que crece su necesidad de denuncia, ante las arbitrariedades y detenciones del nuevo régimen. El 10 de diciembre, en un viril artículo denominado "La situación", expone con toda valentía el atropello de que han sido víctima varios de sus amigos: "Sin formación de causa, sin orden de juzgado, sin tiempo para arreglar sus asuntos, sin una explicación siquiera, han sido presos y desterrados a Querétaro los Srs. Delfín Sánchez, Manuel Sánchez Mármol, Pedro Santacilia y Felipe Sánchez Solís."

Para esto ha servido la revolución, para esto tanta sangre derramada. ¿No se acusaba de déspota a Lerdo? "He aquí las libertades restauradas. He ahí la individualidad garantizada. He ahí la Constitución restablecida. // El Plan de Tuxtepec venía a proteger la independencia de los municipios: ahí está el municipio nombrado de orden superior. // Venía a establecer la dignidad de la prensa", y ahí estaban los periódicos cerrados, los periodistas perseguidos. "¿Se vive en República y no es dable decir lo que se piensa?". Y se castigaba con penas no utilizadas por el gobierno anterior, "ni para con los servidores del imperio". Por eso Martí escribe:

> Ah! ¡cómo aparecen buenos aquellos tiempos idos, que lastimaban, algunas veces, la conciencia! ¡cómo aparecen nimios aquellos abusos que la impaciencia y la volubilidad de nuestra raza convirtieron en graves atentados! ¡cómo respetaba a la autoridad aquel tirano derrocado, y cómo la vulnera, desdeña y despedaza este plan que ha venido sobre las alas de la casualidad y la perfidia, a plegar con su peso de errores las libres, férreas alas de nuestra grande águila de México![9]

---

[8] *Ibid.*, p. 284.
[9] J.M., "La situación", en *El Federalista*, México, 10 de diciembre de 1876, y en *El Socialista*, 12 de diciembre de 1876, *OCEDC*, t. II, pp. 288-289.

Así escribía con acento patriótico el cubano con alma de mexicano, el exiliado que sabía los peligros a que se exponía, pero que era incapaz de acallar la voz de su verdad, ni hacerse cómplice de una injusticia.

X. ÚLTIMAS HORAS EN MÉXICO

Cuando ya ha decidido abandonar México, cuando ya nadie puede detenerle pues su decisión está tomada, en *El Federalista* del 16 de diciembre Martí nos lega su último artículo, verdadera página de dignidad martiana, que es todo un tratado de humanismo y virilidad política, y que titula "Extranjero". En él contesta a los que le recriminan su intervención en la política nacional, y le preguntan: "Y tú, extranjero, ¿por qué escribes?" Martí responde:

¿Por qué escribes? —Valdría tanto como preguntarme por qué pienso [...] rompe las leyes naturales el que impida al pensamiento su expresión.[...] ¿Qué trae este extranjero a la mesa donde jamás probó manjar? Trae la indignación, la gran potencia; trae una fuerza íntima que ni se busca vías, ni se prepara lechos, ni hurones conveniencias, ni razona. Los mendigos le comparan a sí mismos; los honrados le abrazan con cariño; al mendigo, un mendrugo de desdenes; —al honrado, el abrigo del amor.

Con la tranquilidad de conciencia de quien ha sabido ser digno, les arroja al rostro su verdad de hombre íntegro, de patriota, de ciudadano del mundo, y les muestra su indignación y su americanismo naciente:

La indignación, fuerza potente. Se levanta un hombre sobre la gran voluntad múltiple de todos los hombres; mi voluntad ingobernable se ve gobernada por una altanera voluntad; mi espíritu libérrimo siente contenidos todos sus derechos de libre movimiento y pensamiento [...] Y cuando yo veo a la tierra americana, hermana y madre mía, que me besó en día frío los labios, y a cambio de respeto y de trabajo, me fortificó con su calor; cuando yo veo a esta grande corriente de hombres libres, como azotados y abatidos por las calles, con su

> personalidad mustia y enferma [...] La conciencia, voz alta, se sacude; la indignación, gran fuerza, me arrebata; sonrojo violentísimo me enciende, y sube a mis mejillas ardorosas la vergüenza de todos los demás. Soy entonces ciudadano amorosísimo de un pueblo que está sobre todos los pueblos de los hombres; y no bastan los hombres de un pueblo a recibir en sí toda esta fuerza fraternal.

Y continúa expresando sus verdades y la indignación surgida de su alma:

> ¡Humanidad, más que política! ¡Indignación, más que miseria! Ésta es mi fuerza; aquélla es mi amor. Por eso me sentí como herido en el pecho, la tarde en que a la luz opaca del crepúsculo, porque el sol mismo le negaba sus luces leí aquel decreto inolvidable en que un hombre se declara, por su exclusiva voluntad, señor de hombres; por eso, cercano ya mi día de despedida, tomé amorosamente la pluma de la indignación entre mis manos, y escribí "La situación", otros artículos anteriores y otras cosas más que en la vida y sobre la vida flota fiero el misterio de la humana dignidad.

Y manifiesta para evitar distorsiones a sus actitudes:

> No reclamé ciudadanía cuando ella me hubiera servido para lisonjear mejor al poderoso; no hablé de amor a México cuando la gratitud hubiera parecido servil halago y humillante súplica; ahora que de él me alejo; ahora que de él nada espero [...] yo reclamo mi parte, me ingiero en estas penas, naturalizo mi espíritu, traigo a título mi voluntad de hombre lastimada mi dignidad soberbia de conciencia. La conciencia es la ciudadanía del universo.

Su explicación no es a quienes la piden, pues "los que son capaces de pedirla no merecen oírla". Lo hace porque:

> A México debo todo esto. Aquí fui amado y levantado; y yo quiero cuidar mucho mis derechos a la consoladora estima de los hombres. Por serlo, me yergo contra toda coacción que me

comprima; por serlo, me esclaviza y me sacude cuanto sea para otros hombres motivo de dolor. Y así, allá como aquí, donde yo vaya como donde estoy, en tanto dure mi peregrinación por la ancha tierra,... para la lisonja, siempre extranjero para el peligro, siempre ciudadano.[1]

Ya nada puede detenerle. Irá a radicar a Guatemala, pero antes necesita ir a Cuba para arreglar la instalación de su familia, que debe volver a su tierra, pues no ha podido vencer la pobreza. Pretexto subconsciente para volver a pisar la patria amada, ya que no existe necesidad lógica para que Martí realice este viaje, que le exponía a muchos peligros innecesarios. Pero el revolucionario no duerme; le era necesario volver al suelo patrio para analizar la situación en el propio terreno. En vano intentan disuadirlo de este empeño. Aún la noche última, sus amigos tratan de evitar el viaje. En vano el padre de Carmen le pide que no lo haga, y le ofrece dinero para el traslado de su familia, sin que tenga que exponerse. Martí declina la oferta con la dignidad de hombre íntegro que aspira a la mano de Carmen. "Con el alma lo hubiera recibido: —con las manos no."[2] Nicolás, que no tiene dinero en efectivo, le ofrece un bono de Cuba por valor de 250 pesos, para que con él pague a Zayas, pero Martí considera que "la mejor manera de agradecer y honrar algunos favores, es aceptarlos.—y cuando no se aceptan, no se compran".[3] Alfredo de Bablot hace igual ofrecimiento; sin embargo el dinero es aceptado a última hora de manos de Manuel Mercado, de quien recibe 50 pesos.[4] Martí hace sus maletas, y con el orgullo a salvo, templado el corazón y la amargura domada, besa a su padre y a sus hermanas con la serenidad de un hombre sencillo, estrecha en sus brazos a Manuel Mercado y, dejando una promesa de matrimonio a Carmen, se despide de México y parte hacia Veracruz, en las primeras horas del 30 de diciembre de 1876.

Antes de partir, el día 30, escribe a Domínguez Cowan una pequeña nota:

[1] J.M., "Extranjero", *OCEDC*, t. II, pp. 292-294.
[2] J.M., carta a Manuel Mercado, Veracruz, 1 de enero de 1877, *Epistolario*, t. I, p. 61. Véase también *OC*, t. 20, p. 16.
[3] *Idem*.
[4] J.M., carta a Manuel Mercado, 22 de enero de 1877, *Epistolario*, t. I, p. 65. Véase también *OC*, t. 20, p. 20.

Nicolás mi noble amigo:

Lo he pensado con gratitud y con prudencia; lo he pensado con calma largo tiempo. Mi indecisión es más patente que su nobleza, con ser esta tanta: no debo hacerlo—creería ese hombre generoso que le compre un favor esto me daña. V., caballeresco y bueno, no aplaudirá, pero no reprobará esta delicadeza brusca de quien está contento de su mala fortuna, porque halla en ella bien templadas almas.—Dan las cuatro y lo abrazo [...] No me atrevo a devolverle por mi mano el documento que con tan generosa voluntad me ofrece. Cuesta mucho ser agradecido. Perdonar, cuéstele poco.

José Martí[5]

Ese mismo día 30, mientras Martí viajaba hacia Veracruz, *El Federalista* publicó lo siguiente:

José Martí.— Nuestro amigo querido, el poeta sentido y verdadero, nuestro compañero de redacción en estos últimos días, abandona la tierra mexicana que tantos cariños le ha brindado, y marcha a Guatemala. Por fortuna su ausencia no será larga; estará lejos de nosotros por unos cuantos meses, y acaso en julio volvamos a verlo entre nosotros. Pepe, al partir, nos encargó, dijéramos adiós a sus amigos. Cumplimos su encargo, sintiendo aún la grata presión de su último abrazo.

Pero Martí no es un viajero apacible que se siente indolente a contemplar el paisaje, o que pise estérilmente la tierra en que transita, sino que todo lo que ve, en lo que vive y palpita, lo hace eternidad porque lo escribe y lo proyecta. Su viaje, sus penas y sus anhelos, nos los ha legado, y hay que seguirlo a través de sus cartas y sus apuntes de viaje.

En el camino inicia un cuaderno de apuntes, en el que va dejando además de la hermosa descripción del paisaje, sus pensamientos, sus inquietudes íntimas, sus temores.

---

[5] J.M., carta a Nicolás Domínguez Cowan, México, 30 de diciembre de 1876, *Epistolario*, t. I, p. 55. Véase también *OC*, t. 20, pp. 256-257.

De pronto, como artesa de siglos, de edades, la tierra se abre a los pies, honda, verdeada a cuartones [...] Por los cortes rojos va bajando, sujetando su aliento la locomotora [...] Se encoge el corazón de tanta hermosura. Los ojos queman. Se juntan las manos, en gracias y en plegarias. // ¿Y quiénes son los dueños de esta tierra? ¿Una raza canija, de vasta distancia entre el poder de idear y el de la voluntad,—entre el bello discurso y la bella acción?

Entonces surgen sus primeras impresiones de amor al país que abandona y que tanto ama, así como el vislumbre de la América hispana: "México crece. Ha de crecer pa[ra] defensa, cuando sus vecinos crecen pa[ra] la codicia. Ha de ser digno del mundo, cuando a sus puertas se vea librar la batalla del mundo."

Y surge su interrogante sobre los Estados Unidos y nuestra América:

¿Qué va a ser América: Roma o América: César o Espartaco? ¿Qué importa que el César no sea uno, si la nación como tal una es cesárea? ¡Abajo el cesarismo americano! ¡Las tierras de habla española son las que han de salvar en Am. la libertad! ¡las que han de abrir el continente nuevo a su servicio de albergue honrado. La mesa del mundo está en los Andes.

Parece que desde estas cumbres Martí hubiese descubierto el futuro de su América; escribía las primeras líneas de su labor americanista, pero también consigna las dudas y peligros que advierte esperan a México: "¿Y los dueños de esta tierra, la dejarán morir, decaer (caer en manos extrañas)? [...] ¿Creerán que basta morir a última hora, sin la fuerza de la vigilancia anterior, contra un enemigo más fuerte por más vigilante? ¿Qué es la capacidad de morir sin la superior de ordenar?"[6]

De aquel momento es el hermoso pensamiento, mil veces repetido, en que resume todo su amor a México: "¡Oh México querido! ¡Oh México adorado, ve los peligros que cercan! ¡Oye el clamor de un hijo tuyo, que no nació de ti! Por el Norte un vecino avieso

---

[6] Todas las citas corresponden a J.M., "México", *OC*, t. 19, pp. 21-22.

se cuaja: por el Sur &.&. Tú te ordenarás: tú entenderás; tú te guiarás: yo habré muerto, oh México, por defenderte y amarte."[7]

Si la advertencia al Norte es clara, "la referencia al Sur —escribe Ibrahim Hidalgo— señala su preocupación ante las intenciones de Guatemala de tomar una parte del territorio mexicano, pues el gobierno del general Justo Rufino Barrios había revivido el litigio por la zona limítrofe, que se mantenía sin solución desde la segunda década del siglo XIX",[8] conflicto que la prensa destacaba en aquellos días.

Al salir de Orizaba vuelve a embelesarse con el paisaje y el espectáculo sublime de aquel bello amanecer:

> Jamás vi espectáculo más bello. Coronaban montañas fastuosas el pedregoso escirro y sombrío niblo; [...] había en el cielo esmeraldas vastísimas azules, montes turquinos, rosados carmíneos, arranques bruscos de plata, desborde de los senos del color [...] Gocé así la alborada, y después vino el sol a quitar casi todos sus encantos al paisaje, beso ardiente de hombre que interrumpía un despertar voluptuoso de mujer, [...] Manuel [Ocaranza] debía copiar estos paisajes; él que siente el contraste con vigor de sol femenil, y que sabe el color del alma y el del cuerpo escribiría bien en la Naturaleza en su paleta.[9]

El 1 de enero, desde Veracruz, escribe a Domínguez Cowan una carta en que le manifiesta sus angustias calladas tanto tiempo:

> Nicolás: Su generosidad y su amistad lo merecen: ¡felicísimo año nuevo! // Mis esfuerzos han sido inútiles y mi decisión

---

[7] *Ibid.*, p. 22. En la edición anterior de *Martí en México. Recuerdos de una época*, ponía en duda que estos pensamientos hubieran sido escritos en 1876, pero las investigaciones de los últimos años nos hacen rectificar y reconocer que ya para ese año Martí poseía en germen sus ideas antimperialistas, que desarrollaría posteriormente. Véase Herrera Franyutti, "El precoz antimperialismo de José Martí", en *Memorias del Simposio Internacional Pensamiento Político y Antimperialismo en José Martí*, La Habana, Centro de Estudios Martianos/Editorial de Ciencias Sociales, 1989, p. 260.

[8] Hidalgo Paz, "Incursión en los orígenes del antimperialismo martiano", en *Incursiones en la obra de José Martí*, La Habana, Centro de Estudios Martianos/Editorial de Ciencias Sociales, 1989, p. 45.

[9] J.M., carta a Manuel Mercado, Veracruz, 1 de enero de 1877, *Epistolario*, t. I, pp. 62-63. Véase también *OC*, t. 20, pp. 17-18.

irrealizable: voy por fin a La Habana, provisto, de documentos correctamente legales, y con nombre tomado aquí a última hora [...] Vd. no sospecha mis amarguras, porque no ha tenido ocasión de conocer toda la viveza con que el dolor, en mí seco y mudo, abruma mi espíritu. Tienda V. una mirada por mi casa, y hallará V. la razón de todo: ni el pobre viejo ni las infortunadas criaturas, pueden sufrir el frío aterrador de esa pobreza. No rechacé el favor directo de V. [...] porque era una manera de aceptar indirectamente la generosa oferta de Zayas [...] No era sólo quedarme, Nicolás, ni enviar a mi familia. Mi situación era insostenible un día más [...] Para quedarse en La Habana, yo necesito dejar a mi padre colocado allí con sus graves años y su inteligencia herida necesitan [...] Julián Pérez me llamo, mi segundo nombre y apellido, que hasta yéndome en ello mi vida, no he querido ser más que lo necesariamente hipócrita [...] Un supremo encargo le hago, que de Vd. para mí sería una orden: vele por mi familia.[10]

Esa misma noche, antes de embarcar, le escribe a Mercado una emotiva carta en la cual le relata todas las vicisitudes de sus últimas horas pasadas en México, repitiendo muchos de los conceptos que le manifestara a Cowan: "Está la suerte desafiada, y pronto estará probablemente vencida:—voy al fin a La Habana, con documentos correctamente legales, y nombre de Julián Pérez, segundos nombres míos, [pues] siempre es bueno ser, aún en casos graves, lo menos hipócrita posible."

Entrando nuevamente en el terreno familiar surge la amarga confesión de tragedia íntima:

El riesgo se ha hecho para vencerlo, y voy a vencerlo.—V. sabe el espanto que azotaba, contenía y empequeñecía todos los actos de mi vida,—que helaba los movimientos en mis

---

[10] J.M., carta a Nicolás Domínguez Cowan, Veracruz, 1 de enero de 1877, *Epistolario*, t. I, pp. 59-60. Véase también *OC*, t. 20, pp. 257-258. En relación con esta y la anterior carta a Domínguez Cowan, véase la del 25 de mayo de 1893 desde Nueva York, en la que le manifiesta: "sepa que siempre recuerdo la mañana aquella en que de su casa acomodada bajó V. a la mía infeliz a impedir, con su servicio, que me fuera triste y pobre de México". *Epistolario*, t. III, p. 364. Véase también *OC*, t. 2, p. 327. Lo que confirma que en aquellos momentos, las familias de Martí y Cowan vivían en el mismo edificio.

> brazos, y en mis labios las generosas o enérgicas palabras. Es necesario darles ropa que las cubra, y buena vida que vivir; preparar su salida, colocar a mi padre, emprender este risueño y favorecido viaje a Guatemala; si todo eso logro, bienvenidos sean los riesgos graves de una prisión probable.—Se sufre un poco más; pero se ha hecho lo que se debía. [De Guatemala] ...llamaré yo a México a que amo. Llevo en mí su atmósfera y su pena, y para mí tiene grandes encantos el dolor.

Para concluir:

> Venía yo de México con los trabajos que deja en el alma ser desagradecido: gracias a V., distraje estas penas con el sabroso castellano de Santacilia, la poesía cerebral de Justo Sierra y la agreste, caliente y pintoresca dicción de Altamirano. Como venía lleno de fuerza, venía lleno de admiración [...] Y México es lógico en sus aparentes injusticias. Prepárese V. en calma, que V. ayudará mucho a la firmeza moral de este país: faltan a México virtudes, y a V. le sobran: V. siente y espera sereno todo esto que le digo [...] Son ahora las 3 de la mañana, y a las 7 embarcamos; digo adiós a este México a que vine con el espíritu aterrado, y del que me alejo con esperanza y con amor, como si se extendiera por toda la tierra el cariño de los que en ella me han querido.[11]

A partir de este momento, la constante correspondencia con Mercado irá formando un nuevo libro, póstumo, que le une a nuestra patria, y en el que aparecen muchas de las páginas más bellas y hermosas de la vida del apóstol. Allí quedaron plasmados sus anhelos, sus dudas, sus esperanzas, sus amarguras. Este epistolario que principia en Veracruz el 1 de enero de 1877 terminará en Dos Ríos el 18 de mayo de 1895, un día antes de su muerte.

A las 7 de la mañana del 2 de enero embarcará en El Ebro rumbo a Cuba.

---

[11] J.M., carta a Manuel Mercado, Veracruz, 1 de enero de 1877, *Epistolario*, t. I, pp. 61-63. Véase también *OC*, t. 20, pp. 17-18.

TERCERA PARTE

DE MÉXICO A GUATEMALA. SU PASO POR TIERRAS DEL MAYAB

*Yo vengo de todas partes,
Y hacia todas partes voy:
Arte soy entre las artes,
En los montes, monte soy.*

I. LA HABANA

El 6 de enero de 1877 desembarca en La Habana Julián Pérez, aunque el *Diario de la Marina*, que da cuenta del arribo del Ebro, no publica dicho nombre entre la lista de pasajeros. La discreción de Martí era absoluta; pasa cerca de dos meses en la capital de la isla observando la situación política y buscando acomodar a su familia. Por sus cartas a Manuel Mercado sabemos de sus logros y las penalidades que lo abruman: "Llegué a La Habana, y corrí riesgo; pero el bien que en una parte se siembra, es semilla que en todas partes fructifica."[1] La familia de Fermín Valdés, que ocupa altos puestos, lo ayuda y lo protege. La situación de la familia de Martí es difícil, pero "de tal manera se concilian las cosas que —escribe a Mercado— recobrando yo la libertad y elección de vida necesarias, vivirán ellas aquí tranquilamente".[2] El núcleo familiar está deshecho. Leonor vive con su marido y sus hijos, y por ese entonces también se encuentran con ellos su madre y su hermana Antonia; a la "discreta Amelia", quizá logre Martí colocarla en un colegio; Carmen está con una prima, y su padre "en calma". Antonia, que había partido muy enferma, se encuentra muy mejorada y sus mejillas antes pálidas han recobrado su color, lo cual tranquiliza a Martí.

Por su familia que ha quedado en México sufre y se inquieta: "Me castigo y azoto la frente cada vez que pienso en las probables amarguras con que mis pobres pequeñuelas estarán aún viviendo en México", las que al parecer se encuentran viviendo por entonces en el "sereno y anchuroso Tacubaya". Martí desea poder labrarse una situación modesta y rápida para que puedan volver a su lado su padre y sus hermanas. Pero así, "enfermo yo de cuerpo, y muerto de alma, sin energía en el espíritu y la carne— ¿de qué, en

---

[1] J.M., carta a Manuel Mercado, 22 de enero de 1877, *Epistolario*, t. I, p. 65. Véase también *OC*, t. 20, p. 20.
[2] *Ibid*, p. 66.

mis espantosas y acabadas luchas, de que todavía me sangra el corazón, pudiera yo servirles?"[3] Pronto, por el paquebote americano, les enviará dinero para su regreso a La Habana.

Martí vive en constante angustia. Tiene dudas acerca de si la elección de su futuro es la correcta, y escribe a Carmen sobre el viaje a Guatemala o sobre una posible vuelta a México, en lo que tiene más fe; le manifiesta a Mercado con la sinceridad de un hermano: "Preveo en mi viaje a Guatemala [...] un sacrificio inútil; pero yo gusto del placer del sacrificio."[4] Pero si retornara a México, se creería que le faltaba grandeza de alma para estar separado de su Carmen.

En cuanto a los mexicanos, de los que está siempre pendiente por si pasan por La Habana, dice: " Por Manuel Romero, he preguntado a Matanzas. De Lerdo, nada se sabe aquí."[5] En otra carta escribe: "No ha venido el señor Lerdo a La Habana, ni Manuel Romero ha llegado a Matanzas. Como hay placer en dar corte a la desgracia, no hubiera yo dejado, ni dejaría si viniesen, de hacer con ellos lo que por infortunados les debo."[6] Preocupado por los cauces que toma la política mexicana expresa: "Veo a México en camino de una reacción conservadora; —ni es nueva para V. mi añeja certidumbre de que así había de suceder.— ¡Quién sabe si el partido liberal— (siempre es desgracia para la libertad que la libertad sea un partido)— tiene el derecho de sentirlo!"[7]

En cuanto a la situación política que se vive en la isla, con triste objetividad refiere a Mercado sus apreciaciones:

> De esta tierra que no es aún la mía, he de decirle visibles tristezas, avergonzadas observaciones, y presentes fundadas esperanzas. Es indigno de un hombre la pasión que lo arrastra y que lo ciega; y adorando a mi patria [...] la observo con desconfianza de amor y con cautela: esta mi conducta es garantía de la certidumbre que ahora tengo de la preponderancia de la

---

[3] *Idem.*

[4] J.M., carta a Manuel Mercado, 3 de febrero, de [1877], *Epistolario*, t. I, p. 69. Véase también *OC,* t. 20, p. 23. (Se usarán corchetes en las fechas de las cartas cuando los datos no son precisos.)

[5] *Idem.*

[6] J.M., carta a Manuel Mercado, La Habana, 11 de febrero de [1877], *Epistolario*, t. I, p. 70. Véase también *OC,* t. 20, p. 25.

[7] *Idem.*, p. 71.

revolución, vencedora últimamente en lid campal contra el renombradísimo caudillo que venía, con más susto que brío, de la desalentada y dividida España [...] aquí vuelven grupas ante nuestras caballerías de relámpago y rayo las fuerzas españolas; [...] sin ser por eso decisiva la situación de estos momentos. Pero como jamás vi, entre tanto, tal insolencia de torpeza, ni tal relajamiento de caracteres [...] me espanto y me sofoco, e iré pronto a los mares, en busca de natural grandeza y aire libre.[8]

---

[8] J.M., carta a Manuel Mercado, La Habana, 22 de enero de 1877, *Epistolario*, t. I, p. 67. Véase también *OC*, t. 20, p. 22.

II. MARTÍ EN YUCATÁN

El 24 de febrero de 1877 el cubano se embarca nuevamente en el City of Havana hacia el puerto de Progreso, desde el cual continuará el viaje proyectado.

El 26 o el 27 arriba a tierras yucatecas. "Lelí é lá ú luumil cutz, ú lúumil ceh, Mayab ú Kabá. (Esta es la tierra del faisán y del venado, y el Mayab es su nombre.)"[1] Nuevas voces y el conocimiento de nuevos pueblos se irán incorporando a su visión americana. Allí espera la llegada del Ebro, a bordo del cual viaja su familia: don Mariano, y sus hermanas Leonor, Amelia, Carmen, y los dos hijos de Leonor, Alfredo y Óscar, este último nacido en México.

Mientras espera su llegada, Martí escribe en su cuaderno de apuntes sus impresiones de viaje, sus pensamientos íntimos y la visión del paisaje que le rodea:

> Dejé en La Habana las iras de los hombres; y traspuse llegando a Progreso, si bien por tiempo breve, las majestuosas iras de la mar.[2]
>
> Aquí sobre esta arena menudísima, tormento de los pies y blanca muerte de las olas, tapizadas de conchas quebradizas, salpicada de bohíos de lindo techo de trenzadas pencas, esmaltada de indígenas robustas, aquí entre estos hombres descuidados, entre estas calles informes, sobre esta arena agradecida que no sofoca con su ardor al extranjero que la pisa, aquí reposa mi alma soñadora de su fatiga, contenta con la serenidad de esta grandeza, poblada y consolada en medio de esta muelle soledad.[3]

Cuando arriba el Ebro todo es alegría. Al fin puede abrazar al viejo y a sus hermanas, con ellos recibe carta de su prometida y del padre

---

[1] Antonio Mediz Bolio, *La tierra del faisán y del venado*, México, Botas, 1965.
[2] J.M., *Apuntes, OC,* t. 19, p. 16.
[3] *Ibid.,* p. 15.

de Carmen, en la cual le concede la mano de su hija. Pocas horas más tarde, en el barco, tiene lugar la triste despedida, de la cual escribirá años más tarde en uno de sus cuadernos de apuntes: "Momentos supremos: de mi vida [...] El beso de papá, al salir para Guatemala, en el vapor."[4]

El 28 de febrero, desde Progreso, Martí escribe a su futuro suegro una conmovedora carta en donde le hace por primera vez confidente de sus dudas y angustias familiares: "Padre mío. Me da V. mi mayor riqueza, y mejor gloria; me da V. a mi Carmen de mi vida— Merecida la tengo con mi alma, y aún más la mereceré con mis trabajos."[5] Luego vienen las emotivas confesiones de sus dudas y problemas familiares que habían permanecido callados, y que ahora se atreve a comunicar: "Bien pagué con mis tormentos íntimos la culpable idea de volver antes de batallar [...] pero no se es digno de satisfacer sus pasiones sino cuando se es capaz de dominarlas." Y en cuanto a los suyos le dice: "He ayudado a mi familia con más que humanas fuerzas, entre martirios increíbles y silencios de horror no comprendidos [...] Mi familia misma debe agradecer esta libertad en que me deja." Más adelante escribe: "Ayudaré siempre a mi casa; que mi fortuna sería criminal si no amparase su pobreza, y no es a un hijo a quien toca condenar la buena o errada conducta de sus padres."[6]

En otra misiva, fechada el mismo día, manifiesta a Mercado:

> Heme en Progreso, creciente en alientos con las dificultades del camino, con la extensión del cielo y con la majestad de la mar. [...] Esta es tierra sembrada de cardos, pero esmaltada de buenos corazones. Venía yo de La Habana, herido de fiebre y de cansancio; aquí cobro pulmones nuevos [...] y ando firme. De aquí en canoa a Isla de Mujeres; luego, en cayuco, a Belice; en lancha a Izabal; a caballo, a Guatemala. Hago lo que debo, y amo a una mujer; —luego soy fuerte.[7]

---

[4] J.M., "Libros", *OC*, t. 18, p. 288.

[5] J.M., carta a Francisco Zayas Bazán, Progreso, 28 de febrero de 1877, *Epistolario*, t. I, p. 73. Véase también *OC*, t. 20, p. 259.

[6] *Ibid.*, pp. 73-74.

[7] J.M., carta a Manuel Mercado, Progreso, 28 de febrero de 1877, *Epistolario*, t. I, pp. 71-72. Véase también *OC*, t. 20, p. 26.

Posteriormente, vuelve a referirse al problema familiar que parece haberse hecho obsesivo en él:

> Repartida mi familia, a poco tiene mi padre que atender,—y él mismo será probablemente colocado en un ferrocarril, hoy poderoso. Voy, pues, aligerado de amarguras y rebosado de creencias. Creo, sobre todo [...] en la absoluta bondad de los hombres.—Para merecerla trabajo: vea V. si trabajaré con bríos. [...] / Mañana voy a Mérida; y de aquí a 5 días volveré a embarcarme para Isla de Mujeres, oasis de este mar. Crece el alma en grandeza con la contemplación de los grandores naturales.—Escribo al correr de la pluma, un libro de pensamiento y narración. Más que lo que veo, cuento lo que pienso. Dirán que no lo entienden, pero yo sé que tengo en México almas claras para quienes nunca será un misterio un libro mío.[8]

Se refiere indudablemente a aquellos apuntes iniciados en la estación de Esperanza, cuando comenzó su descenso hacia el puerto de Veracruz, la madrugada del 30 de diciembre.

Y queda en Progreso con la pluma en la mano y la inmensidad del mar ante sus ojos, que le inspira extraños pensamientos y antiguos recuerdos: "Después del mar, lo más admirable de la creación es un hombre. Él nace como arroyo murmurante, crece airoso y gallardo como abierto río, y luego—a modo de gigante que dilata sus pulmones, se encrespa ciego, y se calma generoso."[9]

Así va desplegando toda la euforia de su alma poética, en bellas imágenes de un simbolismo íntimo y callado, saltando de un tema a otro, de un recuerdo a otro, como quien puede expresar con toda la libertad y el vuelo de su espíritu, que del cielo y la metafísica baja a la tierra, en cuyos relatos embellece con la sutileza de los detalles más nimios, en que muestra su poder de percepción, su naturaleza de paisajista capaz de captar con penetración profunda las cosas simples y sencillas de la naturaleza. De esta manera, mientras permanece extasiado ante la inmensidad del mar, y la mirada al norte, sus recuerdos vuelan dos años atrás, recordando su travesía en "el potente Celtic", desafiando la tormenta que afrontó durante

---

[8] *Ibid.*, p. 72.
[9] J.M., *Apuntes, OC*, t. 19, p. 15.

aquel viaje... y ¡de pronto!, aparentemente sin relación alguna con la descripción anterior, o por asociación de ideas, recordando lo que lo llevó a una tierra que le horroriza, cambia el tema. ¿De dónde surge esa visión aterradora que aparentemente nada tiene que ver con lo descrito? ¡De dónde esa imagen premonitoria de lo que hoy puede ser una hecatombe atómica? Martí, que mira al norte, penetrando la distancia, como retomando los apuntes de Maltrata, nos lega estos pensamientos: "¡Oh! la nación norteamericana morirá pronto, morirá como las avaricias, como las exuberancias, como las riquezas inmorales. Morirá espantosamente como ha vivido ciegamente. Sólo la moralidad de los individuos conserva el esplendor de las naciones."[10]

Ya en 1877, Martí revela su profundo conocimiento de lo que representan las ambiciones norteamericanas sin límite, su falta de moral, o su falsa moral; su desconocimiento de lo bello, del arte. Vio claramente la nueva Roma americana, que mencionara con anterioridad:

> Los pueblos inmorales tienen todavía una salvación: el arte [...] ¡Ay, que esta luz de siglos le ha sido negada al pueblo de la América del Norte! El tamaño es la única grandeza de esa tierra. ¡Qué mucho, si nunca mayor nube de ambiciones cayó sobre mayor extensión de tierra virgen! Se acabarán las fuentes, se secarán los ríos, se cerrarán los mercados, ¿qué quedará después al mundo de esa colosal grandeza pasajera?[11]

¿Qué misterio se encierra en esta descripción? ¿Qué fue lo que ocasionó esta visión fantasmagórica en medio de la placidez del paisaje de Progreso? Luego termina su relato: "Hoy ha dejado el puerto esa redonda nave en que vinimos, vulgar, cómoda, apática, sin gallardía en sus velas, sin elegancia en su atrevimiento, sin atrevimiento siquiera."[12]

---

[10] *Ibid.*, p. 17.
[11] *Idem.*
[12] *Idem.*

III. EN MÉRIDA

"De la morada de todas las cóleras debía ir a descansar a la morada de todas las sonrisas",[1] expresó Martí al escribir sobre Alfredo Torroella; el 1 de marzo de 1877, en Volankoché, en rústica carreta tirada por tres mulas que marchan a galope tendido, fuese entre mangles y espigadas palmeras a Mérida, "la ciudad blanca", de la que dice en destellos luminosos: "Mérida es tierra de ojos negros y jazmines blancos: echa al mar playas de palmas como para recibir mejor a sus hermanos... ¡cuán generosa tierra la que nos muestra al llegar árboles patrios!"[2]

A esta tierra fraterna, refugio de cubanos, que desde la guerra de 1868 abría sus brazos a todos aquellos patriotas que buscaban refugio en tierra amiga. A partir de aquí los datos se confunden; poco se sabe de las actividades de Martí en Mérida. Para Eduardo Urzáiz, Martí fue presentado por intermedio de Alfredo Torroella a los miembros de la colonia cubana y los círculos literarios yucatecos.[3] Para otros, fue Juan Peón Contreras, hermano del dramaturgo amigo de Martí en México, quien lo hizo. Pero entre las amistades creadas destaca indudablemente la relación que estableció desde entonces con el profesor Rodolfo Menéndez de la Peña, cubano aposentado en Yucatán, donde había formado familia; cuando nace su primera hija, "Libertad la llamó [...] como quien ruega, con las manos sin mancha, por la patria mísera".[4] Gracias a Menéndez quedaría unido a los emigrados de Yucatán.

[1] J.M., "Alfredo Torroella", *OC*, t. 5, p. 86.
[2] *Idem*.
[3] Eduardo Urzáiz R., *La emigración cubana en Yucatán*, Mérida, 1949, p. 54, citado en Rodolfo Ruz Menéndez, *Por los viejos caminos del Mayab*, Universidad de Yucatán, 1973. Debe haber un error, pues en esas fechas Torroella no se encontraba en Yucatán. Lo más probable es que fuera presentado por el poeta Peón Contreras a su hermano. Para un estudio más detallado de estas relaciones, véase además, Ruz Menéndez, *Dos pueblos hermanos: Yucatán y Cuba*, pp. 217-225, y Ramón de Armas, "Las guerras cubanas: lucha y solidaridad", en *México y Cuba, dos pueblos unidos en la historia*, México, Centro de Estudios de Investigaciones Científicas Jorge L. Tamayo, 1982, pp. 256-262 y 277-282.
[4] J.M., "La hija de un bueno. 'Libertad Menéndez.' ", *OC*, t. 5, p. 135.

Y aquí perdemos su huella. ¿Qué hizo Martí durante esos cinco días? ¿Cuáles fueron sus actividades? ¿Visitó algunas ruinas o zonas arqueológicas cercanas? No existen relatos al respecto, aunque hay quien afirma que Martí tal vez paseó por Chichén y Uxmal acompañado por Peón y Rodolfo Menéndez, a quienes interesaba los estudios de la historia yucateca.[5] Lo que sí es seguro es que por influencia de Peón Contreras, por entonces director del Museo Yucateco, contempló el monolito del Chac-mool, recién descubierto por el aventurero Le Plongeon, quien trató de sacarlo del país, pero finalmente lo entregó al gobierno, obligado por una expropiación. Peón Contreras había llevado la escultura a Mérida para exhibirla en la calle de la Mejorada, frente al templo de la Tercera Orden.[6]

La contemplación del Chac-mool despertó en el cubano gran interés; para él no es una figura muerta, es algo que parece obsesionarle. Así, dibuja un sencillo autorretrato en que se representa en la figura del ídolo, como queriendo identificarse con la raza indígena, "Admirable simbolismo, de aquel hombre, que no sólo se sintió hijo de Cuba, sino de nuestra América", escribió Núñez y Domínguez.[7] Martí escribiría posteriormente varias páginas al respecto, e incluso el esbozo de un drama indio, cuya trama gira alrededor del ídolo en quien quiere representar a los pueblos latinoamericanos. Es un drama de claro contenido político antimperialista, que concibe como "síntesis de la Civilización Americana.—(Mexicana)", en el cual quiere expresar el "espíritu del país, dormido aparentemente, pero capaz por su propia energía, de surgir y obrar en un momento crítico".[8] La intención política de la obra aparece desde el primer acto, en el que la aparición de la estatua ocasiona el júbilo y frenesí de los indios, quienes, en su fanatismo, corren a besar la

---

[5] Carlos Bojorques Urzáiz, *Cubanos patriotas en Yucatán*, Mérida, Frente Editorial de Ciencias Antropológicas, 1988, p. 135. Refiere Leonardo Acosta que las referencias martianas sobre estos sitios parecen hechas en el lugar. Véase el prólogo de Leonardo Acosta a *José Martí: El indio de nuestra América*, La Habana, Centro de Estudios Martianos/Editorial Casa de Las Américas, 1985, pp. 10-12.

[6] *Idem.*

[7] Núñez y Domínguez, *op. cit.*, p. 265. Véase también Gonzalo de Quesada y Miranda, *Iconografía martiana*, La Habana, Letras Cubanas, 1988, p. 110.

[8] J.M., "Chac-mool", *OC,* t. 21, p. 359. Véase al respecto el interesante estudio de Fina García Marruz, "En torno a Martí y el teatro", en *Conjunto*, La Habana, Casa de las Américas, 1974, p. 240.

mano de Le Plongeon. El segundo acto no deja duda de su intención: "A la guerra llaman, Intervención de la raza del Norte para su propio provecho. Rapiña." Y en el tercero está su esperanza, su ideal de redención para la raza: "El indio se despierta. Las razas se levantan."[9]

A partir de aquel año Martí será un cantor apasionado de la cultura maya, y un constante defensor contra sus depredadores.

Pero lo cierto es que Martí llegó a Mérida en días aciagos. La revolución había llegado a la península, y la capital del estado había caído en manos de las tropas porfiristas. El 8 de enero se instaló en Mérida el coronel Protasio Guerra, como comisionado especial del nuevo gobierno, e inició la persecución de los seguidores lerdistas. Martí debió ser muy cauto en su actuación. Además, en estas condiciones, no era posible fijar la atención en aquel peregrino errante que llegaba a sus puertas; la colonia cubana de esa época era escasa y los periódicos que existían, una modesta hoja mercantil y noticiosa titulada *Revista de Mérida*, que salía dos veces a la semana y el *Periódico Oficial*, nada dijeron al respecto.[10] Igualmente Martí, que ya no es hombre de México y por la más elemental discreción, guarda silencio y nada escribe aún a su amigo Mercado.

---

[9] J.M., "Chac-mool", *OC*, t. 21, p. 359.
[10] Véase "El paso de Martí por Progreso y Mérida en 1877. 'Porque no dejo ninguna huella.' ", en *Diario de Yucatán*, 6 de julio de 1969.

IV. CAMINO A GUATEMALA

Martí regresó a Progreso para reiniciar el viaje. Como desde este puerto a Guatemala no había barcos de línea, tiene que viajar humildemente en transportes casi primitivos. El 5 de marzo de 1877 se embarca en un cayuco impulsado por velas. Viaja solo, entre hombres rudos, gente sencilla, pescadores y comerciantes que intercambian sus productos entre las islas y los pueblos o caseríos ribereños. Navega a lo largo de la costa norte de la península que es baja, arenosa y extensa, bordeada de ciénagas y salinas que se suceden aquí y allá y pequeñas poblaciones de pescadores prácticamente asentadas sobre los pantanos de la costa. Pasa por Dezilan, Isla del Cerrito, desembocadura del Río Lagartos y el pequeño poblado de Yalahou, desde donde cuarenta años antes partieran en un viaje similar aquellos exploradores de ruinas mayas llamados Stephens y Carterwod.[1] Martí y sus acompañantes viajan azotados por los vientos y bajo un sol abrasador, y por las noches, cuando los pescadores cansados tiran el ancla, "tuestan una yerbecilla llamada Kutz-Bósh, la envuelven a modo de picadura en papel de estraza y a fumar y descansar y dormir bajo las estrellas, sobre la ruda tarima del bote". En tanto, su pluma incansable va dejándonos sus experiencias del viaje. Llega a la isla de Jolbós, larga y estrecha, cuyo nombre significa agujero negro, aunque sea un mundo verde de apretado follaje, tupidos manglares y largas playas con una pequeña población de pescadores tiburoneros y tortugueros.

>Jolbós —observa Martí— es un pueblecillo de pescadores, mucho menos importante que la isla, frecuentado solamente por *cayucos* o canoas pequeñas, que allí hacen el comercio de tortugas y cazones. No vive el pueblo solamente de la pesca, hay también *milpas,* pobres haciendas, y estos frutos y la pes-

---
[1] John Stephens, *En busca de los mayas. Viajes a Yucatán*, Mérida, Editorial Dante, 1988, pp. 295-336.

ca son vendidos por los habitantes en los pueblos de la costa, y principalmente en Progreso para Mérida.[2]

Son fugaces los momentos que el viajero pasa en estos lugares, pero nada escapa a su fina percepción; penetra en el alma de la naturaleza como en el alma de los hombres; a los que va conociendo y con los que convive íntimamente, e integra a su conocimiento del hombre de su América. Al proseguir su camino, dobla la llamada Punta Mosquito para encontrarse frente a un paisaje desolado que es el Cabo Catoche, donde se unen las aguas del Golfo y el Caribe, lugar donde los vientos arrojaron en 1517 a las naves de Hernández de Córdoba, y los indios confiados, al preguntárseles cómo se llamaban esas tierras, contestaron: "Kox-Otox, ven a mi casa. ¡Ay! Y ¡fueron!",[3] anotó Martí.

Doblando el cabo, se encuentra ya en aguas del Caribe. La navegación se hace peligrosa. Es una costa plagada de bahías, acantilados, y una larga cadena de arrecifes coralíferos. Se dirige hacia la Isla de Contoy que

> ...es todavía mucho menos que Jolbós. Es un islote de una o dos leguas de extensión, habitado exclusivamente por gran cantidad de pájaros diversos [...] La pesca en las orillas del Contoy es abundante; hay allí grandes tortugas, enormes chalupas, negras tintoreras. // A las veces, los marineros bajan a la costa, empuñan un palo, y tal es la abundancia de las compactas masas de aves, que a golpes matan y hieren centenares de ellas. Hienden también el aire del Contoy las blancas gaviotas, al par que alterna en los mares de alrededor con la picuda veloz la fresca cherna.[4]

Tras varios días de navegación, donde su mirada ávida de vida va extasiándose con la visión del paisaje y haciendo la descripción del Caribe mexicano, Martí arriba al pueblecillo de Dolores, nombre con que en 1850 fue bautizado el pequeño caserío de la Isla de Mujeres.

---

[2] J.M., "Jolbós", *OC*, t. 19, p. 25.
[3] J.M., "Isla de Mujeres", *OC*, t. 19, p. 32.
[4] J.M., "Jolbós", *OC*, t. 19, p. 25.

Allí llegó Martí en su peregrinar por tierras de América. Llegó pleno de poesía, como pintor de paisajes, y estudioso de almas. Todo lo ve, todo lo observa y estudia. Sobre esta pequeña isla es donde más se extiende en sus observaciones:

> Crecen en su playa arenosa el rastrero *hicaco*, el útil *chite*, una uva gomosa, fruta veraniega, semejante a la *caleta* cubana; y verdeando alegre y menudamente por el suelo, el quebrado *kutz-bósh*; que la gente pobre y enviciada usa a manera de tabaco [...] Bordan la arena sutilísimos encajes, correcta y pulidamente trabajados en su marcha nocturna por los caracoles y cangrejos. [...] En este pueblo de pescadores, trazado a cordel, sin una creencia que no vea una superstición, sin una aspiración, sin un respeto, los hombres emigran o hacen contrabandos [...] se pescan caguamas y tortugas que no se venden mal en las costa de Belice.

Y ve aún más; observa la esclavitud, representada en los tratos que se hacen en la tienda de raya: Los *criados* [...] son a manera de esclavos, sujetos a sus *amos*, que así les llaman aún, por los caprichosos anticipos de que éstos les hacen larga cuenta, prestados sobre servicios personales [...] Dicen que esto es vivir; y veo que viven. [...] En mí, el fuego de la impaciencia, lanzaría roto mi cráneo al mes de aquella vida sin cielo de alma; sin líos de mujer; sin trabajo, sin gloria y sin amor."[5]

Pero si bella y poética es la descripción que hace de la naturaleza y costumbres de la isla, más interesante es su encuentro con el controvertido y enigmático Le Plongeon y su esposa Alice Dixon, quienes se habían hecho famosos por su reciente descubrimiento del Chac-mool en Chichén Itzá, monolito que Le Plongeon bautizó arbitrariamente con ese nombre, Chac-mool (el "Rey Tigre"), obsesionado por la leyenda de la princesa Kalamó o Moo y el príncipe Chac. De aquel encuentro, Martí nos deja, con una clara penetración psicológica, el retrato de la personalidad del personaje sobre el que escribirá varias veces: "erudito americano, un poco hierólogo, un poco arqueólogo [...] avaricioso, industrial de la ciencia, que la ha estudiado para hacer comercio de ella".[6]

[5] J.M., "Isla de Mujeres", *OC*, t. 19, pp. 29-31.
[6] *Ibid.*, p. 29.

Une el hombre al paisaje, y describe en breves palabras el sitio en que vive el arqueólogo: "¡Qué baratas las casas! Seis pesos ha costado a Mr. Le Plongeon [...] ese bohío de chite en forma de óvalo. Delgados mangles lo sustentan y arena blanda lo tapiza; pencas enlazadas lo protegen de la lluvia, sin estorbar la entrada a la sabrosa brisa que viene de la costa." Y vuelve al hombre:

> Paseaba yo esta mañana con este raro hombre que se sabe de memoria a Genti-Bernard, a Voltaire, Boileau, a Ronsard, a Molière; que toca deliciosamente la ternísima música de Flotow; que viaja con un chaquetón y dos hamacas, con un diccionario de Bouchirt y dos títulos de médico, con una cara rugosa y una conversación amena, con los pies casi descalzos y el bolsillo totalmente aligerado de dineros [...] me pregunto cómo esos pies desnudos han venido a ser cimiento errante y vagabundo de un alumno de la universidad de Montpellier; cuando leo en la miseria y descuido de esta vida y en esta vejez sin gloria y sin apoyo, un secreto culpable y doloroso, pienso que, puesto que ese hombre no es un emigrado político, debe ser un emigrado de sí mismo.[7]

Martí vaga por aquella playa arenosa en compañía de Le Plongeon, a quien va arrancando la historia de su vida y algo de sus experiencias arqueológicas, a las que hace ligera referencia:

> ha pisado humildemente durante diez años la árida y destrozada tierra yucateca [...] y hoy ha llegado, con dos reales fuertes españoles, un violín roto y dos libros mugrientos a esta tierra de Chipre [...] ¡Oh! ¡también la vida tiene sus miserables presidiarios! Tal vez porque lleva el alma medio muerta, huyó esta mañana ese pobre hombre de aquel alegre, invitador, sonriente, cementerio. Temí ahondar las heridas del emigrado de sí mismo, y no pude pasear a mi sabor por el pueblo de diminutas casas blancas.[8]

---

[7] *Ibid.*, pp. 29 y 30.
[8] *Ibid.*, p. 30.

Por la noche, cuando desde su hamaca descubre con ojo observador escenas maliciosas, "sofocados los oyentes por el olor del aceite de caguama, luz aquí de acomodados y de pobres", escucha los relatos de las familias de Cozumel y la historia de los indios rebeldes que viven enfrente, en la costa yucateca. Y en la mañana, cuando el barquero o un viajero se ausenta: "[Va] el pueblo en masa, con sus viejos y sus matronas a la cabeza, y como ungido y purificado por la luz de la luna, acompaña hasta la goleta, llena de tortugas vivas [...] al buen viajero que deja de mal grado aquel pacífico recodo sin soberbia y sin ruidos, donde se bebe aún la vida primitiva a los pechos mismos de la fragante Naturaleza."[9]

Martí continúa su larga travesía en cayuco. Pasa por Cozumel, "que se deriva de Cusamil, que significa murciélago, porque Cusain es murciélago". Más allá, a la distancia, a la derecha, sobre un farallón que las blancas olas lamen, se adivinan las ruinas de Tulum, de las que ha oído decir, en Isla de Mujeres, que frente a Cozumel "los indios más que bárbaros tímidos del trato rudo de los blancos ocupan y hacen inaccesible la antigua ciudad de Tulina, cuyas ruinas no ceden en importancia a las de Chichén Itzá y Uxmal."[10] Se refería Martí a los indios alzados en armas por la guerra de castas.

Luego, al continuar hacia Belice, refiere en unos apuntes sueltos: "viniendo arrebatado por el abrasante noroeste, en un rapidísimo cayuco, hundiendo en el agua las velas, dejando aquí y allá ranchos y cayos. En llegado a Cayo Cocina, a St. Georges Key, entra la calma. Ya estamos, pues, en tierra de Inglaterra".[11]

Llega a Belice, el único país que tiene el nombre de un pirata. De ahí, bordeando la costa hondureña, prosigue hacia Livingston, puerta de entrada a Guatemala, a donde llega aproximadamente el 18 de marzo, y por la boca del Río Dulce se interna en Guatemala. Ha navegado desde Progreso más de 1 000 km, pero Martí va eufórico. A pesar de las penalidades del camino calla sus angustias. Sólo el 26 de marzo, desde Izabal, escribe a Valdés Domínguez sobre "el mes y cuenta que llevaba de dormir a costilla pelada sobre la cubierta de los buques".[12] Ya está en tierra de volcanes altos, de

---

[9] "Antigüedades americanas", en *Anuario del Centro de Estudios Martianos*, núm. 5, La Habana, 1982, p. 16.
[10] *Idem.*
[11] J.M., *Fragmentos*, *OC*, t. 22, p. 177.
[12] J.M., "Guatemala", *OC*, t. 19, p. 44.

feroces cerros y anchurosos ríos, y agrega: "Estoy en tierras de mi Madre América".[13]

Respecto de este viaje, Ezequiel Martínez Estrada, escribió brillantemente en su apologética obra *Martí revolucionario*:

> Es Orestes, quien deja México y prosigue su peregrinación a la "región de las Madres". Desandando siglos, hacia las fuentes de las civilizaciones maya y quiché. El viaje por Guatemala es un descenso en la historia, a través de una naturaleza que conserva todavía la fuerza originaria de crear mitos teogónicos. Todo parece sagrado en esa inmensidad de montaña y monte, y el viaje de Orestes es también el de Parsifal. Los dioses del Popol Vuh y de Chilam Balam están vivos en esos bosques y esos ríos, y por instantes resplandecen súbitamente en algunos rostros que parecen de piedra, en una mirada que viene del fondo del tiempo. Orestes peregrina entre escombros de arqueología y de antropología, entre ruinas de monumentos destruidos y seres igualmente destruidos reducidos a espectros.[14]

---

[13] *Ibid.*, p. 58.
[14] Ezequiel Martínez Estrada, *Martí revolucionario*, La Habana, Casa de las Américas, 1974, p. 240.

V. EN TIERRAS DEL QUETZAL

En abril, el joven revolucionario se encuentra en Guatemala como en México, hay corazones fraternos que le acogen con cariño, hay cubanos patriotas que le abren sus brazos; trabaja con pasional entrega, y sus cartas a Mercado le mantienen unido a México. "Yo vengo lleno de amor a esta tierra y a estas gentes; y si no desbordo de mí cuánto las amo, es porque no me lo tengan a servilismo y a lisonja. Estos son mis aires y mis pueblos."[1]

Gracias a las cartas de Juan Ramón Uriarte, embajador de Guatemala en México, las de Pablo Macedo y las de la familia Valdés Domínguez, las recomendaciones sobre Martí llegan hasta el presidente Rufino Barrios.[2] Pronto encuentra trabajo como maestro de literatura en la Escuela Normal. El director de ésta, el bayamés José Manuel Izaguirre pronto reconoce en Martí al autor de *El presidio político en Cuba*; también impartía clases allí el poeta José Joaquín Palma; ambos habían sido colaboradores de Céspedes en los primeros tiempos de la revolución[3] y le dieron todo su apoyo al patriota recién llegado.

Si en México fue periodista, en Guatemala será eminentemente maestro; aunque también se le ofrece la riválida de su título. Le escribe a Mercado: "La enseñanza primero, y la abogacía después, si salgo airosamente de mi examen, me harán mi situación modesta."[4] De Guatemala son sus conocidas sentencias: "Saber leer es saber andar. Saber escribir es saber ascender." [...] Una escuela es una fragua de espíritus; ¡ay de los pueblos sin escuela!, ¡ay de

---

[1] J.M., carta a Manuel Mercado, 19 de abril de 1877, *Epistolario*, t. I, p. 76. Véase también *OC*, t. 20, p. 27.
[2] Salvador Morales, "Guatemala de José Martí", en *Bohemia*, La Habana, 19 de mayo de 1978. p. 11.
[3] *Idem.*
[4] J.M., carta a Manuel Mercado, Guatemala, 19 de abril de 1877, *Epistolario*, t. I, p. 77. Véase también *OC*, t. 20, p. 29.

los espíritus sin temple!⁵ Pronto se da a conocer como orador eminente, con un discurso pronunciado el 21 de abril en saludo a Guatemala. Escribe además un drama sobre una leyenda patria, que ofrece para que lo representen los alumnos de la Escuela Normal.

Durante este tiempo, el "Profesor Torrente", como le llamaron en Guatemala, se ha abierto las puertas de la sociedad guatemalteca, y se rumora que ha incubado un amor en la naturaleza enfermiza de María Granados, su alumna en la Escuela Normal. María era hija del general Miguel García Granados, expresidente de la república, en cuya casa tenían cordial acogida todos los cubanos exiliados y los elementos más significados y progresistas de la sociedad guatemalteca, y allí asistía Martí frecuentemente para estrechar los lazos de amistad.

Sutiles lazos de simpatía unieron a la romántica estudiante y al joven poeta cubano, quien, como en casa de Rosario de la Peña, en México, era visitante asiduo a casa de María Granados. Ésta tocaba el piano admirablemente, arrancando al teclado nostálgicas melodías que embelesaban a los oyentes, y Martí no era ajeno a los encantos femeniles ni a la música. Una de aquellas noches, María pidió a Martí que le escribiera un verso en su álbum, y éste dejó correr la pluma para expresarle:

> Siento una luz que me parece estrella,
> Oigo una voz que suena a melodía,
> Y alzarse miro a una gentil doncella,
> Tan púdica, tan bella
> ¡Que se llama! ¡María!

Luego, para no dejar margen a ninguna interpretación equívoca, escribe: "Versos me pide a la Amistad..."

> Desempolvo el laúd, beso tu mano
> Y a ti va alegre mi canción de hermano.
> ¡Cuán otro el canto fuera
> Si en hebras de tu trenza se tañera!

---

[5] J.M., "Guatemala", *OC*, t. 7, p. 156.

Y ya que habla de amistad, no puede dejar en el olvido a Manuel Mercado, recordando su última noche en México, y en los mismos versos dice:

> ¡Con qué bello atavío,
> Andando lentamente,
> Viene el recuerdo a mi tranquila frente,
> Refrescante y sutil como el rocío!
> ¡Perenne, dulce gloria!
> ¡La nobleza del hombre es la memoria!
> Ya plácido recuerde
> La tarde en que al amigo mexicano
> Mi amor conté, por donde el campo verde
> Al alma invita a este placer de hermano:
> Ya en la férvida noche de agonía
> En que la dije adiós, piense al amigo
> Que me dejó a la puerta de mi casa,
> Y en fuerte abrazo sollozó conmigo
> El fiero mal de la fortuna escasa.[6]

Fuera de estos lirismos, nada indica otra intención del poeta. Sus cartas a Mercado vienen llenas de referencias a Carmen y a los amigos de México. En todas ellas le dice:

> Reiría V. si le contara cosas risueñas:—¡como si pudiera apartar yo voluntad, adoración y pensamiento de mi Carmen! La llevo conmigo, y delante de mí; me digo a todos obligado a ella; y cuando hablan de mí, de ella se habla.—Todos lo saben. [...] ¿Qué deber ha de estorbarme mi Carmen, ella vive de mi misma clase de pasiones?[7]

Pero con este amor ha nacido otro, el de "dar vida a la América, hacer resucitar la antigua, fortalecer y revelar la nueva; verter mi sombra de amor, escribir sobre graves cosas [...] hacer gran hogar de alma a la mártir voluntaria que viene a vivir a él".[8] Y fija fecha

---

[6] J.M., "María", *PCEDC*, t. II, pp. 115 y 117.
[7] J.M., carta a Manuel Mercado, Guatemala, 19 de abril de 1877, *Epistolario*, t. I, p. 78. Véase también *OC*, t. 20, p. 29.
[8] J.M., carta a Manuel Mercado, 21 de septiembre de 1877, *Epistolario*, t. I, p. 87. Véase también *OC*, t. 20, p. 32.

para su partida, "debo salir de aquí el 10 de Noviembre o el 29." [...] Ya he pedido mi humilde casa; ya construyen mis pobres muebles; ya late de alegría y de temor —¡pero al fin late!— mi corazón.—Ya veo la manera de colocar en México lo estrictamente necesario para hacer verdad mis venturosas bodas".[9]

En otra carta le manifiesta: "Continúo preparando mi viaje.— Casándome con una mujer, haría una locura. Casándome con Carmen, aseguro nuestra más querida paz, —la que a menudo no se entiende,—la de nuestras pasiones espirituales. —Afortunadamente, viviré poco y tendré pocos hijos:—no la haré sufrir."[10] Y en otra, más enfático, manifiesta: "Si yo no me casara ahora con Carmen, no tendría que preguntar a los cuervos para qué tienen las alas negras:—las extenderían sobre mí, y yo lo sabría."[11] En una carta del 28 de octubre le suplica a Mercado: "Agénciemelo todo: papeles, firmas, espinas. Un folletín para publicar un libro sobre Guatemala. Un cubierto en su mesa." Entre los sacrificios que se impone por el bien de Carmen menciona: "Yo odio el ejercicio del Derecho. Es tan grande en esencia cuanto pequeño en forma. Por ella, y para que mis hijos no sufran lo que yo he sufrido, y en cuanto viva he de padecer, antes de irme, haré reválida.—La huyo, pero la aprovecharé.—"[12]

Por los amigos de México siempre estaba preocupado y pendiente, en todas sus cartas se refiere a Manuel Ocaranza. "Pienso mucho en Peón, Sánchez Solís y Montes de Oca."[13] Refiriéndose a Sánchez Solís, manifiesta: "[dígale] que he de hacer una de las obras de mi vida, escritas y prácticas, de la regeneración de los indios.— Es una obligación que tengo con mi alma y con su bondad."[14] En cuanto a Ocaranza, "Figurarán en mi modesta sala los hermosos

---

[9] *Idem.*
[10] J.M., carta a Manuel Mercado, 29 de septiembre de [1877], *Epistolario*, t. I, p. 89. Véase también *OC*, t. 20, p. 33.
[11] J.M., carta a Manuel Mercado, 12 de octubre de [1877], *Epistolario*, t. I, p. 90. Véase también *OC*, t. 20, p. 34.
[12] J.M., carta a Manuel Mercado, 28 de octubre de [1877], *Epistolario*, t. I, p. 92. Véase también *OC*, t. 20, pp. 36-37.
[13] J.M., carta a Manuel Mercado, 11 de agosto de [1877], *Epistolario*, t. I, p. 86. Véase también *OC*, t. 20, p. 31.
[14] J.M., carta a Manuel Mercado, 21 de septiembre de [1877], *Epistolario*, t. I, p. 88. Véase también *OC*, t. 20, p. 33.

retratos de Manuel. Gusto cada vez más del muy bueno de Antonia."[15]

En su última carta fechada en Guatemala, el 10 de noviembre, en relación con una "conspiración sombría, de clérigos y soldados" que tuvo que ser ahogada en sangre, le escribe a Mercado: "Pero en parte: usted y yo tenemos decidido que el poder en las Repúblicas sólo debe estar en manos de los hombres civiles. Los sables, cortan.—Los fracs, apenas pueden hacer látigos de sus cortos faldones."[16]

Martí se dedica a hacer los preparativos para su viaje a México, donde ya Mercado le debe estar haciendo las gestiones para su boda y buscándole acomodo en algún periódico para su libro sobre Guatemala. Al fin, después de once meses de su llegada a Guatemala, consigue un permiso de treinta días y parte hacia México.

---

[15] J.M., carta a Manuel Mercado, 10 de noviembre de [1877], *Epistolario*, t. I, p. 95. Véase también *OC*, t. 20, p. 38.
[16] *Idem*.

CUARTA PARTE

EL VIAJE ROMÁNTICO

*¿De mujer? Pues puede ser
Que mueras de su mordida;
Pero no empañes tu vida
Diciendo mal de mujer!*

I. A MÉXICO POR ACAPULCO

El 28 de noviembre de 1877, por el camino de Escuintla emprende Martí, viajero tenaz e infatigable para cuya voluntad indómita no existen obstáculos ni distancias, su segundo viaje a México, viaje romántico por excelencia, uno de los pocos que realizara sin que fuera al servicio de su patria. El día 29 se encuentra en San José, pequeño puerto pantanoso y húmedo situado en la costa del Pacífico, cuyo firme y elegante muelle "desafía la cólera del mar".[1] Allí embarca en uno de los vapores de la Línea del Pacífico,[2] que hace la travesía de Panamá a San Francisco con una escala en Acapulco.

Así, aquel viajero que diez meses antes había salido de México por Veracruz hacia La Habana, para retornar a Progreso y reiniciar el viaje en canoa por la costa atlántica a Isla de Mujeres, en cayuco a Belice, en lancha a Izabal, a caballo a Guatemala, volvía ahora a atravesar el continente por el Pacífico, recorriendo las bravías tierras de lo que llamó su madre América, adquiriendo experiencia política y conociendo a sus hombres. Porque ahí, donde Humboldt, en un viaje parecido, vio sólo la tierra y sus valores materiales, su geografía y su potencialidad económica, Martí descubrió el corazón del hombre americano.

El 4 o 5 de diciembre, tras seis días de navegación, desembarca en el puerto de Acapulco.[3] De inmediato quiere comunicarse con México, pero el puerto está aislado, sin comunicaciones telegráficas, lo que motiva que en la capital se ignore su llegada y los periódicos no publiquen el arribo de los barcos a ese puerto. Sin pérdida de tiempo se alista en una caravana que parte hacia la ciudad de México, por el viejo "camino del Asia", como se le llamaba

---

[1] J.M., *Guatemala, OC,* t. 7, p. 129.

[2] Los barcos de la Línea del Pacífico que cubrían esta ruta eran: el City of Perú, el City of Rosa, el San Juan, el Granada, el Five Haver, el Pensilvania y otros.

[3] A pesar de los múltiples esfuerzos realizados, no ha sido posible precisar el barco y la fecha exacta de la llegada de Martí a dicho puerto, ya que no existen archivos, ni los periódicos de la época lo refieren.

antiguamente, construido por el virrey Luis de Velasco en 1595, por el que transitaron los tesoros llegados de la China y los héroes forjadores de la historia.

Martí, ansioso, vuelve a atravesar selvas y montañas, cruza ríos, villorrios y extensas sabanas sin detenerse. Desgraciadamente, su pluma infatigable, su mano de paisajista, esta vez no nos lega las impresiones de su viaje, "la prisa le cubría los ojos". Años después, en 1887, cuando escribe "México en los Estados Unidos" para refutar al escritor norteamericano Charles Dudley Warner, quien al escribir sobre un viaje a México en que visitó Toluca, Pátzcuaro y Morelia, se expresaba despectivamente sobre la juventud mexicana, a quien llamaba "petimetres" y "piernaspobres", sólo entonces, surgiendo del recuerdo, se le escapa un incidente de aquel viaje:

> ¡Piernas pobres!; precisamente era así el guía que cierto caminante llevaba una vez de Acapulco a México, el cual camino acabó con una buena suma a la cintura, sin que nadie le robara; era así el guía, poco de carnes y años, sin seso y zancudo; pero como un francés corpulento, que se agregó a la caravana, diera en punzarlo y hacer burla de él, llegando, porque lo creyó flojo, a mover mucho el sable y desafiarle el valor, saltó el mozo de su arria con tal vuelo que pareció a todos gigante, y más que a nadie al francés, que escondió el sable en cuanto le vio al mozo los ojos, tan encendidos que no había modo de hacerle seguir camino hasta que el francés no se bajara de su caballo y aceptase el combate. Al francés no le pareció el mozo ¡piernas pobres!—Pero, ¡ah, de esos juicios de viajeros, que no se responden al punto![4]

En otra ocasión, vuelve a recordar fugazmente el camino de Acapulco, al comentar el libro de David A. Wells, *A Study of Mexico*, quien habla desdeñosamente del país y de su historia. Sobre la visión de Wells acerca de paisajes bien conocidos, escribe Martí: "¡Sólo quiere saber que el camino de Acapulco es un camino de pájaros, que vale menos a sus ojos, después de haber pasado por él los héroes de la independencia, que cuando lo hollaban las mulas

---

[4] J.M., "México en los Estados Unidos", *OC*, t. 7, p. 57.

cargadas con tesoros que el indio infeliz mandaba a la corona de España."[5]

El 11 de diciembre, un "jinete polvoroso"[6] llama a la puerta de Mesones 11 donde habita entonces Manuel Mercado, y ahí se aloja. Ha regresado a cumplir su palabra, los periódicos saludan efusivamente su llegada. *El Federalista* del jueves 14, publicó en una de sus gacetillas: "BIENVENIDA.— El martes ha regresado a México, después de un año de ausencia, el joven y dulce poeta José Martí. De fiesta en verdad estamos al anunciar la buena nueva a las personas amigas del inspirado cubano."

Martí vuelve a recorrer la ciudad. En todas partes se le recibe con afecto, pero ya no es el México democrático de Lerdo de Tejada, sino el dictatorial de Porfirio Díaz, quien es capaz de ordenar fríamente: "Mátalos en caliente." La situación debe recordarle su carta a Mercado, en que le decía: "Ud. y yo tenemos decidido que el poder en las Repúblicas sólo debe estar en manos de los hombres civiles. Los sables, cortan.—Los fracs, apenas pueden hacer látigos de sus cortos faldones."[7]

---

[5] Ernesto Mejía Sánchez, "Correspondencia particular de *El Partido Liberal*. México en los Estados Unidos", en *Otras crónicas de Nueva York*, La Habana, Centro de Estudios Martianos/Editorial Ciencias Sociales, 1983, pp. 102-103. La primera edición de este texto, titulada *Nuevas cartas de Nueva York*, fue publicada en México, en 1980, por Siglo XXI.

[6] J.M., carta a Manuel Mercado, 29 de septiembre de [1877], *Epistolario*, t. I, p. 89. Véase también *OC*, t. 20, p. 34.

[7] J.M., carta a Manuel Mercado, el 10 de noviembre de [1877], *Epistolario*, t. I, p. 95. Véase también *OC*, t. 20, p. 37.

II. LA BODA

El día 20 de diciembre Martí y Carmen celebran sus bodas civil y religiosa, al parecer con pocos minutos de diferencia, pues según acta del registro, el compromiso civil se verificó a las 6:00 p.m. en las oficinas situadas en el Palacio de la Diputación (hoy Departamento del D.F.), para con dispensa de trámites legalizar sus bodas ante el juez segundo de lo civil, José María Rodríguez. Fungieron como testigos: Francisco Zayas Bazán, Manuel Mercado, el pintor Manuel Ocaranza y Ramón Guzmán, concuño de Martí. De ahí, el grupo se dirigió al Sagrario Metropolitano, donde se celebró la boda religiosa. Posteriormente, en casa de Mercado, el festejo fue sobrio e íntimo. En medio de los brindis y la alegría, allá en el fondo del alma de Martí, perdido en su subconsciente, una voz repetía los versos que escribiera un año antes: "¡Otra vez en mi vida el importuno / Suspiro del amor, cual si cupiera, / Triste la patria, pensamiento alguno / Que al patrio suelo en lágrimas no fuera! // Y ¿con qué corazón, mujer sencilla, / Esperas tú que mi dolor te quiera? / Podrá encender tu beso mi mejilla, / Pero lejos de aquí mi alma me espera."[1]

De esta manera Martí, el hombre, ha puesto la primera piedra de su tragedia amorosa, pues ya desde varios años atrás se ha unido espiritualmente en un amor ultraterreno a su patria, a la cual se debe.[2] Y ahora contrae matrimonio con una mujer cubana, uniéndola a su destino, lo que tal vez atempera la culpa, ya que a través de ella siente que se une a su tierra amada, fundiendo en un mismo amor patria y mujer. Porque ya se ha dicho: hasta en el amor fue patriota Martí. En Zaragoza, lo quiso una española; en México amó y fue

---

[1] J.M., "Patria y mujer", en *PCEDC*, t. II, p. 103.
[2] Sobre esta temática véase Blanche Zacharie de Baralt, "El patriota", en *El Martí que yo conocí*, La Habana, Centro de Estudios Martianos/Editorial Ciencias Sociales, 1980, y, específicamente, la p. 107. Como información complementaria, véase también Ezequiel Martínez Estrada, *Martí revolucionario*, La Habana, Casa de las Américas, 1974, p. 46.

amado; le amaron en Guatemala, pero entregó su corazón a una cubana.

Martí y Carmen se encontraban rodeados de amigos y parientes; ahí estaban don Ramón Guzmán y su esposa Rosa Zayas Bazán, Domínguez Cowan, Justo Sierra, Nicolás Azcárate, Anselmo de la Portilla, Peón Contreras, Agustín F. Cuenca, Uriarte y muchos otros de la élite literaria y periodística, los que fueron dejando, a la usanza de la época, sus versos y parabienes en el álbum de la desposada.

Manuel Mercado escribió, en lo que quizá es el único documento que se conoce de éste a Martí, lo siguiente, donde se aprecia la alta valoración que tenía de aquel amigo:

Carmen:

Son ya ciertos los sueños de ventura. Alcáncela U.: Hoy tan cumplida como merece, uniendo para siempre su suerte, a la del elegido de su alma, ese ser privilegiado en quien admirablemente concurren las más hermosas y brillantes dotes de la inteligencia y del sentimiento. Él también va a ser muy feliz, él que en las miradas de U., hallará amplia compensación a sus dolores terribles de otros tiempos y a las amarguras que todavía puedan estarle reservadas; él para quien la inefable ternura de U., sus sólidas virtudes, su belleza ideal y su talento distinguido serán dulce y poderoso estímulo en la realización de los altos y nobles pensamientos que se abrigan en ese espíritu gigante.

Felices, muy felices ambos! ¡Envidiable pareja que por doquier irá sembrando perfumadas simpatías y fecundísimos ejemplos y por doquier recogiendo himnos sinceros y entusiastas de alabanza y de amor...!

Adiós, Carmen, adiós, Pepe: Haya siempre en Uds. un recuerdo para los que aquí gozan con su dicha, y que no la turben las lágrimas cariñosas de los corazones amigos que aquí dejan.

Méjico. Dbre. 1877.
Rúbrica[3]

---

[3] El álbum se encuentra en el Museo Nacional de La Habana. Datos obtenidos por cortesía de Luis Ángel Argüelles investigador del CEM.

Nº 80843

"C" 21725

JUZGADO	AÑO REGISTRO	LIBRO	FOJA
2º	1877	64	31

En nombre de los Estados Unidos Mexicanos y como Juez del Registro Civil en el Distrito Federal, certifico que en el archivo de este Juzgado se encuentra un acta del tenor siguiente:

Nº 474476-RNCC.

AL MARGEN.= 592.- QUINIENTOS NOVENTA Y DOS.= "MATRIMONIO" DE: ---
JOSE MARTI Y PEREZ y CARMEN ZAYAS BAZANO ó HIDALGO.= AL CENTRO.=
EN LA CIUDAD DE MEXICO A LAS SEIS DE LA TARDE DEL DIA VEINTE DE
DICIEMBRE DE MIL OCHOCIENTOS SETENTA Y SIETE 1877, ANTE MI, JOSE
MARIA RODRIGUEZ JUEZ SEGUNDO DEL ESTADO CIVIL COMPARECIERON CON
EL OBJETO DE CELEBRAR SU MATRIMONIO EL SEÑOR JOSE MARTI Y PEREZ y
LA SEÑORITA CARMEN ZAYAS BAZANO ó HIDALGO Y ESPUSIERON SER DE LA
HABANA EL PRIMERO, DE VEINTICUATRO AÑOS, SOLTERO, ABOGADO, VIVE
EN LA PRIMERA CALLE DE MESONES NUMERO ONCE (11); HIJO DEL SEÑOR
MARIANO MARTI Y NAVARRO Y DE LA SEÑORA LEONOR PEREZ CABRERA, CASA
DOS, VIVEN EN LA HABANA; EL PRIMERO DE VALENCIA ESPAÑA, LA SEGUN=
DA DE SANTA CRUZ TENERIFE. LA SEÑORITA DE VEINTIDOS AÑOS, DONCE-
LLA, VIVE EN LA PRIMERA CALLE DE SAN FRANCISCO NUMERO DOCE (12) =
HIJA DEL SEÑOR FRANCISCO SAYAS BASANO, DE CUBA, VIUDO, ABOGADO, =
VIVE CON SU HIJA Y DE LA FINADA ISABEL HIDALGO.= AGREGARON QUE ==
HABIENDO OBTENIDO DISPENSA DE PUBLICACIONES POR EL CIUDADANO GOBER
NADOR DEL DISTRITO Y LLENADOS LOS DEMAS REQUISITOS LEGALES SIN QUE
SE HAYA INTERPUESTO IMPEDIMENTO ALGUNO PIDEN AL PRESENTE JUEZ AUTO
RICE SU UNION. EN VIRTUD DE SER CIERTO LO EXPUESTO POR LOS CONTRA
YENTES LES INTERROGUE SI ES SU VOLUNTAD UNIRSE EN MATRIMONIO Y ==
HABIENDO CONTESTADO AFIRMATIVAMENTE YO EL JUEZ HICE LA SOLEMNE Y
FORMAL DECLARACION QUE SIGUE: "EN NOMBRE DE LA SOCIEDAD DECLARO =
UNIDOS EN PERFECTO LEGITIMO E INDISOLUBLE MATRIMONIO AL SEÑOR JOSE
MARTI CON LA SEÑORITA CARMEN ZAYAS BAZANO." FUERON TESTIGOS DE ES
TE ACTO LOS CIUDADANOS FRANCISCO ZAYAS BAZANO PADRE DE LA SEÑORITA
CUYAS GENERALES YA CONSTAN; MANUEL OCAZANZA Y RAMON GUZMAN, MAYO
RES DE EDAD, EL PRIMERO DE MORELIA, CASADO, ABOGADO, VIVE EN LA =
PRIMERA CALLE DE MESONES NUMERO ONCE (11), EL SEGUNDO DE URUAPAN,=
SOLTERO, PINTOR, VIVE CON EL ANTERIOR; EL ULTIMO DE JALAPA, CASADO
COMERCIANTE, VIVE EN EL CALLEJON DE BETLEMITAS NUMERO DOCE, CON LO
QUE TERMINO ESTA ACTA QUE LEIDA LA RATIFICARON Y FIRMARON.= DOY FE
JOSE MARIA RODRIGUEZ.= SEIS FIRMAS.= RUBRICAS.= = = = = = = = = =

(VUELTA). . .

Acta de matrimonio de José Martí y Carmen Zayas (1877).

EN NOMBRE DE LOS ESTADOS UNIDOS MEXICANOS
Y COMO TITULAR DEL REGISTRO CIVIL DE LA =
CIUDAD DE MEXICO, CERTIFICO QUE LA PRESEN
TE ES COPIA FIEL DE SU ORIGINAL QUE EXPI=
DO A LOS TRECE DIAS DEL MES DE MAYO DE 1992.

"EL TITULAR DEL REGISTRO CIVIL DE LA CIUDAD DE MEXICO".

LIC. RAFAEL DOMINGUEZ MORFIN.

Agustín F. Cuenca le expresaba a Carmen en sentidos versos:

> Y sé que tu blancura
> Mejor que la del lirio, es la que brilla
> En tu alma siempre pura;
> la miel del mirto acendrará tus labios,
> Pero sé que la miel de tu ternura
> Al mirto causa agravios;
> que el sol roba a las estrellas en la alborada
> su luz que brilla inquieta
> Y el sol no se la roba a tu mirada,
> Y que tu himno mejor de desposada
> Es tu alma en comunión con un poeta.[4]

También las voces indias, como símbolo de la raza, llegaron hasta aquellas páginas. Sánchez Solís escribió en náhuatl y luego transcribió literalmente lo siguiente:

> Mi querido amigo Martí:— Algo de otra vida tiene la voz del viejo; el día en que realiza V. su deseado matrimonio, y cuando ya a aparecer a sus ojos de la Sociedad con un nuevo y esplendoroso título, un anciano —que en toda su vida ha querido cumplir con sus deberes— le desea un verdadero contento doméstico y que los muros de su casa siempre repelan al genio del mal, dejándolo tranquilo.
>
> Diciembre 25 de 1877
> *Felipe Sánchez Solís*

La versión en náhuatl la firmó como: Felipe Chi con cinatlí (Siete Águilas).[5]

El yucateco Peón Contreras, amigo íntimo de Martí, escribió a manera de una pequeña piececilla teatral:

> Acto primero. — Un altar
> Bajo la nave de un templo—.

---

[4] Núñez y Domínguez, *op. cit.*, p. 159.
[5] *Idem.*

>Acto segundo. — Un hogar.
>Acto tercero. — Un jardín.
>Mansión de paz y cariño,
>Un rorró, una cuna, un niño
>Bello como Serafín...

Cuya estrofa final terminaba: "Baja el telón y el autor / Que ni un aplauso reclama, / Deja un canto y una flor, / En el álbum del amor, / A los actores del drama."[6]

El día 21 en *El Federalista* podía leerse:

NUPCIAL

>Ayer han contraído matrimonio la bella y virtuosa Srta. Carmen Zayas de Bazán y el inspirado y elocuente joven poeta José Martí.
>   Ambos son hijos de Cuba, ambos tienen un gran corazón y ambos se merecen tanto como se aman [...]
>   Serán felices, muy felices.
>   ¡Puedan serlo algún día en la tierra de sus padres, y mecer la cuna de su primer hijo las brisas de la libertad de su patria.

Dos días después *El Siglo XIX* también insertaba la noticia: "Enlace.— El inspirado poeta José Martí y la bella señorita Carmen Zayas Bazán, contrajeron matrimonio el jueves. Que sean felices."

Aunque Martí tenía prisa por regresar a Guatemala, permanece cinco días más en la ciudad de México, quizá para celebrar la navidad en familia y ultimar los arreglos del viaje. Mercado lo agasaja con un almuerzo en el Tívoli de San Cosme. Martí pronuncia un pequeño discurso en una fiesta de entrega de premios a la que le invitan sus amigos; ahí ratifica una vez más su amor a México:

>Ah ¡yo no olvido! Esclavo de la pena, preso en tierra enemiga, sin ninguna grandeza que cumplir ni ninguna esperanza que alentar, quebré siempre en los labios las palabras de ardiente entusiasmo que la Naturaleza puso en ellos. Vine luego a esta tierra, vi los montes violáceos de Orizaba, sus paisajes que

---

[6] Núñez y Domínguez, *op. cit.*, pp. 157-158.

serían egipcios si ya no fueran mexicanos [...] vi bien qué hacer, dolores que llorar, fuerzas que hacer vivir, y, amante, hablé. Prendía todo sentimiento generoso, hablaba con la voz de las virtudes, se amaba y se sufría: era uno de mis pueblos. Él me honró; yo prometí honrarlo con mi gratitud. // Y ahora vuelvo, cuando yo me creía desconocido, y el mismo amor me acoge, bondad igual me anima, rostros fraternales me rodean. ¡Oh! no puede ser infeliz el pueblo que no olvida a los que sufren.[7]

El día 25 Martí asiste a una comida que, para despedir el año, organiza *El Federalista*.[8] En medio de tantas actividades, no ha tenido tiempo de terminar su libro sobre Guatemala. Ramón Uriarte ha escrito el prólogo; hubo dificultades para encontrar quien lo publicara, pero, al fin, lo hará *El Siglo XIX*, el decano de los periódicos, editado por don Ignacio Cumplido. Martí terminará el texto en el camino.

Esa noche, la última en México, se presenta Uriarte a despedirlo y le hace entrega de una letra de cambio por si fueran necesarios algunos gastos no previstos.

---

[7] J.M., *Fragmentos*, OC, t. 22, p. 85.
[8] Véase Herrera Franyutti, "La última fiesta de *El Federalista*", en *Panorama Médico*, México, marzo de 1970, p. 41.

III. RETORNO A GUATEMALA

PRIMERA JORNADA: 26 DE DICIEMBRE

El 26 de diciembre de 1877, con las primeras luces del alba y tras las nostálgicas despedidas, se escucha la voz del cochero. ¡En marcha! Suenan las cadenas de los tiros, zumba el látigo fustigando a las mulas, chirrían las ruedas, y el carruaje que conduce a los recién casados se desplaza con ensordecedor estruendo sobre el empedrado de las calles, encaminándose hacia la garita de San Antonio Abad para salir por el camino de Tlalpan, seguido por su escolta.

Martí y su esposa van felices, optimistas, plenos de sueños y de esperanzas. Carmen va con la seguridad de haber encontrado al marido bueno y cariñoso que le ofrece la seguridad en su futuro. Un hombre común, aunque idealista, rutinario, quien irá de su casa al trabajo y de éste a su casa. Un hombre entregado al hogar y a la familia. Quizá ella pueda curarlo de esa enfermedad de patria por la que tanto sufre y se atormenta. Martí está convencido de tener en ella a la mujer de temple, a la compañera de sus luchas futuras, de sus sueños de poeta, de sus rebeldías; la mujer que comprende su amor por la patria esclava, su sed de universalidad: "ella que vive de mi misma clase de pasiones [...] fortificando mi vida, servirá luego para que yo ayude mejor a la de todos".[1] Porque él no ha nacido para sumirse en una existencia simplista de pequeño burgués, de conformismo y quehaceres habituales, en que sólo se lucha egoístamente por el pan, el dinero y el techo, por la felicidad propia que es la felicidad de los mediocres. Su paso por la tierra ha de dejar huellas, y Cuba, y su América lo llaman. En Carmen ha de hallar la fortaleza "para unir vivo lo que la mala fortuna desunió".[2] Y hay

---

[1] J.M., carta a Manuel Mercado, 19 de abril de 1877, *Epistolario*, t. I, p. 78. Véase también *OC*, t. 20, p. 29.
[2] J.M., *Guatemala, OC*, t. 7, p. 119.

que aglutinar hombres y pueblos, luchar por el indio, por los humildes, por los oprimidos, salvar a Cuba, salvar un continente. Ambos fantasean sobre su dicha matrimonial.

Así los sorprende la mañana en la polvorienta calzada; por ambos lados del camino se aprecian pintorescas y rústicas haciendas, pequeños poblados, extensos alfalfares, campos ganaderos; a la izquierda, al fondo, destacan majestuosos los volcanes cubiertos de nieve, mientras a la derecha van dejando atrás los ennegrecidos muros del convento de Churubusco, a cuyo lado un modesto monumento recuerda la gesta heroica de su defensa contra la invasión norteamericana en 1847. Cruzan varios pequeños poblados hasta llegar a la posta de Tepepan, donde descansan y toman café, que se sirve en una angosta y destartalada mesita.

Luego inician el difícil ascenso a las montañas que forman la cordillera del Ajusco, por la penosa cuesta de San Mateo Xalpa hasta llegar al pueblo del mismo nombre, para proseguir la extenuante subida que conduce a Topilejo. Más adelante se detienen en el amplio mirador que les permite apreciar la extensa vista del valle. A lo lejos, desdibujada en la distancia, se aprecia la ciudad de México; allá quedan los seres queridos. Con el alma sobrecogida, la pareja mira por última vez la ciudad amada. Luego, dando tumbos, prosigue por el tortuoso y pedregoso camino por donde vienen indios de manta y huarache, que a paso trotón, doblados bajo el peso del huacal a sus espaldas, llevan sus productos a vender a la ciudad. El alma se estremece ante la presencia de estos hombres-bestias, a quienes la libertad no ha redimido. Los viajantes llegan a El Guarda, segunda posta donde cambian el fatigado bestiaje, y por la Cruz del Marqués, entre rocas y altos pinares, entran en el estado de Morelos.

Martí va absorto. Apoyado en su maletín de viaje, entre las sacudidas del carruaje, con mano trémula va escribiendo y corrigiendo los borradores de su libro sobre Guatemala. Entre estas hojas y las sonrisas de Carmen, piérdese el paisaje mexicano. Él está ahí, pero su mente está puesta en Guatemala y en su América, en sus hombres, su desunión, en la tragedia histórica de nuestros pueblos y "...puesto que la desunión fue nuestra muerte, ¿qué vulgar entendimiento, ni corazón mezquino, ha menester que se le diga que de la unión depende nuestra vida? [...] Pero, ¿qué haremos, indiferentes, hostiles, desunidos? [...] ¡Por primera vez me parece buena una cadena para atar, dentro de un cerco mismo, a todos los pueblos de mi América!"[3]

Martí, al abundar más en su angustia americanista ve hacia el pasado, y saca conclusiones de los peligros futuros que vislumbra: "La historia de la primera conquista estaba apoyada en la división de los pueblos conquistados. [...] Pizarro conquistó al Perú cuando Atahualpa guerreaba a Huáscar; Cortés venció a Cuauhtémoc porque Xicoténcatl lo ayudó en la empresa; entró Alvarado en Guatemala porque los quichés rodeaban a los zutujiles."[4] Por esa puerta de la lucha inútil y fratricida entraron Pizarro, Cortés y Alvarado, y por ahí entrarán los futuros conquistadores. Indudablemente, Carmen tendrá que compartir con él esas pasiones.

Por la tarde, Martí y Carmen llegan a Zacapexco, desde el cual pueden contemplar el extenso panorama del estado de Morelos. Por todas partes se pueden apreciar las altas y húmedas chimeneas de los ingenios diseminados en la región. Luego aparece Huitzilac, humilde pueblecillo de indios que viven del carbón y de la leña. De ahí, el descenso; después del frío intenso de esas cumbres, principia a sentirse el calor del trópico, la vegetación cambia, brotan el amarillo del plátano, el mango, los naranjales, y allá en las tierras bajas, los plantíos de caña de azúcar. El carruaje, liberado del peso en la subida, parece aligerarse y aumentar su velocidad. A lo lejos se divisa un pequeño caserío dividido por el camino de Acapulco; es Cuernavaca, la antigua Cuahunáhuac. Después la pendiente se hace más pronunciada y, en medio de una vegetación tropical, se ven las bugambilias y los árboles frutales. Dejando atrás Tlaltenango y las ruinas del primer ingenio que explotó la caña de azúcar en Nueva España, los viajeros entran en la ciudad de la eterna primavera; la preferida por los aventureros Cortés y Maximiliano. Pero también donde José María Heredia, "el que acaso despertó en mi alma, como en la de los cubanos todos, la pasión inextinguible por la libertad",[5] vivió honrado como juez de letras.

La primera jornada de los recién casados ha terminado, después de un fatigoso recorrido de catorce leguas. Es de noche, no pueden ver la ciudad, ni hay tiempo para el turismo, sus cuerpos maltrechos

---
[3] *Ibid.*, p. 118.
[4] *Idem.*
[5] J.M., "Heredia", *OC*, t. 5, p. 165.

sólo piden reposo, y lo encuentran, quizá, en la parada obligatoria de aquellos años, el antiguo mesón de San Pedro, convertido en hotel, o en la casa de las diligencias, contigua a los jardines de Borda.

Ahí deben haber hecho su primer descanso el día 27, donde fueron atendidos por Medina, quien les proporciona escolta hasta la siguiente etapa.

SEGUNDA JORNADA: 27 o 28 DE DICIEMBRE

Al día siguiente, por el barrio de Chipitlán, acompañados de su escolta, Martí y su esposa abandonan la ciudad. Atrás, en la colina, quedan el palacio de Cortés y las torres de su catedral. Avanzan por un camino pedregoso y difícil; a dos leguas pasan la hacienda de Temixco, propiedad de Pío Bermejillo, una de las principales de la región, tras de cuyos muros destacan las torres de su iglesia. Por el camino vienen recuas de mulas llevando sus pesadas cargas de caña al ingenio. Desde su salida hacia Cuernavaca se han ido agregando gentes y grupos hasta formar una larga caravana, pues, debido a las dificultades para viajar por aquellos parajes solitarios que no hacía mucho tiempo habían sido asolados por los Plateados, era necesario acompañarse y protegerse. En aquella comitiva formada por hombres rústicos, campesinos, arrieros, mujeres, y niños pobres, también había hacendados, quienes se hacían acompañar de su escolta personal, armada con rifles y pistolas, sin faltar el tradicional machete suriano a la cintura. Había que llevar provisiones de pan, queso, chocolate y carne, porque en los pueblecillos de tránsito no se encontraba nada de comer.

Martí iba eufórico; iba por tierras de su madre América; "estos son mis aires y mis pueblos",[6] había escrito a Mercado desde Guatemala. "El americanismo penetra en Martí por todos sus sentidos, lo aspira y lo bebe incorporándolo a su sangre y a su sensibilidad", refiere Martínez Estrada. Sus experiencias de México y Guatemala, su tránsito por estas tierras, el contacto directo con sus

---

[6] J.M., carta a Manuel Mercado, 19 de abril de 1877, *Epistolario*, t. I, p. 76. Véase también *OC*, t. 20, p. 27. *El Federalista* del jueves 27 de diciembre da a conocer la partida: "El inspirado joven cubano José Martí, ha salido ayer, en compañía de su esposa, rumbo a Guatemala. Feliz viaje."

gentes, primitivas y cultas, será el libro en el que aprehenda la realidad de América, la inspiración de su obra futura.

La comitiva avanza en medio de extensos cañaverales, que a la distancia, mecidos por el viento, parecen el oleaje del mar. Pasa Acatlipa, la hacienda del Puente, propiedad de Ramón Portillo, que, como las demás, muestra la prepotencia de sus dueños. Martí observa estos grandes latifundios. Haciendas, casi fortalezas, propiedad de un solo hombre, y el peón y el indio empobrecidos en un estado casi primitivo. Ante estas desigualdades ratifica lo que también ha observado en Guatemala:

> La riqueza exclusiva es injusta. Sea de muchos; no de los advenedizos, nuevas manos muertas, sino de los que honrada y laboriosamente la merezcan. Es rica una nación que cuenta muchos pequeños propietarios. No es rico el pueblo donde hay algunos hombres ricos, sino aquel donde cada uno tiene un poco de riqueza. En economía política y en buen gobierno, distribuir es hacer venturosos.[7]

Ya sentía, ya esbozaba Martí la necesidad de una reforma agraria, a su paso por las tierras en que un día resonaría el grito de "Tierra y Libertad".

Luego el camino se hace rústico, estéril. La vegetación es pobre o nula en espacios inmensos y cuando aparece algo de vida, sólo aparecen calabazares, mesquites o mimosas, sin encontrarse una sombra en la cual guarecerse. El paisaje es casi desértico, pero desde Alpuyeca, a la derecha, como a dos leguas de distancia, se aprecian las montañas de Xochimilco, que significa "cerro de flores": "En Xochicalco sólo está en pie, en la cumbre de su eminencia llena de túneles y arcos, el templo de granito cincelado, con las piezas enormes tan juntas que no se ve la unión, y la piedra tan dura que no se sabe ni con qué instrumento la pudieron cortar, ni con qué máquina la subieron tan arriba."[8]

Esta visión recuerda a Martí la sensación que experimentara en Guatemala ante la presencia del Volcán de Agua: "Allí, a lo lejos, se comprende por qué los egipcios hacían pirámides para sus muer-

---

[7] J.M., *Guatemala*, *OC*, t. 7, p. 134.
[8] J.M., "Las ruinas indias", en *La Edad de Oro*, *OC*, t. 18, p. 385.

tos. La manera de enviar un muerto al Cielo es acercarlo a él. Y nada es más elevado que las montañas, y las grandes montañas son piramidales. Y ¡cómo burla la naturaleza americana al maravilloso arte faraónico."[9]

Los viajeros cruzan Xochiltepec y el río del mismo nombre, donde existen unas fuentes sulfurosas que brotaron súbitamente dos años antes, conmocionando a los habitantes de la región. Una legua más adelante van a sestear a Alpuyeca. Por la tarde retoman el camino. Es un trayecto árido y fastidioso de cuatro leguas hasta llegar a la hacienda de San Gabriel, fundada por don Gabriel de Yermo, de la cual refieren los habitantes del lugar "que durante la Guerra de Independencia, era tanta su riqueza, que cuando los insurgentes atacaron la hacienda, habiendo faltado proyectiles con que cargar los cañones, éstos fueron cargados con pesos de plata". Para entonces, San Gabriel pertenecía a Ignacio Amor y Escandón, y es probable que allí se hayan alojado durante su segunda etapa, después del largo recorrido de once leguas.

TERCERA JORNADA: 28 o 29 DE DICIEMBRE

La madrugada del 28 de diciembre, mientras se preparaba para la partida, desde la hacienda, Martí escribe a Mercado:

> Como Cervantes, con el pie en el estribo, pero,—no como él,—en el estribo de la vida,—allá le envío, para que sufra, trabaje y me perdone, unos borradores recompuestos del segundo folletín.—No sé cómo saldrá V. de ese apuro. // Desde Iguala; desde Chilpancingo le escribiré con más calma y espacio. Ahora, tenemos prisa por salir de la Hacienda, donde el olor del azúcar y el ruido del trapiche nos oprime el corazón. // Carmen va muy bella, y muy conversadora de Vds.—Nos querrían aún más si nos oyeran. // Esta noche se propone ella bravamente llegar hasta Iguala. Allí renovaremos la numerosa escolta que nos sigue, merced a la bondad de Medina, el solícito amigo de Macedo.[10]

[9] J.M., *Guatemala*, *OC*, t. 7, p. 127.
[10] J.M., carta a Manuel Mercado [México, diciembre de 1877], *Epistolario*, t. I, p. 102. Véase también *OC*, t. 20, p. 38.

En tanto, Carmen va conociendo el temple de su esposo, incansable, tenaz. Ni la fatiga ni el amor lo desvían de su deber inmediato, esto es, la terminación de su libro tal como había manifestado en un poema: "la obra-delante, y el amor-adentro".[11] Martí descansa escribiendo, mientras ella, quizá, permanece temerosa en medio de aquella gente ruda y primitiva. Gracias a este viaje, aunque no lo diga, aunque no lo escriba, Martí se identifica más con el hombre de su América, y algo del paisaje y la experiencia mexicanas va quedando en su libro sobre Guatemala.

Después de tomar el desayuno —café caliente y la rica cecina de Yautepec, obligada en aquella región—, Martí y sus aconpañantes prosiguen su asombroso peregrinaje. Cruzan el río Chalma, y aparece un camino estéril, sinuoso: aquí una cuesta, allá un llano, y un sol abrasador que parece quemar la cabeza y hacer hervir la sangre. Llegan a Amacuzac, último pueblo del estado de Morelos. Cruzan el río del mismo nombre y dos leguas adelante, por Casahuatlán, entran en el estado de Guerrero.

Guerrero es tierra de valientes; ahí nacieron Cuauhtémoc, los Bravo, los Galeana, Altamirano, los Álvarez. "En las tierras de Álvarez, no se apagó nunca la antorcha de la libertad",[12] escribió Martí a la muerte de Juan Álvarez. Llegan a Tepetlapa, donde existe una hacienda azucarera (Zacapalco) en la que reposan, para continuar luego hacia Asuchiles para ir a sestear a los Amates tras de cinco leguas de camino.

Saliendo de los Amates se inicia la ruda y escarpada cuesta de Platanillo, la más elevada de todo el trayecto. La ascensión es penosa. Desde la cumbre observan los viajeros el plácido valle de Iguala, la laguna de Tuxpan y el pueblo del mismo nombre. Posteriormente inician el pesado descenso hacia Pueblo Nuevo, bordeando la laguna donde abundan los cocales y las huertas de sandías y melones; cruzan Tuxpan, que significa "conejo en el agua", cuya pequeña iglesia y casas están techadas con palmas, y los patios sembrados de árboles de tamarindo, que aquí llaman Paraíso; en muchos lugares hay cocos, dátiles y pozos de los que sacan agua para los quehaceres domésticos. Ya brilla la luna sobre el monte

---

[11] J.M., "Obra y amor", en *PCEDC*, t. II, p. 128.
[12] J.M., *OCEDC*, t. II, p. 156.

cuando al anochecer, por estrechas y empedradas calles, entran en la ciudad, hasta desembocar en una amplia plaza bordeada de árboles de tamarindo. Es Iguala, "ciudad de la noche", lugar de remembranzas históricas, donde el 24 de febrero de 1821 se proclamó, firmado por don Agustín de Iturbide y Vicente Guerrero, el Plan de Iguala, que precipitara la independencia de México, y también donde el sastre José Magdaleno Ocampo —como en la Demajagua, Cambula Acosta— confeccionara la primera bandera de la República, con la que en adelante marcharía el ejército trigarante.

Ahí deben haber descansado Martí y su esposa, para, al día siguiente, renovar su escolta.

CUARTA JORNADA: 29 o 30 DE DICIEMBRE

En la madrugada del 30 de diciembre, a las 3:00 a.m., se encienden las fogatas en el paradero. Mozos y arrieros van y vienen; se escuchan gritos e imprecaciones, silbidos de arrieros, relincho de caballos, ruido de los estribos de las sillas de montar al golpear contra el suelo, rechinar de carros y carretas. Después de un frugal desayuno, los recién casados parten, flanqueados por su nueva escolta. Toman el camino de Tepecoacuilco, que significa "cerro de las culebras pintadas", humilde poblado de casas de adobe y jacales de acahual tejido con varas. A la orilla de un riachuelo hay huertas de ciruelos, sandías, melones, y por doquiera se ven tamarindos y huamúchiles; la extensa plaza de bonitos portales duerme cuando pasan los viajeros; allí se vive de la lana y la fabricación de rebozos... Más adelante, en medio de cocoteros y cañaverales, pasan por Venta de Paula, y a las 10:00 a.m. llegan a Estola, situada a siete leguas de distancia de Iguala.

Tras un prolongado descanso, Martí y sus acompañantes reinician la marcha bajo un sol de fuego; pasan Zacacayuca, para luego internarse en la que parece una interminable Sabana Grande. Al atardecer, en la hondonada, ven serpear el río Mezcala; al llegar ahí descansan en la enramada, donde se sirve a los viajeros carne de venado. Luego cruzan el río en balsas para ir a dormir a la población del mismo nombre situada en la margen izquierda, después de un extenuante recorrido de once leguas. Mezcala es un misérrimo pueblo de indios pintos que viven de lo que les produce el paso de los viajeros.

Duermen a campo abierto, bajo las estrellas y el chisporroteo de las hogueras, arrullados por el canto de los grillos, rodeados de gente primitiva y de la escolta que vigila.

QUINTA JORNADA: 31 DE DICIEMBRE

En la madrugada del último día del año, los viajeros parten temprano de Mezcala, para realizar un extenuante recorrido de quince leguas. Pasan Milpillas, para internarse a lo largo de la cañada del Zopilote, entre el chillido de los monos que se mecen en los árboles y una tupida vegetación que sofoca. Hay que caminar muy temprano para viajar con la fresca y llegar en las primeras horas de la mañana a la Venta del Zopilote, que está a siete leguas de distancia, antes de que el sol esté en lo más alto. Ahí descansan varias horas, pues la jornada siguiente es ardua, dadas las características del camino. Las bestias van sudorosas, rendidas, acobardadas; se jalonean y resisten. Habrá que desmontar y avanzar por un paso estrecho, lo que obliga a los caminantes a caminar al borde de profundos precipicios.

Por la tarde pasan por Zumpango, un pueblo de indios que vive de su precaria agricultura; de ahí el camino sube hasta Tierra Prieta, desde donde puede apreciarse el valle de Chilpancingo y, a lo lejos, la imponente Sierra Madre del Sur. Tres leguas después llegan a Chilpancingo, "donde la Naturaleza tiene cetro, y la miseria palacio".[13] La ciudad está de fiesta para recibir el año; Martí y Carmen lo reciben con la fatiga en el cuerpo y la esperanza en el corazón.

No llegan como desconocidos. Son atendidos por el veracruzano José Manuel Emparán, jefe de hacienda del estado, quien entrega a Martí carta de Mercado.

Chilpancingo también es ciudad de historia. Allí, en 1813, durante el Primer Congreso Nacional, el Generalísimo José María Morelos declaró rota para siempre la dependencia de esta parte de América Septentrional, que estaba sujeta al trono español. Allí

---

[13] J.M., carta a Manuel Mercado, Chilpancingo, 1 de enero de 1878, *Epistolario*, t. I, p. 105. Véase también *OC*, t. 20, p. 39.

también expidió el primer decreto que abolía la esclavitud para siempre.

El 1 de enero de 1878, Martí escribe a su fraterno amigo:

> Aquí estamos, Carmen con aureola, yo con amor y penas. Me oprime el corazón su nobilísima tranquilidad. Cada uno de sus días vale uno de mis años. Esta luna de miel, errantes, vagabundos, era conveniente a nuestras bodas: peregrinos dentro de la gran peregrinación.—Duerme entre salvajes y bajo el cielo, azotada por los vientos, alumbrada por antorchas fúnebres de ocote; ¡y me sonríe!—Ya no hablaré de valor romano. Diré: valor de Carmen.[14]

Pero Martí va enfermo; las fatigas del viaje lo han agotado. Más adelante, en la misma carta, agrega:

> Aquí hallé su amorosa carta; esta mía iría con papeles guatemaltecos. Tuve—toda esta tarde—las penas son perezosas para dejarme—un pequeño ataque—suficiente a robarme el tiempo y el sentido: aunque corto, fue del género de aquel que me curó Peón. [...] Sepa Macedo que Alfaro me sirvió con solicitud.—Y el buen Emparán, con halago. Inventa detalles en qué serme útil. // A Acapulco llegamos el 5, y de allí le escribo con el resto de los originales [...] Adiós ahora, que Carmen me llama, y la madrugada está cerca.[15]

SEXTA JORNADA: 2 DE ENERO

El 2 de enero, acompañados por la escolta de la Federación del 8o., Martí y su esposa parten nuevamente. Avanzan por la llanura dejando atrás el valle de Chilpancingo, para internarse en la abrupta Sierra Madre Occidental, que se abre ante ellos envuelta en la bruma matutina. Pero de aquí, para llegar a Acapulco —escribe García Cubas años después— sólo es posible viajar a lomo de mula o caballo. Van contentos, en traje de camino, sombrero de petate, las

[14] *Idem.*
[15] *Idem.*

manos y los rostros ennegrecidos por el sol y el polvo. Con sus caballos emparejados, Carmen va del lado del cerro; Martí, del de la barranca, cuidándola, llevando el caballo de ella al cruzar los lechos pedregosos de los ríos.

Es difícil seguir la huella de los viajeros esos días. Viajan por senderos estrechos y peligrosos, marcados por el paso de las recuas a través de tres siglos. Van internándose en la montaña donde la garrapata, el mosquito y las niguas son el principal enemigo del viajero; por zonas cada vez más alejadas de la civilización, cruzando ranchos y jacales donde falta lo elemental. Pasan Petaquillas, humilde pueblo indígena y ganadero; ascienden por la ruda cuesta que lleva al Chicote, desde donde se puede ver ya el pueblo de Mazatlán, "lugar de venados", seguido de las haciendas de Palo Blanco y La Imagen, las cuales cruzan para iniciar el ascenso a la cuesta de Cajones, donde se encuentra el cuartel militar cercano al pueblo de Dos Caminos. El terreno es estéril, pero el pequeño villorrio permite un descanso al peregrino. Por todo el trayecto, Martí ha observado al indio, al campesino. De hombres como ésos está formado el hombre de su América: primitivo, inculto, trabajador de lo elemental. A su paso por pueblecillos y ventas, salen a verlo las mujeres y los niños de mirada triste y enfermiza, para quienes el paso de los extraños es una fiesta. ¡Ah, los pobres indios! Su mano trémula escribe, como él mismo dirá, "páginas rapidísimas, casi escritas entre los cerros y a caballo",[16] en las que plasma la huella de su angustia y comprensión hacia estos hombres:

> El porvenir está en que todos lo desean. Todo hay que hacerlo; pero todos, despiertos del sueño, están preparados para ayudar. Los indios a las veces se resisten; pero se educará a los indios. Yo los amo, y por hacerlo haré. // ¡Ah! Ellos son ¡terrible castigo que deberían sufrir los que lo provocaron! ellos son hoy la rémora, mañana la gran masa que impelerá a la juvenil nación. Se pide alma de hombres a aquellos a quienes desde el nacer se va arrancando el alma. Se quiere que sean ciudadanos los que para bestias de carga son únicamente preparados. ¡Ah! las virtudes se duermen, la naturaleza humana

---

[16] J.M., *Guatemala*, *OC*, t. 7, p. 147.

se desfigura, los generosos instintos se deslucen, el verdadero hombre se apaga.[17]

Así, Martí y su escolta llegan a Acahuizotla, tras un recorrido de siete leguas. Después de un prolongado descanso, reinician el camino para dormir en Tierra Colorada. Otra ruda noche a campo abierto, bajo las estrellas. En la oscuridad de la noche se escucha, desgarrando el silencio, el relinchar de un caballo, el lejano aullido del coyote, el lúgubre canto del tecolote y el monótono canto de los grillos.

SÉPTIMA JORNADA: 4 DE ENERO

De Tierra Colorada, los viajeros parten al amanecer para dirigirse al río Papagayo, situado a dos y media leguas de distancia, el cual atraviesan por alguno de sus dos vados, por el de Peregrino o por el de Cacahuatepec. Avanzan por un camino pedregoso donde no siempre se encuentra agua para las cabalgaduras. Cruzan el río en canoa y luego continúan hasta los altos del Camarón, donde empieza a suavizarse la sierra y se inicia el descenso hacia la costa para ir a descansar a Dos Arroyos, a la orilla de una frondosa cañada; de ahí prosiguen hasta El Ejido donde pasarán su última noche en la sierra.

Quizá el recuerdo de una de estas noches pasadas en el monte, fue el que inspiró a Martí ese extraño texto, escrito en prosa y verso, que escribiera posteriormente:

> Noche solitaria—¡aciaga!—¡De cuán distinta manera, cuando—acostada en el mismo lecho, le hablé del libro comenzado, de unión de pueblos, de ideas no entendidas, de mi dolor por la miseria ajena;—de cómo aumenta el bienestar, de cómo el·bienestar peligra, bien seguro. De que a riquezas y a pobrezas ríe!
>
> Y abrazándose a mí me ciñe y me ama.
> Y así, dormidos en la negra tierra
> ¡Irá la Aurora a sorprenderme al cielo![18]

[17] *Ibid.*, p. 157.
[18] J.M., *Cuadernos de apuntes*, OC, t. 21, p. 147.

OCTAVA JORNADA: 5 DE ENERO

De El Ejido parten los peregrinos muy temprano. Marchan alegres hacia su meta. Descienden por la amplia llanura; aumenta el caserío y las gentes van a sestear a Aguacatillo, situado a cuatro leguas. ¡Al fin, clima tropical, humedad del mar! Pasan Venta Vieja, Las Cruces, El Atajo, nombres que nada dicen, villorrios miserables, vidas perdidas en la soledad del monte. Más tarde, desde una cumbre, distinguen el mar y la bahía que se cierra en forma de concha, rodeada por cerros que van a morir en las aguas, bañados por la espuma del mar. Bosques de tamarindos, cocoteros, mangos, limoneros —que aquí llaman cajeles—, se abren ante ellos; arroyos de aguas claras descienden desde la montaña y corren hacia las tierras bajas. Las cabalgaduras redoblan el paso, caminan presurosas bajo el abrasador sol de la costa, pero a lo lejos, como un imán, se divisa el pequeño caserío. El verde de los árboles destaca en medio de las casas de la población, cuyos techos rojizos contrastan con el blanco deslumbrante de las paredes; casi al centro se ve la torre de la iglesia y, más allá, el Fuerte de San Diego, aparece como símbolo del antiguo poder colonial. Sus calles son estrechas, sinuosas e irregulares; en desnivel, bajan del cerro para luego extenderse por la playa, hacia Acapulco. Al anochecer Martí y su mujer entran al puerto. Han recorrido 104 leguas desde la ciudad de México.

Acapulco, cuyo nombre significa "lugar de las cañas en el lodo", debió ser para ellos un oasis de paz y descanso. Ahora pueden apreciarlo con calma. Es sólo una pequeña población de tres mil habitantes; un sitio infecto, malsano y pestilente con un largo muelle en el que atracan los barcos de la Línea del Pacífico para cargar el carbón de piedra que era transportado desde Australia en barcos de vela, y para abastecerse de víveres y agua. Lugar casi olvidado por el gobierno del centro desde la Independencia. Nada llama la atención de Martí, nada mueve su pluma para describirlo, sobre todo si tomamos en cuenta la fatiga del camino, las atenciones que debe a Carmen y las prisas por terminar el libro sobre Guatemala. Quizás recuerde que había abogado por Acapulco en uno de los boletines escritos en la *Revista Universal*, en julio de 1875, cuando ante la noticia de escasez de alimentos de los indígenas de esta región había escrito:

No sea vana la enseñanza del demócrata romano; ábranse al pueblo los graneros, cuando el pueblo no tiene granos en su hogar [...] permita el Gobierno [...] puedan los comerciantes de Acapulco introducir sin derechos la harina con que en un tanto remediarán la apremiante escasez de los habitantes de aquella región. El hogar está sin granos: ábranse al pueblo los graneros públicos.[19]

En Acapulco encontró nuevamente carta de Mercado (el correo viajaba más rápido que ellos); le contesta y le envía sus confidencias:

Del camino ¿qué le diré que no imagine? Cuando fui, las alas que llevaba me cubrían los ojos: ahora, que con mis alas tenía que protegerla, he visto todas las cruelísimas peripecias, rudas noches, eminentes cerros, caudalosos ríos que, con razón sobrada, esquivan los viajeros. Carmen, extraordinaria; yo, feliz y triste ¡felicísimo!—Por el largo trecho, traspuesto del 26 al 5, con tres días intermediarios de descanso, cuadrillas de ladrones, felizmente ahuyentadas por la escolta [...] Por Alfaro fui tan atendido como por Medina. Y por Emparán, si V. no hubiera nacido en Michoacán, diría yo: veracruzanamente.

Luego, refiriéndose al libro planeado, agrega:

De la *opus majus*, ¡pobre librejo! allá le envío certificada la parte mayor. Por este mismo correo va. Numere como le plazca: ahí, en continuación de lo ya enviado, le mando 77 páginas. Como gusto mucho de lo ancho, de lo elevado y de lo vasto, y en nuestra América todo lo es, tal vez abunden estas palabras repetidas: corte y saje. Como no he tenido tiempo de leer lo escrito donde haya idea o noticia repetida, saje también. No es ese libro caso de honra literaria, pero se ha de hacer por no perder la habida.—De la publicación ¿qué he de decirle? En ella tengo interés grandísimo. Para mi inmediato porvenir, me parece imprescindible.[20]

---

[19] J.M., "México. Escasez de trabajo", *OC*, t. 6, p. 284.
[20] J.M., carta a Manuel Mercado, Acapulco, 7 de enero de [1878], *Epistolario*, t. I, pp. 106-107. Véase también *OC*, t. 20, p. 40.

Junto a las penalidades del camino, Martí sufría, como sabemos por una carta escrita posteriormente en Guatemala, grandes aprietos económicos:

> Fue necesario creer, como sucedió, que no me alcanzaba ¡quién lo diría! el dinero para llegar hasta Acapulco. A no ser por la letra de Uriarte, a la cual no quería yo acudir, y de cuya posesión no estuve seguro hasta últimas horas de la noche del 25, no hubiera yo dejado sin pagar esa cuenta. [...] Que Sarre entienda bien que esto es cosa exclusivamente mía.[21]

Cuatro días permanece Martí en Acapulco. Tiene tiempo de descansar y refrescarse a la sombra de los laureles de la Plaza de Armas. Visita el Fuerte de San Diego, donde Morelos, al apoderarse de él el 19 de septiembre de 1813, proclamó su victoria con un banquete, en el que expresó eufórico ante los vencidos: "Que viva España, sí, pero España hermana, y no dominadora de América!" Ante sus muros se hallaba otro luchador contra el último bastión español en América. Son cuatro días de descanso y trabajo. Sobre la publicación en cierne le notifica a Mercado que aún le "faltan noticias de poetas y de artistas, que ya—con el pie en la movible escalera del vapor, daré de prisa. Serán treinta páginas".[22]

Martí hace contacto con los concesionarios Velad y Denfort, para que a través de ellos y de la casa Gutell en México le envíen libros, "los que para la abarcadora instrucción general que intento, me hagan falta".

El 9 de enero, unas horas antes de zarpar, escribe a Mercado: "Una sola palabra —triste— ¡adiós! // Ya nos vamos: el vapor está en el puerto. Volveremos, porque aquí dejamos una gran cantidad del corazón. // Ahí le envío el resto del libro: corríjamelo con cuidado, y adivine lo que no entienda, que V. sabe de eso.—Cuídeme el párrafo de los pobres indios [...] ¡Adiós a V. y a México!"[23] Luego la nave que lleva a Martí abandona el muelle, cruza la ancha boca

---

[21] J.M., carta a Manuel Mercado, Guatemala, 8 de marzo de [1878], *Epistolario*, t. I, p. 114. Véase también *OC*, t. 20, pp. 42-43.

[22] J.M., carta a Manuel Mercado, Acapulco, 7 de enero de [1878], *Epistolario*, t. I, p. 107. Véase también *OC*, t. 20, p. 40.

[23] J.M., carta a Manuel Mercado, Acapulco, 9 de enero de [1878], *Epistolario*, t. I, p. 108. Véase también *OC*, t. 20, p. 19.

de la bahía y sale a mar abierto. Acapulco va borrándose en la distancia, perdiéndose en la niebla, hasta que sólo persiste la visión del enorme anfiteatro que forman los cerros. El vapor toma dirección al sur. Ahora las olas mecen su idilio, mientras navegan hacia las tierras del quetzal. Son éstos los únicos días de descanso.

El 15 de enero, aproximadamente, Martí y Carmen desembarcan en San José y toman la diligencia hacia Guatemala.

IV. LA INGRATA GUATEMALA

Al cumplirse los treinta días del permiso, Martí se encuentra de regreso en la ciudad de Guatemala con su esposa. Pero la situación cambia repentinamente. Las cartas que llegan ahora a Mercado no son las llenas de optimismo de unos meses antes, son la voz de la angustia, la frustración y la pena.

En febrero se firma en Cuba el Pacto del Zanjón. Martí recibe esa noticia en Guatemala y tiene que morder su dolor, no puede protestar como Antonio Maceo en Baragua. Al hermano de México le escribe: que consideraba que:

> fundada en la naturaleza de los hombres— de que era imposible la extinción de la guerra en Cuba.—Y, sin embargo, la guerra se ha extinguido; la naturaleza ha sido mentira, y una incomprensible traición ha podido más que tanta vejación terrible, que tanta inolvidable injuria!— Transido de dolor, apenas sé lo que me digo.— ¿He de decir a V. cuánto propósito soberbio, cuánto potente arranque hierve en mi alma? ¿que llevo mi infeliz pueblo en mi cabeza, y me parece que de un soplo mío dependerá en un día su libertad?[1]

Los periódicos de México le llevan noticias decepcionantes sobre lo que aquí sucede. *El Federalista* del 12 marzo de 1878, en un extenso artículo titulado "Banquete en celebración de la paz de Cuba", daba amplia información del banquete organizado por Adolfo Llanos Alcaráz, director de la *Colonia Española*, en el Tívoli del Eliseo, donde reúne a sus amigos para celebrar el acontecimiento. "Cuba no será libre, pero tendrá libertad", se decía en una parte del artículo. Hubo gran animación; se brindó, se pronunciaron discur-

---
[1] J.M., carta a Manuel Mercado, Guatemala, 6 de julio de 1878, *Epistolario*, t. I, p. 123. Véase también *OC*, t. 20, p. 52.

sos, se dijeron versos, hablaron cubanos y españoles, y ahí estaban los amigos de Martí.

Hablaron Nicolás Azcárate, Juan A. Mateos, Joaquín Alcalde, Anselmo Alfaro, Rafael Álvarez, Ireneo Paz y Peón Contreras. También había sido invitado Porfirio Díaz, quien se disculpó por no poder asistir al acto.

Azcárate pronunció un extenso discurso en que manifestó: "me levanto con verdadero júbilo a proponeros un brindis por la paz. // No por la paz de los sepulcros, no [...] Yo quiero la paz animada de los vivos, en cuyo concierto de voces armoniosas se anuncian los triunfos sucesivos del progreso".

Y en su alocución, Juan A. Mateos expresó:

> La España acaba de realizar un suceso feliz, no sólo en el seno de su política, sino de la civilización moderna, que rechaza la conquista de la fuerza y proclama el dogma de la razón en el sano criterio de los pueblos [...] La isla de Cuba es la llave del golfo mexicano y representa el equilibrio de los intereses europeos. Una vez hecha la independencia, representaría una nacion débil que caería bien pronto bajo la garra extranjera, y su Estrella Solitaria pasaría a formar parte de esa constelación, que ostenta la bandera que ondea sobre el capitolio de Washington. [...] Señores: la Isla de Cuba no puede ser en la edad presente más que española o filibustera, la hora de su independencia no ha sonado aún en el reloj de la historia.

Y Peón Contreras improvisó unos versos que decían:

> Al porvenir salude nuestro canto...
> Ya próspero, ya adverso,
> Cubanos y españoles, todos juntos,
> Brindemos por la paz del Universo,
> Brindemos por los mártires difuntos.

Al leer tan triste crónica Martí escribe a Mercado:

> No es posible que México entero piense como los complacientes y olvidadizos, que se disputaban los asientos en el banquete de Llanos Alcaráz.—Él estaba en su puesto. Los demás no

estaban en el suyo.—Yo creía que a un banquete como ése no podía ir ningún americano... ¿No ha habido allí un cubano que flagele a los cubanos que fueron? ¿Ni un mexicano que proteste contra esta fiesta fratricida? Afortunadamente, Vd. no fue.—Vd. es mi hermano.—Yo intento, cuando los días me hayan calmado el primer hervor, escribir algo sobre esto.[2]

Pero la vida es contradictoria, a medida que crece la fama de Martí, también crece la intriga; el mundo que ha construido con tanto amor comienza a desmoronarse a su alrededor; su canto a Guatemala ha llegado, pero no logra los efectos que esperaba; su prédica se hace molesta, la intriga llega hasta el presidente Barrios. Su compatriota Izaguirre es destituido de la Escuela Normal; en una hombrada patriótica, Martí, en solidaridad, también renuncia y se queda sin medios de subsistencia. Mercado recibe la crónica de sus tragedias y confesiones: "Al volver hallé, en lo general, desatada la tiranía; en lo que a mí tocaba, visible la ira.—¿Provocada con qué? Con mis discursos generales; con mi cátedra de Historia de la Filosofía; con el libro que V. conoce, y que no vale, no de veras, el amoroso celo con que V. me lo cuidó."[3] En otra carta le dice: "¿cómo había yo de pensar que, sin causa nueva alguna, en el momento de volver a este país con mi pobre mujer, enseñando más, escribiendo bien de ellos, con mi libro amante en las manos, con los mismos hombres en el Gobierno, había de venir abajo todo esto?—Antes de que me abandonen, yo los he abandonado". Y se pregunta: "¿Qué se ha de ser en la tierra; si ser bueno, ser inteligente, ser prudente, ser infatigable y ser sincero no basta?"[4]

El 10 de mayo muere María Granados, a la edad de diecisiete años, hecho que quedará intensamente grabado en la memoria de Martí. Años después la evocará sutilmente en *Versos sencillos*, donde quedará, escribe Estenger, "como una princesita de cuentos azules La niña de Guatemala":[5]

---

[2] J.M., carta a Manuel Mercado, Guatemala, 20 de abril [de 1878], *Epistolario*, t. I, p. 121. Véase también *OC*, t. 20, p. 49.
[3] J.M., carta a Manuel Mercado, Guatemala, 6 de julio de 1878, *Epistolario*, t. I, p. 123. Véase también *OC*, t. 20, p. 52.
[4] J.M., carta a Manuel Mercado, Guatemala, 20 de abril [de 1878], *Epistolario*, t. I, p. 120. Véase también *OC*, t. 20, p. 48.
[5] Rafael Estenger, *Vida de Martí*, Santiago de Chile, Ercilla, 1936, p. 54.

> Quiero, a la sombra de un ala,
> Contar este cuento en flor:
> La niña de Guatemala,
> La que se murió de amor.
>
> ...Ella dio al desmemoriado
> Una almohadilla de olor:
> Él volvió, volvió casado,
> Ella se murió de amor.[6]

Martí se fue por el mundo persiguiendo su obra. "¡Pero es duro, es muy duro, vagar así de tierra en tierra, con tanta angustia en el alma, y tanto amor no entendido en el corazón!"[7]

Seis meses después todas las ilusiones se han venido a tierra. En febrero se había firmado la paz del Zanjón; no obstante, Martí se resiste a volver a Cuba. En julio tiene que abandonar Guatemala. Hay que desandar el camino. El 27 Martí y Carmen parten de Ciudad de Guatemala; ella tiene seis meses de embarazo, pero es necesario peregrinar nuevamente. A lomo de mula vuelven a cruzar los montes y ríos hacia Livingstone. Él lleva los ojos enfermos "por la altura" y la amargura en el alma. Ella, la ilusión por la protección del hogar paterno. Hay un mes de silencio en que nada se sabe. De Livingstone van en canoa a Puerto Trujillo, Honduras, desde donde embarcan, en el vapor Nueva Barcelona, hacia La Habana, a donde llegan el 31 de agosto. Otra etapa se cerraba en la vida de José Martí.

---

[6] J.M., *Versos sencillos*, *PCEDC*, t. I, p. 245. Véase Herrera Franyutti, "A cien años de La niña de Guatemala. Una historia y un poema", en *Panorama Médico*, septiembre de 1878, pp. 47-53.

[7] J.M., carta a Manuel Mercado, Guatemala, 20 de abril [de 1878], *Epistolario*, t. I, p. 121. Véase también *OC*, t. 20, p. 49.

QUINTA PARTE

MÉXICO EN MARTÍ

*Cultivo una rosa blanca,
En julio como en enero,
Para el amigo sincero
Que me da su mano franca.*

I. MARTÍ SIEMPRE CERCA

Martí se fue de México, pero México nunca más salió del corazón de Martí, y su voz y su pluma siempre estuvieron prestos a cantarlo, pregonarlo y defenderlo.[1] ¿Cómo había de olvidar la tierra que le dio cariño, comprensión, y que cubriría los restos de uno de sus seres más queridos? ¿Cómo olvidar el país en que le amaron, encontró amistad, trabajo y en el cual contrajo matrimonio, y del que se fue cuando su dignidad le impidió respirar aires de opresión? Su amor a México no tenía límites y no habría de perder oportunidad para reafirmarlo.

"De más está decir —escribe Fernández Retamar— que el tema de México atraviesa el impresionante epistolario de Martí a Mercado."[2] En sus cartas manifiesta a éste en repetidas ocasiones referencias sobre "México, mi tierra carísima",[3] y en otras: "Si no fuera Cuba tan infortunada, querría más a México que a Cuba."[4] En una carta posterior, dice a Mercado: "Si yo no amase a México como una Patria mía, como a Patria la amaría por ser Vd. su hijo y vivir V. en él",[5] y para no dejar dudas del mexicanismo que lo impregna afirma: "Como sale un suspiro de los labios de los desdichados, así se me sale México a cada instante del pensamiento y de la pluma." Así, el 12 de abril de 1886 le confiesa: "¡Si con tanto brío quiero a México como a Cuba! Y acaso ¡con mayor agradecimiento!"[6]

---

[1] Herrera Franyutti, "José Martí. Una voz de defensa y advertencia a México", en *Revista de la Universidad de Yucatán,* núm. 132 Mérida, enero-febrero de 1980, pp. 12-34.

[2] Roberto Fernández Retamar, "Martí en México, México en Martí", en *Bohemia,* La Habana, 28 de enero de 1983, p. 10.

[3] J.M., carta a Manuel Mercado, Nueva York, 11 de agosto de [1882], *Epistolario,* t. I, p. 286. Véase también *OC,* t. 20, p. 64.

[4] J.M., carta a Manuel Mercado, La Habana, 17 de enero de [1879], *Epistolario,* t. I, p. 136. Véase también *OC,* t. 20, p. 59.

[5] J.M., carta a Manuel Mercado, Guatemala, 6 de julio de 1878, *Epistolario,* t. I, p. 125. Véase también, *OC,* t. 20, p. 54.

[6] J.M., carta a Manuel Mercado, Nueva York, 12 de abril de [1885], *Epistolario,* t. I, p. 299. Véase también *OC,* t. 20, p. 73.

Martí permaneció unido a México mediante sus cartas a Mercado; sin proponérselo, este epistolario iría formando un nuevo libro en el que cuenta todas sus angustias al "hermano" de México que sabe comprenderlo y estimarlo. Ahí quedaron plasmados su amor filial, sus ansias de enamorado, su amor de esposo y padre, sus angustias de patriota, su preocupación por la suerte que pudiera correr Mercado, y las páginas en que comparte con éste su pena, al enterarse, por *El Monitor Republicano*, de la muerte de su pequeño hijo Gustavo, "el de los ojos árabes". Acongojado le escribe:

> Parece que en la tierra se roba la felicidad, y se la tiene contra voluntad suya. Era V. demasiado venturoso. El de V. era el hogar que yo había visto menos mordido de humanidades. La desgracia no permite que la burlen, y al fin halló manera de vengarse de V.—Al fin, V., que es hombre, cree sereno que el alma que se va vuelve a vivir; su madre, que por serlo, y por ser ella, vale más que nosotros, no haría bien en llorar, porque el hijo que se va de la tierra, en el alma de su madre se queda.[7]

Aún tiene tiempo de preocuparse y estar pendiente de Ocaranza. Martí se pregunta ¿qué hace Ocaranza en México?: "Él debía pintar, empaquetar, e irse.— [a Nueva York]—Allí, pintando indios, y sus encantadoras ligerezas, haría provisión para el invierno." Luego agrega: "Le cedo para siempre el retrato de Ana, porque creo que merece tenerlo. ¡Ay! ¡desgraciadamente es verdad que los que se mueren no se vuelven a ver! ¡Quién ha de llevar en interminable libro de cuentas, tantas vidas de hombres!"[8]

Tiempo después, cuando va a abandonar Guatemala, Martí le escribe a Mercado sobre sus angustias de proscrito y su pena por volver a Cuba, a donde lo fuerza su familia: "¡Creen que vuelvo a mi patria! ¡Mi patria está en tanta fosa abierta, en tanta gloria acabada, en tanto honor perdido y vendido! Ya yo no tengo patria:— hasta que la conquiste.—Voy a una tierra extraña, donde no me conocen; y donde, desde que me sospechen, me temerán."[9]

---

[7] J.M., carta a Manuel Mercado, Guatemala, 26 de mayo de [1877], *Epistolario*, t. I, p. 81. Véase también *OC*, t. 20, p. 50.
[8] J.M., carta a Manuel Mercado, Guatemala, 8 de marzo de [1878], *Epistolario*, t. I, p. 114-115. Véase también *OC*, t. 20, p. 43.
[9] J.M., carta a Manuel Mercado, Guatemala, 6 de julio de 1878, *Epistolario*, t. I, p. 124. Véase también *OC*, t. 20, p. 53.

II. COMIENZA LA TAREA, LA LUCHA

Ya en Cuba, durante el "reposo" del Zanjón, como le ha llamado Fina García Marruz[1] a la muerte de Alfredo Torroella, el 28 de febrero de 1879, Martí pronuncia en el Liceo de Guanabacoa un emotivo discurso en homenaje al poeta desaparecido, en el que entona su primer canto de agradecimiento a México, en nombre propio y de Torroella:

> México. // ¡Sea con respeto y vivísimo amor oído tu nombre, tierra amiga!—¡Sepulcro de Heredia! ¡Inspiración de Zenea! ¡Tumba de Betancourt! ¡Abrigo fraternal y generoso, prepara tus montañas, viste el valle de fiesta, da la lira a los bardos, borda el río de flores, ciñe de lirios la cresta del torrente, calienta bien los hielos de tus cumbres!... ¡Te ama Cuba!... ¡Y entre pueblos hermanos, todas las flores deben abrirse el día del abrazo primero del amor!... ¡Tu rica Veracruz nos dio sustento, labores San Andrés, aplausos México! ¡Tu pan no nos fue amargo, tu mirada no nos causó ofensa! ¡Bajo tu manto me amparé del frío!... ¡Gracias, México noble, en nombre de los ancianos que en ti duermen, en nombre de los jóvenes que en ti nacieron, en nombre del pan que nos diste, y con el amor de un pueblo te es pagado![2]

Martí fue nuevamente expulsado de Cuba en septiembre de aquel año por haber vuelto a conspirar. Pasa a España, de ahí a París, y a principios de 1880 se encuentra en Nueva York. El ámbito de Martí va ensanchándose, en tanto sus cartas siguen llevando al hermano mexicano sus cuitas de proscrito errante, sus temores y su amor por México.

---

[1] Fina García Marruz, "En torno a Martí y el teatro", en *Conjunto*, La Habana, Casa de las Américas, octubre-diciembre de 1983, p. 19.
[2] J.M., "Alfredo Torroella", *OC*, t. 5, p. 87.

"Aquí estoy ahora —le dice—, empujado por los sucesos, dirigiendo en esta afligida emigración nuestro nuevo movimiento revolucionario." Luego vienen las tristes confesiones íntimas, sobre sus primeras desavenencias familiares. Su Carmen principia a serle extraña:

> Carmen no comparte, con estos juicios del presente que no siempre alcanzan a lo futuro, mi devoción a mis tareas de hoy. [...] se me reprocha que haga en prosa lo que se me tenía por bello cuando lo decía en verso.—Yo no entiendo estas diferencias entre las promesas de la imaginación y los actos del carácter. [...] Fuerzas quiero,—que no premio, para acabar esta tarea. Sé de antemano que rara vez cobijan las ramas de un árbol la casa de aquel que lo siembra.[3]

Hay un silencio de dos años en el epistolario a Mercado, que abarca parte de su vida en Nueva York y su fugaz estancia de seis meses en Venezuela, ciudad a la que también ha tenido que abandonar con el alma sangrante, pero amándola intensamente como madre de naciones. Al partir de ahí, habla de su amor a Venezuela y de la integración a las tierras de su América: "De América soy hijo: a ella me debo. Y de la América, a cuya revelación, sacudimiento y fundación urgente me consagro, ésta es la cuna [...] Déme Venezuela en qué servirla; ella tiene en mí un hijo."[4]

---

[3] J.M., carta a Manuel Mercado, Nueva York, 6 de mayo de [1880], *Epistolario*, t. I, pp. 182-183. Véase también *OC*, t. 20, pp. 60-61.

[4] J.M., carta a Fausto Teodoro de Aldrey, Caracas, 27 de julio de 1881, *Epistolario*, t. I, p. 212. Véase también *OC*, t. 7, p. 267.

III. MUERTE DE OCARANZA

En 1881 Martí retornó por segunda ocasión a Nueva York, en la que fue la más prolongada de sus estancias (1881-1895), después de su largo peregrinar por tierras de América. Viajero infatigable, llegó pletórico, impregnado de un hispanoamericanismo que regiría todas sus acciones futuras. "Porque después de Bolívar, nadie vivió en tanta vigilancia del destino americano como Martí, en quien se prolonga y amplía el hondo y riguroso pensamiento del libertador."[1]

En agosto de 1882, continúa el epistolario a Mercado. Así, Martí le escribe: "Va para años que no ve V. letra mía", pues no quiere hablarle de sus penas: "yo tengo odio a las obras que entristecen y acobardan. Fortalecer y agrandar vías es la faena del que escribe, Jeremías se quejó tan bien, que no valen quejas después de las suyas.—Por eso no escribo,— ni a mi madre, ni a Vd".[2] Dice a Mercado que le había escrito cartas en otras ocasiones, sin atreverse a enviarlas; una vez, porque "hacía cuenta de mi vida de estos años y le explicaba por qué razón de prudencia social no había ido a refugiarme en México, mi tierra carísima", pero "en todas esas cartas iban filiales iras mías por la avaricia sórdida, artera, temible y visible con que este pueblo mira a México: ¡cuántas veces, por no parecer intruso o que quería ganar fama fácil, he dejado la pluma ardiente que me vibraba como lanza de pelea en la mano!"[3]

Esta vez escribe porque se ha enterado de la muerte de Manuel Ocaranza, quien había sido atropellado por un coche de punto y fallecido a los pocos días. Al saber la noticia que lo angustia, siente como si le hubieran robado algo suyo, y su dolor lo vierte en un largo poema que titula "Flor de hielo", un grito de rebeldía contra la muerte:

---

[1] "Martí en Nuestra América", en *Bohemia*, La Habana, 28 de enero de 1972, p. 1.
[2] J.M., carta a Manuel Mercado, Nueva York, 11 de agosto de [1882], *Epistolario*, t. I, p. 246. Véase también *OC*, t. 20, p. 63.
[3] *Ibid.*, p. 64.

> Mírala: Es negra! Es Torva! Su tremenda
> Hambre la azuza. Son sus dientes hoces;
> Antro sus fauces; secadores vientos
> Sus hálitos; su paso, ola que traga
> Huertos y selvas; sus manjares, hombres.
> Viene! escondeos, oh caros amigos,
> Hijo del corazón, padres muy caros!
> Do asoma, quema; es sorda, es ciega; —El hambre
> Ciega el alma y los ojos. Es terrible
> El hambre de la muerte!
> [...]
> Muerte! el crimen fue bueno: guarda, guarda
> en la tierra inmortal tu presa noble![4]

Estos versos acompañaban la carta en la que expresaba:

> Salió a los labios, en versos que le envío, todo el amor dormido en mi alma. Mi hermana, y V., y su casa, y su tierra llenan esos versos en que no se habla de ellos. Y ¡es tan raro ya que yo los haga! Estos no los hice yo, sino que vinieron hechos [...] Ya no vive tan buena criatura, que amó lo que yo amo: me queda al menos el consuelo de honrarlo [...] ¡Con qué triste ternura miro ahora aquel bosquejo suyo del bosque de Chapultepec, que ha ido paseando por unas y otras tierras mi fidelidad, y el mérito del más original, atrevido y elegante de los pintores mexicanos! —¿Qué habrá sido, Mercado, de aquel bosquejo de cuerpo entero de mi hermosa Ana que una vez vi en su cuarto? ¿A qué manos irá a dar si no es a las de V., en que sea tan bien estimado como en las mías? Dígame qué es del cuadro, y si podría yo tenerlo. ¡Qué regalo para mis ojos, si pudiera yo ver constantemente ante ellos aquella esbelta y amante figura! Me parecería que entraba en posesión de gran riqueza.[5]

---

[4] J.M., "Flor de hielo", *PCEDC*, t. I, pp. 160-162.
[5] J.M., carta a Manuel Mercado, Nueva York, 11 de agosto de [1882], *Epistolario*, t. I, p. 247. Véase también *OC*, t. 20, pp. 64-65.

IV. MARTÍ, EL CRONISTA

Pronto descubre Martí las ambiciones con que los Estados Unidos miran a México, sus intereses anexionistas. Esto le preocupa y de inmediato escribe sobre tópicos mexicanos en *La América*, de Nueva York, donde van apareciendo sus artículos sobre "El tratado comercial entre los Estados Unidos y México", "México en 1882", "La industria en los países nuevos", "México en *Excélsior*", y otros, que llegan también hasta la Argentina. "A medida que fueron madurando sus concepciones en Estados Unidos y sus percepciones del carácter imperialista del país del Norte, se ahondó en su atención por el primer territorio latinoamericano donde residió."[1] El 11 de marzo de 1883 dedica un largo artículo a analizar el proyecto de tratado comercial entre México y los Estados Unidos:

> No ha habido en estos últimos años —si se descuenta de ellos el problema reciente que trae a debate la apertura del istmo de Panamá— acontecimiento de gravedad mayor para los pueblos de nuestra América Latina que el tratado comercial que se proyecta entre los Estados Unidos y México... [Porque] el tratado concierne a todos los pueblos de la América Latina que comercian con los Estados Unidos. No es el tratado en sí lo que atrae a tal grado la atención; es lo que viene tras él. Y no hablemos aquí de riesgos de orden político; a veces, el patriotismo es la locura; otras veces, como en México ahora, es más aún que la prudencia: es la cautela.[2]

Martí se prodiga en el estudio y análisis del tratado, "invitando a meditar sobre él", a denunciar con toda sagacidad y penetración los riesgos que el convenio encierra, la falacia de la reciprocidad co-

---

[1] Pedro Pablo Rodríguez, "Martí en México, México en Martí", en *Bohemia*, La Habana, 21 de mayo de 1976, p. 91.
[2] J.M., "El tratado comercial entre los Estados Unidos y México", *OC*, t. 7, p. 17.

mercial, por la cual los Estados Unidos se llevan la mejor parte, al adquirir materias primas en grandes cantidades, a cambio de los medios más caros de producir lo que ellos necesitan, e invadir nuestros mercados con productos que a ellos le sobran.

En otras ocasiones escribe sobre Juárez, "aquel indio egregio y soberano, que se sentará perpetuamente a los ojos de los hombres al lado de Bolívar, Don Benito Juárez, en quien el alma humana tomó el temple y el brillo del bronce".[3] Y es "que Juárez se le ofrece", escribe José Antonio Portuondo, "como ejemplo y símbolo de la capacidad redentora de la raza y de toda nuestra América mestiza. Y denunciará con igual calor y energía la discriminación racial del negro como del indio".[4]

Recuerda al prócer un año después, cuando escribe nuevamente en *La América*, de Nueva York, en mayo de 1884, un elocuente artículo que titula "Juárez":

> Ese nombre resplandece, como si fuera de acero bruñido; y así fue en verdad, porque el gran indio que lo llevó era de acero, y el tiempo se lo bruñe [...] A Juárez, a quien odiaron tanto en vida, apenas habría ahora, si volviese a vivir, quien no le besase la mano agradecido. Otros hombres famosos, todos palabra y hoja, se evaporan. Quedan los hombres de acto; y sobre todo los de acto de amor. El acto es la dignidad de la grandeza. Juárez rompió con el pecho las olas pujantes que echaba encima de la América todo un continente; y se rompieron las olas, y no se movió Juárez.[5]

El tiempo transcurre entre problemas familiares y deberes patrios que Martí no abandona ni un instante. En octubre de 1884 ocupa el cargo de presidente del Comité Revolucionario de Nueva York, cuando llegan a esa ciudad "dos de los jefes más probados, valientes y puros de nuestra guerra pasada", Máximo Gómez y Antonio Maceo. Llevaban el plan preconcebido de organizar una nueva expedición a Cuba a cargo del general Ángel Mestre, que por entonces se encontraba en Veracruz. Con todo el ardor de su alma, Martí

---

[3] J.M., "México en 1882", *OC*, t. 7, p. 25.
[4] José Antonio Portuondo, "Juárez en Martí", en *Martí, escritor revolucionario*, La Habana, Centro de Estudios Martianos/Editora Política, 1982, p. 261.
[5] J.M., "Juárez", *OC*, t. 7, p. 327.

pone manos a la obra con ellos. Gómez lo designa junto con Antonio Maceo para venir a México; ya se fija la fecha de la partida cuando sobreviene la ruptura entre Martí y Gómez. El civil razona, el militar sólo ordena: "prepárese para salir", y lo subordina a las órdenes de Maceo. Martí se aleja contrariado y al día siguiente escribe a Gómez: "Un pueblo no se funda, General, como se manda un campamento."[6]

A quién, si no a Mercado, había de contarle sus penas y frustraciones. En una larga y patética carta fechada el 13 de noviembre le cuenta:

> ¡quién nos lo hubiera dicho! de ir por quince días a México.— Grandes empeños me llevaban: porque yo soy siempre aquel loco incorregible que cree en la bondad de los hombres [...] pero ¿por qué no he de decirle que tanto como mi frustrada empresa, y agradecido a ella porque me devolvía a Vd., me animaba y tenía lleno de júbilo el pensamiento de volver a verlo? Porque V. se me entró por mi alma en mi hora de mayor dolor, y me la adivinó toda sin obligarme a la imprudencia de enseñársela y desde entonces tiene V. en ella asiento real.

Luego de referirle los incidentes e intimidades de aquel hecho político, le suplica: "A nadie jamás lo diga, ni a cubanos, ni a los que no lo sean; que así como se lo digo a V., a nadie se lo he dicho [...] Y no he ido a México, ni voy a ninguna parte, por el delito de no saber intentar la gloria como se intenta un delito: como un cómplice."[7]

A partir de este momento el epistolario se hace más íntimo, sangrante; es una entrega de su alma, sus problemas y dolores a quien sabe le comprende. Al renunciar al consulado del Uruguay, Martí dice: "me quedé sin modos de vida". Lo que gana con sus artículos publicados en *La Nación*, de Buenos Aires, lo envía a su madre, por lo que suplica a Mercado trate de conseguirle acomodo

---

[6] J.M., carta a Máximo Gómez, Nueva York, 20 de octubre de 1884, *Epistolario*, t. I, p. 280. Véase también *OC*, t 1, p. 177; Jorge Ibarra, *José Martí, dirigente político e ideólogo revolucionario*, La Habana, Editorial Ciencias Sociales, 1987, pp. 52-58.

[7] J.M., carta a Manuel Mercado, Nueva York, 13 de noviembre de [1884], *Epistolario*, t. I, pp. 284-285. Véase también *OC*, t. 20, pp. 74-76.

en algún periódico mexicano. "Me va en ello, ahora, el enderezamiento de mi vida." Sería "una especie de redacción constante de asuntos norteamericanos, [...] sin comentarios comprometedores [...] Un centinela de la casa propia, con todo el cuidado de quien sabe el peso y alcance de toda palabra oficial: éste sería yo en esto".[8] En otra carta no fechada le manifiesta: "Llevo al costado izquierdo una rosa de fuego, que me quema, pero con ella vivo y trabajo, en espera de que alguna labor heroica, o por lo menos difícil, me redima."[9] Y en otra:

> Y luego, ¡si V. me viera el alma! ¡si V. me viera cómo me ha quedado, de coceada y de desmenuzada, en mi choque incesante con las gentes, que en esta tierra se endurecen y corrompen, de modo que todo pudor y entereza, como que ya no lo tienen, les parecen un crimen! A Vd. puedo decírselo, que me cree: muchas penas tengo en mi vida, muchas, tantas que ya para mí no hay posibilidad de cura completa [...] Ya estoy, mire que así me siento, como una cierva acorralada por los cazadores en el último hueco de la caverna. Si no caen sobre mi alma algún gran quehacer que me la ocupe y redima, y alguna gran lluvia de amor, yo me veo por dentro, y sé que muero.[10]

Luego, en la misma carta, vuelve a insistir en la súplica que ya le había hecho con anterioridad sobre su colaboración en algún periódico, pero ahora insinúa que puede ser en *El Partido Liberal*, "en el que me sería muy grato escribir, por andar en él, según entiendo, Villada a quien quiero, y D. Manuel Romero Rubio. [...] México necesita irremisiblemente un origen de información constante y sereno sobre los elementos, acontecimientos y tendencias de los E. Unidos. Es incomprensible que no lo tenga ya". Por ese servicio propone se le paguen 50 pesos al mes. "Excusado es advertirle, pues me conoce, que allá irán cuartillas sin reparo, ni relación con el sueldo [...] Nada más le digo. De mí para V. le confieso que con esto

---

[8] *Ibid.*, pp. 286-287.
[9] J.M., carta a Manuel Mercado [Nueva York, 1885], *Epistolario*, t. I, p. 309. Véase también *OC*, t. 20, p. 80.
[10] J.M., carta a Manuel Mercado, Nueva York, 22 de marzo de [1886], *Epistolario*, t. I, pp. 324-325. Véase también *OC*, t. 20, pp. 84-85.

me salva, aunque no lo parezca, de verdadera angustia; y me atrevo a urgirle con empeño a que me ayude."[11]

Pronto encuentra Martí la ansiada respuesta, y el 29 de mayo de 1886 principia su colaboración en *El Partido Liberal*, donde aparece su primera crónica en que se refiere al problema obrero en los Estados Unidos y a los acontecimientos de Chicago. A partir de ese momento será dicho periódico el que recogerá esta contribución de Martí, que llega en forma de "cartas" dirigidas al director del periódico, el cual va publicando "sus Escenas Norteamericanas, crónicas en que presenta la ciclópea realidad del país, traza retratos admirables, y sobre todo advierte y previene".[12] Como sucede en el caso Cutting, al cual da amplia difusión.

Por aquellos días se extiende por la frontera el peligro de una guerra con los Estados Unidos. "El pretexto —escribe Martí— es la prisión, juicio y sentencia por los tribunales del Estado de Chihuahua de un Cutting, un periodista aventurero y de poca vergüenza, que circuló con su propia mano en México, contra lo que ordena y castiga la ley mexicana de libelo, un artículo difamatorio contra un mexicano, publicado en español e inglés en un periódico americano del Estado de Texas."[13]

Con toda valentía, objetividad y claridad de conceptos, Martí toma la defensa de la causa mexicana, la que va exponiendo con toda nitidez en páginas para la historia, que envía a México, Honduras y Argentina. Así, en una carta dirigida a *El Partido Liberal* fechada el 2 de agosto, escribe: "Con ansiedad de hijo he venido siguiendo los sucesos que han abierto al fin vía a las pasiones acumuladas en los pueblos de las orillas del Río Grande: lo perentorio e inminente de ellos me impone su narración desnuda y exacta: ¡quién pudiera con sangre de sus venas comprar la paz del pueblo que ama!"[14]

Y se extiende en la amplísima carta, dejando de lado todos los elementos del caso Cutting. Carta que hoy conocemos, pero que no fue publicada como artículo de *El Partido Liberal*, dada su extrema crudeza, y, según refiere Mejía Sánchez, "porque Mercado y sus

[11] *Ibid.*, pp. 325-326.
[12] Roberto Fernández Retamar, *Introducción a José Martí*, La Habana, Centro de Estudios Martianos, 1979, p. 21.
[13] J.M., "México y Estados Unidos", *OC*, t. 7, pp. 45-46.
[14] J.M., carta al señor director de *El Partido Liberal*, *OC*, t. 20, p. 36.

amigos la consideraron imprudente o peligrosa para la política internacional del momento".[15] Además porque Martí, prudente y leal, la somete a la consideración de Manuel Mercado. En la carta personal que acompaña a su crónica le manifiesta:

> Mucho he pensado antes de escribir la correspondencia que hoy le envío: pero ¿cómo hubiera podido prescindir de ella, escribiendo desde aquí en estas graves circunstancias para un diario de México? Ya V. sabe mis grandes miedos de parecer intruso; pero ese es mi deber de corresponsal, y lo he cumplido. Vd. y sus amigos sabrán allá si es oportuno publicar lo que les mando, escrito en virtud de mucho pensamiento, y con una previsión en cada palabra.[16]

Pero lo que no se publicó en *El Partido*, podemos leerlo en *La Nación*, donde expresa con lujo de detalles:

> Es inminente en estos momentos el peligro de una guerra mexicana. [...] La razón es la insana avaricia de los cuatreros y matones echados de todas partes de los Estados Unidos sobre las comarcas lejanas de la frontera de Río Grande [...] Del otro lado está Texas, que fue antes provincia de México como es ahora Chihuahua, y fue poblándose de americanos como se está poblando ella, y un día fue invadida por ellos y quedó entre sus garras, como Chihuahua teme quedar ahora: del otro lado están los Estados Unidos con su vanguardia de ciudades nuevas, sus hoteles y sus casas arrogantes, sus puentes que atraviesan el río como garras clavadas en la tierra de México, y su populacho desalmado, que la mira como una cosa de su pertenencia, y tiene ansia de caer sobre sus dehesas y sus minas. // A aquellos mexicanos se les hace sangre la boca de pensar en la batida que sufrieron, tanto por la traición de su jefe como por la suerte de las armas, en la guerra de 1848.[17]

---

[15] J.M., *Nuevas cartas de Nueva York*, investigación, introducción e índice de cartas de Ernesto Mejía Sánchez, México, Siglo XXI, p. 16.

[16] J.M., carta a Manuel Mercado [Nueva York, 2 de agosto de 1886], *Epistolario*, t. I, p. 344. Véase también *OC*, t. 20, pp. 96-97.

[17] J.M., "México y Estados Unidos", *OC*, t. 7, p. 46.

Así informa a su América sobre estos sucesos y sobre los peligros que de ellos se desprenden, como se aprecia en otro artículo redactado para *La República*, de Honduras, en el cual considera la agresión a México como una afrenta a los pueblos de Hispanoamérica. Martí ya no pelea sólo por Cuba, lo hace por su América: "nos interesa tanto a nosotros los de la otra América, como el grave riesgo de una guerra entre México y los Estados Unidos. Es nuestra raza mal entendida la que está en peligro [...] Es nuestro corazón americano, que allí duele. Nuestra patria es una, empieza en el Río Grande y va a parar a los montes fangosos de la Patagonia".[18]

En febrero de 1887 muere en La Habana don Mariano. Entonces, en sólo unas líneas expresa el dolor que le hiere: "No extrañe, hermano mío, lo descompuesto de mi carta de hoy, ni que no le escriba. Recibí hace dos días la noticia de la muerte de mi padre."[19]

---

[18] J.M., "Carta de Nueva York. La vida de verano en los Estados Unidos", *OC*, t. 11, p. 48.

[19] J.M., carta a Manuel Mercado, [Nueva York, 14 de febrero de 1887], *Epistolario*, t. I, p. 363. Véase también *OC*, t. 20, p. 104.

V. VELANDO POR MÉXICO

Ese mismo año, Martí traduce la bellísima novela de la escritora norteamericana Helen Hunt Jackson, *Ramona*, obra que describe con mano maestra las penas que sufre el indio californiano al ser despojado de sus tierras por el colonizador yanqui. Amor, patriotismo y tragedia corren juntas por las páginas de esa novela, en la que al final la protagonista viene a encontrar la tranquilidad en la ciudad de México, a donde el odio y los despojos de los americanos la han arrojado.

> Lo escogí [...] —escribe a Mercado— porque es un libro de México, escrito por una americana de nobilísimo corazón, para pintar, con gracia de idilio y color nuestro, lo que padeció el indio de California, y California misma, al entrar en poder de los americanos [...] pensé en que a México llega muy a tiempo, porque sin excitar la pasión contra el americano [...] —su lectura deja en el ánimo—inevitablemente, sin violentar la lección ni insinuarla siquiera, la convicción de que al mexicano no le iría bien en manos de Norteamérica. Prepara, pues, sin odio el libro a aquel estado de racional defensa en que ese país debe estar constantemente acerca de éste.[1]

Martí no perdía ninguna oportunidad de señalar a México, aun por los medios más sutiles, sus advertencias y peligros ante el país del norte. La guerra de Texas vivía perennemente en él.

Por aquellos días se reúnen en Nueva York los directores de la Liga de Anexión Americana, y los delegados de todas las ramas de ella para valorar sus fuerzas e intimidar por medio de ésta a los representantes de los estados anexionistas del Canadá envían a la Liga, a la vez que tributan honores, al presidente de la "Compañía

---

[1] J.M., carta a Manuel Mercado, Nueva York, 8 de agosto de [1887], *Epistolario*, t. I, pp. 398-399. Véase también *OC*, t. 20, pp. 112-113.

de Ocupación y Desarrollo del Norte de México, el coronel Cutting". El objeto de esta reunión era "aprovecharse de cualquier lucha civil en México, Honduras o Cuba, para obrar con celeridad y congregar su ejército"; pero no había allí, señala Martí, ningún hondureño, ningún cubano, ningún mexicano. La ocasión podría presentarse pronto, señalaba el presidente de aquella Liga de rapiña, sin faltar quien llevara sus pretensiones de expansión hasta Honduras.[2]

Martí no puede callar, y en carta dirigida el 2 de junio a *El Partido Liberal*, titulada "México en los Estados Unidos. Sucesos referentes a México", escribe una de sus más bellas páginas en defensa de México.

"Estos días han sido mexicanos", principia diciendo, para luego describir una serie de actos que se relacionan con México, entre los que destaca que: "la hija de Juárez, el indio que crece, fue agasajada en la Casa Blanca", y cómo "en un salón con poca luz, se reunieron para oír a Cutting, los delegados de la Liga de Anexión Americana", y luego prosigue refiriendo lo allí ocurrido. Los diarios americanos también toman parte en aquella polémica y preguntan: ¿Qué preferir? ¿Canadá o México? "No debemos querer a México —respondió el *Sun*— porque su anexión sería violenta, inmaterial y odiosa, sobre que nos fuera incómoda, porque allí ni las instituciones, ni la lengua, ni la raza son las nuestras, y no habría modo de llegar a una asimilación fecunda; mientras que en el Canadá vienen de ingleses como nosotros."[3]

Según Martí, en aquella reunión de aves de rapiña, Cutting propuso...

> que el objeto de la Compañía es desposeer a México de los Estados del Norte, y en especial de Sonora, California, Chihuahua y Coahuila; que "su gente" es probada toda de aventura, y hecha ya la mano a empresas tales [...] Dijo, en fin lo que no puede ser, que Nuevo León y Tamaulipas [...] están dispuestos a acogerse a los Estados Unidos; y dijo la vulgar locura de que, con tal de echar a su gobierno abajo, muchos mexicanos ayudarían a la invasión, a pesar de su odio al Norte.[4]

---

[2] J.M., "México en los Estados Unidos. Sucesos referentes a México", *OC*, t. 7, p. 51.
[3] *Ibid.*, pp. 50-52.
[4] *Ibid.*, p. 53.

Posteriormente, en tan largo artículo, Martí fustiga con la pasión de quien veía a México como su segunda patria al periodista Charles Dudley Warner, quien después de un viaje donde visitó Toluca, Pátzcuaro y Morelia, no llega a comprender a México, pues lo ve como un paisajista que viene en busca de la naturaleza, sin comprender al hombre y despreciando al pueblo: "Ve bien en los detalles; pero ¿de qué le sirve, si no ve con cariño? [...] Los pueblos, Warner, son como los obreros a la vuelta del trabajo, por fuera cal y lodo, ¡pero en el corazón las virtudes respetables." Warner describe los paisajes y el viaje a Toluca le hace reflexionar sobre los que asaltaban antes en aquellos caminos. Martí le objeta: "Como si en los Estados Unidos no se hubiese robado de la misma manera, cuando envían sus comarcas en el mismo aislamiento y condición primitiva en que estaban." Warner se asombra ante la belleza del lago de Cuitzeo, y juzga despectivamente a los indios que viven como en la época de la Colonia. Martí le recuerda que en los Estados Unidos también hay indios "extenuados [por] la desolación y el vicio [...] ¡como si de los indios norteamericanos, hubiese surgido un Juárez!", y señala:

> ¡La civilización en México no decae, sino que empieza! // ¡La han levantado de sobre un cesto de hidras, con brazos que esplenderán en lo futuro como columnas de luz, un puñado de hombres gloriosos! ¡Ha sido la heroica pelea de unos cuantos ungidos contra los millones inertes, y contra privilegios capaces de ampararse de la traición! [...] ¡Más ha hecho México en subir a donde está, que los Estados Unidos en mantenerse, decayendo, de donde vinieron![5]

[5] *Ibid.*, pp. 54-57.

VI. *LA EDAD DE ORO*

En 1889 Martí empezó a publicar *La Edad de Oro*, revista dedicada a los niños, de la cual llegaron a publicarse sólo cuatro números entre julio y octubre de aquel año. México tuvo asiento real en aquellas infantiles páginas y fue en ellas donde Martí escribió algunos de los textos más bellos sobre la historia y la cultura mexicanas, quizá porque las había estudiado con intensidad.

Por las páginas de *La Edad de Oro*, en su tríptico americano de "Tres héroes", "El padre Las Casas" y "Las ruinas indias", la historia aparece tan viva como si la estuviésemos viendo —como lo señala Fina García Marruz.[1] Por el primero de estos artículos desfilan los personajes de la Independencia mexicana: "México tenía mujeres y hombres valerosos, que no eran muchos, pero valían por muchos: media docena de hombres y una mujer preparaban el modo de hacer libre a su país." Al referirse a Hidalgo, escribe: "Desde niño fue el cura Hidalgo de la raza buena, de los que quieren saber", y lo une a la causa indigenista: "Vio a los negros esclavos, y se llenó de horror. Vio maltratar a los indios, que son tan mansos y generosos, y se sentó entre ellos como un hermano viejo, a enseñarle las artes finas que el indio aprende bien." "No habría poema más triste y hermoso que el que se puede sacar de la historia americana", refiere al iniciar "Las ruinas indias", lugares donde aquellas culturas toman vida y que Martí pinta como si los tuviera ante sus ojos: "Y ¡qué hermosa era Tenochtitlán [...], cuando llegó a México Cortés!", y se extiende hablando de otros pueblos y culturas, de Cholula, "Tulan", "Texcuco", Centla, Xochicalco, y diferentes zonas arqueológicas que se encuentran en nuestro territorio: "Pero las ruinas más bellas de México no están por allí, sino por donde vivieron los mayas, que eran gente de guerra y de mucho poder [...] Por Yucatán estuvo el imperio de aquellos príncipes

---

[1] Fina García Marruz, "*La Edad de Oro*", en *Temas Martianos*, La Habana, Biblioteca Nacional de Cuba, 1969, p. 303.

mayas, que eran de pómulos anchos y frente como la del hombre blanco de ahora." Describe con breves y firmes pinceladas de trazo preciso y luminoso, quizá porque tiene ante sus ojos los cuadros de Catherwood, "las ruinas de Sayil, con su Casa Grande, de tres pisos [...] Está Labna, con aquel edificio curioso que tiene por cerca del techo una hilera de cráneos de piedra, y aquella otra ruina donde cargan dos hombres una gran esfera, de pie uno y el otro arrodillado". Ningún detalle le parecía pequeño para realzar aquellas grandezas. Así, se refiere a Izamal, donde se encontró una cara gigantesca, y a "Kabah, que conserva un arco, roto por arriba, que no se puede ver sin sentirse como lleno de gracia y de nobleza". Luego escribe con todo lujo de detalles, como quien estuvo en esos lugares, sobre Uxmal y Chichén Itzá: "Uxmal está como a dos leguas de Mérida que es la ciudad de ahora, celebrada por su lindo campo de henequén, y porque su gente es tan buena que recibe a los extranjeros como hermanos", y se refiere a sus principales ruinas, la Casa del Gobernador, y la Casa del Enano, que es "como una caja de China". Chichén Itzá le parece que es "como un libro de piedra. Un libro roto, con las hojas por el suelo, hundidas en la maraña del monte, manchadas de el fango, despedazadas". También habla del pozo de los sacrificios, donde

> ...morían en ofrenda a su dios, sonriendo y cantando, como morían por el dios hebreo en el circo de Roma las vírgenes cristianas, como moría por el dios egipcio, coronada de flores y seguida del pueblo, la virgen más bella, sacrificada al agua del río Nilo. [...] ¿A dónde ha ido, adónde el pueblo fuerte y gracioso que ideó la casa redonda del Caracol; la casita tallada del Enano, la culebra grandiosa de la Casa de las Monjas en Uxmal? ¡Qué novela tan linda la historia de América![2]

Sobre su propósito al publicar *La Edad de Oro*, le escribe a Mercado en carta del 3 de agosto de 1889:

> quisiera yo ayudar, que es a llenar nuestras tierras de hombres originales, criados para ser felices en la tierra en que viven, y vivir conforme a ella, sin divorciarse de ella, ni vivir infecun-

---

[2] J.M., *La Edad de Oro*, *OC*, t. 18, pp. 383-389.

damente en ella, como ciudadanos retóricos, o extranjeros desdeñosos nacidos por castigo en esta otra parte del mundo. El abono se puede traer de otras partes; pero el cultivo se ha de hacer conforme al suelo. A nuestros niños los hemos de criar para hombres de su tiempo, y hombres de América.—Si no hubiera tenido a mis ojos esta dignidad, yo no habría entrado en esta empresa.[3]

Indudablemente fue Gutiérrez Nájera uno de los primeros en valorar en toda su magnitud *La Edad de Oro*. En *El Partido Liberal* del 25 de septiembre hacía elocuentes elogios de esta publicación y de su autor:

> Me acordé del alba porque he leído algunas páginas de alba: las páginas de *La Edad de Oro*, periódico que publica en Nueva York José Martí y que pronto estará de venta en nuestras librerías [...] ¡Todo sano y todo bello y todo claro! ¡Así quisiéramos los hombres que nos enseñaran muchas cosas que no sabemos! ¡así me ha enseñado *La Edad de Oro* mucho que ignoraba! Porque en todo hombre hay un niño que pregunta y a todo hombre habla *La Edad de Oro*, como niño y por eso enseña! Martí cuyas ideas no podemos seguir a veces, porque sus ideas tienen alas recias, fuerte el pulmón y suben mucho [...] Martí para escribir *La Edad de Oro*, ha dejado de ser río y se ha hecho lago, terso, trasparente límpido. Lo diré en una frase: se ha hecho niño [...] un niño que sabe lo que saben los sabios, pero que habla como los niños [...] Afuera será el luchador, el combatiente, aquí es padre. ¡Qué obra tan buena y qué buena obra es *La Edad de Oro*.[4]

Debido a su permanente interés por México, Martí pedía frecuentemente a Mercado que le remitiera los periódicos, algún libro, algún cuadro o la última publicación de los amigos: "¿Le querría pedir en mi nombre su libro de versos a Juan Peza?— y preguntarle

---

[3] J.M., carta a Manuel Mercado, Nueva York, 3 de agosto de 1889, *Epistolario*, t. II, p. 117. Véase también *OC*, t. 20, p. 147.
[4] Manuel Gutiérrez Nájera, "*La Edad de Oro*", en *Obras. Crítica literaria*, México, UNAM, 1959, pp. 372-373.

cómo puedo yo tener aquí —no para republicarlo— un tomo de Acuña que traiga su retrato, o el retrato por lo menos." En cuanto a Gutiérrez Nájera: "De su libro, —si decide imprimirlo aquí, dígale que se lo cuidaré más que si fuera propio. Porque si se lo cuido como propio, se lo cuido mal."[5]

El 21 de abril fallece en Nueva York, luego de trece años de exilio, el presidente Lerdo de Tejada. Porfirio Díaz, implacable con los vivos pero piadoso con los muertos, ordena el traslado de sus restos a la ciudad de México, donde se verifican con gran solemnidad sus exequias, a las que concurre el mismo Díaz acompañado de todos los miembros de su gabinete. Prudente, respetuoso, tratando siempre de no inmiscuirse en las cosas internas del país, Martí nada escribe al respecto; ninguna nota para *El Partido*, y sólo en carta a Mercado le manifiesta escuetamente:

> He seguido con curiosidad y ternura las descripciones de los funerales de Lerdo. Nuevo y bello el discurso de Bulnes. Y el hecho, de incalculable trascendencia. Hasta muertos, dan ciertos hombres luz de aurora. También yo lo acompañé aquí, del cementerio al vapor. Yo nunca olvido el día de la inauguración de la escuela de San Ángel, ni aquel extraordinario discurso del Tívoli, donde dijo V. tan bien sus pocas palabras fervientes y nerviosas.[6]

Preocupado por los frecuentes errores con que aparecían sus artículos en *El Partido Liberal*, Martí, que no es capaz de hacer una crítica que hiera, busca en verso la manera de expresar graciosamente su inconformidad: "Al noble corrector mi hermano invite. / A que nada le ponga ni le quite, / para que se pueda entender, y caiga sobre mí toda la culpa de sus defectos."[7] Y en otra ocasión le suplica que "me mire esa correspondencia con ojos de padre, de modo que salga sin errores", agregándole:

---

[5] J.M., carta a Manuel Mercado, [mayo de 1888], *Epistolario*, t. II, p. 26. Véase también *OC*, t. 20, p. 123, y carta a Manuel Mercado, 26 de julio de 1888, *Epistolario*, t. II, p. 23. Véase también *OC*, t. 20, p. 129.

[6] J.M., carta a Manuel Mercado, 16 de junio de 1889, *Epistolario*, t. II, p. 110. Véase también *OC*, t. 20, p. 145.

[7] *Idem.*

¿Por qué, corrector, te cebas
En mí, si el Sumo Hacedor
Hizo hermanos, al autor
Y al que corrige las pruebas?[8]

---

[8] J.M., carta a Manuel Mercado, [Nueva York, junio de 1889], *Epistolario*, t. II, p. 109. Véase también *OC*, t. 20, p. 179.

VII. LA CONFERENCIA INTERNACIONAL AMERICANA

Entre el 2 de octubre de 1889 y el 18 de abril de 1890 se reúne en Washington la Primera Conferencia Internacional Americana. Fueron duros meses de zozobra y lucha para el solitario revolucionario cubano, que definiría ese lapso como: "aquel invierno de angustia, en que por ignorancia, o por fe fanática, o por miedo, o por cortesía, se reunieron en Washington, bajo el águila temible, los pueblos hispano-americanos. ¿Cuál de nosotros ha olvidado aquel escudo, el escudo en que el águila de Monterrey y Chapultepec, el águila de López y de Walker, apretaba en sus garras los pabellones todos de la América?"[1]

Martí, con su amplia experiencia sobre política norteamericana, no podía dejarse engañar por la aparente mansedumbre con que se invitó al congreso. No en vano había vivido nueve años en las "entrañas del monstruo", presenciando el nacimiento del imperialismo y el advenimiento del capital monopólico. Conocía a la perfección las virtudes y defectos de aquel pueblo, que "de una apacible aldea pasmosa se convirtió en una monarquía disimulada".[2] Martí temía por la suerte de Cuba, por su América, por el temple de los representantes allí reunidos. No es nuestra intención analizar aquí todos los pormenores de aquel congreso, sino la relación de éste con México, desde la mirada de Martí,[3] que fue el cronista de aquella conferencia: "No fue un cronista cualquiera, pues a la brillantez de su prosa sumó la agudeza de su pensamiento político que le sirvió para penetrar en las esencias del Congreso de Washington."[4] La

---

[1] J.M., prólogo a *Versos sencillos, PCEDC*, t. 1, p. 233.
[2] J.M., "Un drama terrible", *OC*, t. 11, p. 335.
[3] Véase Herrera Franyutti, "Aquel invierno de angustia. La Primera Conferencia Internacional de Washington, ante la América de José Martí", en *Anuario del Centro de Estudios Martianos*, núm. 13, La Habana, 1990, pp. 175-197.
[4] Florencia Peñate, "José Martí a cien años del Congreso de Washington", en *Anuario del Centro de Estudios Martianos*, núm. 13, La Habana, p. 173.

visión, temores y advertencias de Martí quedaron plasmadas en sus magistrales crónicas de *La Nación* y *El Partido Liberal*, así como en su correspondencia privada.

En los asuntos de México, como le quiere y le duele, Martí es explícito y cauteloso en sus juicios. Cuando van llegando las delegaciones dice: "¿Quiénes salvarán el honor de la América española?", y considera: "Del Sur vendrán los vigilantes, ya que a México le tiene la cercanía atadas las manos."[5] A México lo representa Matías Romero, ministro residente en Washington desde la época de Juárez; Martí le conoce bien, aunque a distancia; ha seguido su trayectoria y guarda de él un folclórico recuerdo:

> hace quince años —escribe— cuando levantaba en México su casa, piedra a piedra, venía todas las mañanitas de su quinta, jinete en una mula, con sombrero alto de pelo, levitón castaño, cartera al brazo izquierdo, y pantalones que tenían más que hacer con las rodillas que con los calcañales; pues en política, el que no es brillante, ¿no ha de ser singular? [...] el que andaba en mula llevó los ferrocarriles.[6]

Quizá la causa de este sentimiento negativo hacia Romero, fuera porque Martí lo consideraba demasiado comprometido con el gobierno de los Estados Unidos, pues manifiesta en otra ocasión que Romero "ha hecho el objeto de su vida acercar esta tierra a la suya",[7] observando cómo:

> Cuando Grant cayó en miseria, él fue el que llevó a la casa el primer cheque: casó con norteamericana; escribe sin cesar, y no habla casi nunca; cree acaso que México está más seguro en la amistad vigilante con los Estados Unidos, que en la hostilidad manifiesta [...] en Washington, todos le tienen por amigo cordial, como que fue quien empujó el brazo de Grant en lo de los ferrocarriles: ahora lleva uniforme galoneado, y calzones hasta el tacón.[8]

[5] J.M., carta a Miguel Tedín, 17 de octubre de 1889, *Epistolario*, t. II, pp. 135-136. Véase también *OC*, t. 7, p. 397.
[6] J.M., "El Congreso de Washington", *OC*, t. 6, p. 36.
[7] J.M., "Cartas de Martí", *OC*, t. 8, p. 99.
[8] J.M., "El Congreso de Washington", *OC*, t. 6, p. 36.

No obstante, señala Rafael Cepeda, "Martí quiere ser justo con este hombre aureolado de prestigios etéreos, pero le resulta enigmático, indescifrable. Romero se le presenta como un hombre esfinge, que se mantiene callado mientras se suceden las discusiones en público y maniobra en el tiempo de receso [...] Pinta a Romero con brochazos aislados inconexos, y ni siquiera son elogios lo que parece serlo", y para así demostrarlo, reproduce el párrafo martiano anterior.[9]

En aquellas horas de profunda incertidumbre, aquel solitario luchador en Nueva York no podía permanecer inmóvil, como simple espectador. Necesitaba hacerse oír, actuar dentro de sus posibilidades, acercarse a los que podían decidir dentro de la conferencia, necesitaba hablar de Cuba, de su América. Es entonces cuando pronuncia en Hardman Hall un épico discurso sobre Heredia, que es hablar de Cuba, ya que como refiere Cintio Vitier: "Ligada a la prédica revolucionaria estaba la exaltación de nuestro primer poeta civil, porque 'todo lo que sirvió, es sagrado'."[10] El 19 de diciembre, en la Sociedad Literaria Hispanoamericana, ante los delegados asistentes a la conferencia, pronuncia uno de sus más emotivos discursos. Su verbo de oro, su palabra alada, transportará a sus oyentes a través del tiempo, y hará desfilar ante sus ojos, en bellas imágenes nacidas del corazón, la historia y los personajes contrapuestos de las dos Américas.

"Y aunque con hidalguía", escribe Fernández de Cossío, "reconoció Martí las tradiciones del país anfitrión."[11] Aunque, como para clavar un puñal en la conciencia de su auditorio, expresa: "Pero por grande que esta tierra sea, y por ungida que esté para los hombres libres la América en que nació Lincoln, para nosotros, en el secreto de nuestro pecho, sin que nadie ose tachárnoslo ni nos lo pueda tener a mal, es más grande, porque es la nuestra y porque ha sido más infeliz, la América en que nació Juárez."[12]

---

[9] Rafael Cepeda, "Algunos rostros en la Conferencia Internacional Americana", en *Anuario del Centro de Estudios Martianos*, núm. 13, La Habana, 1990, p. 228.

[10] Cintio Vitier, "Los discursos de Martí", en *Anuario Martiano*, núm. 1, La Habana, 1969, p. 307.

[11] José Fernández de Cossío, "Nuevas ideas sobre la unidad latinoamericana", conferencia dictada el 14 de noviembre de 1988 en el Instituto Matías Romero, México.

[12] J.M., "Madre América", *OC*, t. 6, p. 134.

En relación con la importancia que Martí diera a estos discursos, escribe a Manuel Mercado: "Y era mi objeto, porque veo y sé, dejar oír en esta tierra, harta de lisonjas que desprecia, y no merece, una voz que no tiembla ni pide,—y llamar la atención sobre la política de intriga y división que acá se sigue, con daño general de nuestra América, e inmediato del país que después del mío quiero en ella más."[13]

Martí sabe que "en las tierras confusas y rendidas de Centroamérica. Nadie me lo ve tal vez, ni me lo recompensa; pero tengo gozo en ver que mi vigilancia, tenaz y prudente, no está siendo perdida".[14] En cuanto a México, persisten sus dudas sobre Matías Romero, por sus relaciones con Blaine, como le manifiesta a Gonzalo de Quesada: "Y a Romero, ministro de un país que teme la tentativa de anexión,—y hace días no más hablaba el *Sun* de ir sobre México, por más que esto no sea cosa fácil,—¿le va a confesar Blaine su política de anexión? A saber además quién es Romero, a derechas; y cómo y para qué lo usa su gobierno."[15]

En abril está por concluir el congreso; se había pasado de lo comercial a lo político y sólo faltaba tratar el tema del arbitraje. Martí se traslada a Washington. No sabemos cómo ha logrado un acercamiento a la delegación mexicana. Al abrirse las últimas sesiones, que duraron del 15 al 18 de abril, Martí se encontraba en la Mansión Wallack, en el corazón del congreso, donde no pierde de vista a Romero, ni deja pasar los comentarios que sobre él se expresan: Alguien comenta: "La astucia es de cristal y necesita ir envuelta en paja." Otro observa como "en la conferencia, ni México se ha quedado atrás, ni se ha ganado un enemigo". Otros dicen: "México hace todo lo que puede hacer", y observan como: "México, amable y blandílocuo, va de un sillón a otro sillón, juntando, investigando, callando, y más mientras más dice [...] por los resultados hay que ver a los estadistas; por los métodos".[16]

---

[13] J.M., carta a Manuel Mercado, [Nueva York, 24 de diciembre de 1889], *Epistolario*, t. II, p. 174. Véase también *OC*, t. 20, p. 157.
[14] *Idem.*
[15] J.M., carta a Gonzalo de Quesada, 13 de diciembre de 1889, *Epistolario*, t. II, p. 168. Véase también *OC*, t. 6, p. 126.
[16] J.M., "La Conferencia de Washington", *OC*, t. 6, p. 92.

Cuando Romero va a leer su discurso, Martí no lo pierde de vista, no pierde una palabra, pues cuando aquel "desenvuelve su 'tiposcrito', como llaman aquí a las copias de la máquina de escribir, el observador présbita ve", y describe con toda exactitud el documento "lleno de notas menudas, continuas copiosas, dobles",[17] que no de otra manera, sin esta fina percepción, pudo Martí escribir aquella filigrana de artículos en que ni un rostro, un gesto, un ademán, una palabra pasan inadvertidos para trasmitirnos la más interesante historia del congreso. Martí, escribe Julio Le Riverand, "fue sin lugar a dudas, historiador, aunque no nos legara una sola monografía [...] Martí, como se puede apreciar en sus textos, vivió, sufrió y vio lo suficiente para salir al mundo historiográfico con una experiencia superior".[18]

Luego, al referirse al discurso del delegado mexicano, Martí apunta:

> Lee como quien desliza. La voz suena a candor. // Debajo de aquella sencillez ¿qué puede haber de oculto? Ni pendenciero ni temerón. [...] En el preámbulo, como por sobre erizos, pasa por sobre la política. Se complace en que siete naciones de América, entre ellas los Estados Unidos, presenten un proyecto de abolición de la guerra. "Como hombre de paz, y como representante de una nación que no es agresiva", se regocija de que para terminar las diferencias que se susciten entre las naciones americanas se reemplace "el medio salvaje de la fuerza" por árbitros semejantes a los que usan los particulares en casos análogos, "aunque con las modificaciones que requiere su carácter de naciones independientes".

Martí transcribe con toda objetividad, y sintetiza la posición de México expresada por su sagaz ministro:

> Pero lamenta no poder ir con los demás delegados, que tal vez van demasiado lejos. No es que México rechace el arbitraje, no [...] sino que en asunto tan delicado es más prudente dar

---

[17] *Idem.*
[18] Julio Le Riverend, "Martí en la historia. Martí historiador", en *Anuario del Centro de Estudios Martianos*, núm. 8, La Habana, 1985, p. 177.

pasos que si son menos avanzados tendrán la probabilidad de ser más seguros [...] Y se ve el plan del discurso. Ni se dirá que México se opone, ni quedará obligado México [...] A las excepciones del arbitraje obligatorio quiere que se añada la de los casos, aunque sean de límites "que afecten de una manera directa el honor y la dignidad de las naciones contendientes", "sin esa adición, no pueden votar el artículo los delegados de México."[19]

Posteriormente, cuando describe la última sesión del 19 de abril, en que debía votarse el proyecto contra la conquista, con qué orgullo manifiesta: "Quien vio aquel espectáculo, jamás lo olvidará":

> ¿Cuál, cuál será el pueblo de América —escribe Martí— que se niegue a declarar que es un crimen la ocupación de la propiedad de un pueblo hermano [...] ¿Chile acaso? No: Chile no vota contra la conquista; pero es quien es, y se abstiene de votar [...] ¿México tal vez? México no: México es tierra de Juárez y no de Taylors. // Y uno tras otro, los pueblos de América, votan en pro del proyecto contra la conquista [...] Un solo "no" resuena: el "no" de los Estados Unidos [y] Blaine, con la cabeza baja, cruza solo el salón. Los diez delegados del norte le siguen, en tumulto, a la secretaría.[20]

Martí podía descansar; por el momento su América se había salvado y actuado dignamente.

---

[19] J.M., "La Conferencia de Washington", *OC*, t. 6, pp. 92-93. Véase el Archivo Histórico de la Secretaría de Relaciones Exteriores de México (AREM), Texto original, legajo 131-1.
[20] J.M., "El Congreso de Washington", *OC*, t. 6, p. 104.

VIII. LA AMISTAD DE MARTÍ Y MATÍAS ROMERO

Será al año siguiente, en 1891, en ocasión de reunirse en Washington la Comisión Monetaria Internacional (que sesionó entre el 7 de enero y el 3 de abril de dicho año),[1] cuando hay un franco acercamiento entre Martí y Romero. Aquella reunión había sido acordada el año anterior, durante el Congreso Panamericano, "que demoró —expresa Martí— lo que no quiso resolver, por un espíritu imprudente de concesión innecesaria, o no pudo resolver, por empeños sinuosos o escasez de tiempo".[2] El fin de la comisión era tratar de establecer una Unión Monetaria Internacional, para que se acuñasen una o más monedas internacionales, uniformes en peso y ley, que pudiesen usarse en todos los países representados en la conferencia. Pero en dicha ocasión, Martí no sería un espectador angustiado, pues llevaba la representación activa de un pueblo de su América como cónsul de Uruguay, puesto que desempeñaba desde 1887.

Cuando Martí recibe la comunicación de la cancillería uruguaya, en donde ésta lo designa como su delegado ante la Comisión Monetaria Internacional Americana, sin pérdida de tiempo se apresura a comunicarle a James G. Blaine, secretario del Departamento de Estado, su nombramiento.[3]

Como era natural, la designación no fue del agrado del Departamento de Estado, y en especial de Blaine, principal promotor de la conferencia y quien quizá conocía los pronunciamientos del cubano, para quien el secretario no era más que un político marrullero, merecedor del calificativo, en las crónicas de Martí en *La Nación*,

---

[1] Herrera Franyutti, "José Martí y Matías Romero. La Comisión Monetaria Internacional Americana. Anécdotas, cartas y hechos desconocidos", en *Anuario del Centro de Estudios Martianos,* núm. 15, La Habana, 1992.

[2] J.M., "La Conferencia Monetaria de las repúblicas de América", *OC*, t. 6, p. 162.

[3] J.M., carta a James G. Blaine, Nueva York, 8 de enero de 1891, *Epistolario*, t. II, pp. 243-244. Véase también *OC*, t. 6, p. 174.

de "mercader mercadeable". Por tal razón, de inmediato principian los problemas e intrigas contra Martí, que veía transcurrir los días sin que recibiese respuesta del Departamento de Estado con la aceptación de su nombramiento.

El 7 de enero se inauguran los trabajos de la comisión, sin que el delegado por el Uruguay pueda asistir, por no haber recibido respuesta. En aquella sesión Matías Romero, delegado por México, es designado como presidente provisional de la conferencia. El día 8, Martí se dirige a Romero y le comunica en una nota similar a la de Blaine su nombramiento.[4] Al día siguiente, Romero contesta dando acuse de recibo a su carta, a la vez que lo felicita por su designación, manifestándole que:

> A reserva de contestarle oficialmente por conducto de los empleados de la Conferencia, le manifiesto desde luego que en la lista de los Delegados que hizo el Departamento de Estado no aparecía el nombre de usted, aunque yo había visto un telegrama en que se daba esa noticia publicada en un periódico de este país. Ya hago que se inscriba a Vd., y le manifiesto que será citado para la próxima reunión que se verificará tan pronto hayan sido nombrados los delegados de los Estados Unidos.[5]

La respuesta de Martí, fechada el 10 de enero, es una carta de presentación personal, de la cual se deduce que entre ambos no existía ninguna relación anterior:

> En el instante en que me disponía a escribir a Vd. anunciando que ayer había por fin recibido la carta respuesta del Dpto. de Estado, recibo, con placer y agradecimiento, la carta en que Vd. se refiere a mi nombramiento, y tiene la bondad de felicitarme por él, pues ciertamente para un amigo leal de América, es una ocasión feliz la de emplearse en su servicio.

Luego, abundando en datos para que le conozca, Martí manifiesta sus sentimientos íntimos, mediante los cuales se nos revela como

---

[4] *Idem.*
[5] Archivo Histórico Matías Romero (AHMR), Banco de México, Correspondencia, 1891.

un gran político, presto a ganarse la voluntad de aquel hombre: "A mí me viene de viejo aunque Vd. no lo sepa el ver a Vd. con cariño y estimación; y ha de creerme que el gusto de cumplir con mi deber en esta ocasión será mayor por el de gozar más de cerca del conocimiento de una persona a quien, como Vd., quiero por su valor, y por su patria, que miro como mía."[6]

Pero los problemas continúan para el delegado uruguayo; no sólo no se le ha reconocido como tal, también se le niega el reconocimiento como cónsul del Uruguay, cargo que venía ejerciendo sin dificultad desde el 16 de abril de 1887.[7] La intriga brota. José Ignacio Rodríguez, un compatriota yancófilo que venía intrigando contra él desde el año anterior, comentaba socarronamente el nombramiento: "¡Miren que nombrar a un poeta para un cargo tan elevado en que se necesitan grandes conocimientos científicos y prácticos en hacienda y economía!"[8] Martí consulta a Romero, y con la intervención de éste, el 23 de enero se le otorga el exequátur, que le reconoce su calidad de cónsul y su representación en la conferencia.

Así, cuando el 4 de febrero tiene lugar la segunda sesión de la Conferencia Monetaria, aquel hombre pequeño, humilde, "sin patria" ni hogar, penetra en el palacio de la avenida Pensilvania, sede del Departamento de Estado, donde tenían lugar las deliberaciones. Martí, además de su preparación en materia económica, aunque sin ser un especialista, iba armado de una conciencia política y convicciones ideológicas que le permitieron enfrentar a los magnates del imperio en defensa de la América Latina, pues sabía que "a lo que se ha de estar no es a la forma de las cosas, sino a su espíritu [...] En la política, lo real es lo que no se ve [...] A todo convite entre pueblos hay que buscarle las razones ocultas [...] Si dos naciones no tienen intereses comunes, no pueden juntarse. Si se juntan, chocan".[9]

Las puertas de la residencia de Romero se habían abierto para Martí. La noche del 9 de febrero tiene lugar en la legación mexicana

---

[6] J.M., carta a Matías Romero, 10 de enero de 1891, *Epistolario*, t. II, pp. 244-245. Véase también *OC*, t. 6, p. 175; AHMR, Correspondencia recibida, 1891, vol. 6, f. 3813.

[7] J.M., carta a William F. Wharton, 17 de enero de 1891, *Epistolario*, t. II, p. 250. Véase también *OC*, t. 6, p. 176.

[8] Gonzalo de Quesada, "Martí, hombre", La Habana, Fernández y Compañía Impresores, 1949, p. 208.

[9] J.M., "La Conferencia Monetaria de las repúblicas de América", *OC*, t. 6, p. 158.

el baile anual que con toda elegancia organizaba el ministro de México, como acontecía desde hacía tres años por indicaciones del presidente Díaz. Martí fue invitado al baile donde, como escribe a Gonzalo de Quesada, "Romero tuvo la bondad de valerse de mí para ayudarle a hacer los honores".[10] El 18 de febrero, en *El Partido Liberal*, se publica una hermosa crónica de Martí sobre aquel acontecimiento titulada "El baile de nuestro ministro", en donde se reseña con gran colorido dicho acto.[11]

Al día siguiente se realiza la tercera sesión, en la cual Martí toma por primera vez parte activa. Se discute el reglamento; Martí hace sentir su voz, su argumentación se impone, infligiendo su primera derrota a los delegados norteamericanos. Una investigación en el Archivo Histórico Matías Romero, propiedad del Banco de México, y en el Archivo Porfirio Díaz de la Universidad Iberoamericana vendrían a aportarnos nuevos datos y materiales desconocidos. Por medio de éstos sabemos que existió un intercambio epistolar entre Martí y el ministro de México, pues en una carta de éste fechada el 19 de mayo, Romero escribe:

Sr. José Martí
Nueva York

Muy estimado amigo:

He recibido su carta del 17 de los corrientes, y celebro mucho ver el empeño que se toma usted por conservar las buenas relaciones entre las repúblicas americanas y puedo asegurarle que en ese camino me encontrará siempre dispuesto a ayudarle en cuanto estuviere a mi alcance. No tengo por lo mismo inconveniente en darle los antecedentes que me pide sobre el incidente a que se refiere.

Desafortunadamente, no ha sido posible encontrar la carta de Martí a la que alude Matías Romero.

---

[10] J.M., carta a Gonzalo de Quesada, [Washington, 11 de febrero de 1891], *Epistolario*, t. II, p. 258. Véase también *OC*, t. 6, p. 148.
[11] J.M., "El baile de nuestro ministro", en Ernesto Mejía Sánchez, *op. cit.*, pp. 205-206, (no aparece en *OC*).

En su carta Romero se extiende en explicaciones sobre una cena a la que fue invitado por el "Sr. Cruz", ministro de Guatemala, cuyos detalles desconocemos, y concluye:

> Probablemente, Vd. sabe, que de parte de México no hay hostilidad contra Guatemala, sino por el contrario la mejor voluntad; pero desgraciadamente en Guatemala hay una gran animosidad contra México, ocasionada por motivos difíciles de comprender.—Puedo asegurar a Vd. que yo he sido de los mexicanos que ha hecho mayores esfuerzos por establecer buenas relaciones entre los dos países, ya en particular, cuando viví en el Soconusco, ya como funcionario público en algunos cargos que he desempeñado, y sin embargo, yo soy el mexicano probablemente contra quien profesan mayor hostilidad el Gobierno de Guatemala y la mayoría de la gente ilustrada de aquel país.[12]

Continuando la cronología de la Conferencia Monetaria, encontramos que con posterioridad a aquella tercera sesión, Romero invitó al cubano a su casa, donde charlaron largamente sobre asuntos mexicanos. Sabemos esto por el hallazgo de una carta de Martí a Romero fechada el 26 de febrero de 1891 a su regreso a Nueva York, en que, encontrándose muy enfermo, le escribe en tono de disculpa:

> No tuve el gusto de ver a Vd., como deseaba antes de la salida de Washington, para darle las gracias junto con la visita de familia por la bella hora de México que pase en su casa y para hablar a Vd. del artista mexicano Sr. Montenegro que viene recomendado por persona de mérito y estimación [...] Cumplo gustoso aunque no bastante bien de salud para escribir a Vd. por mano propia con el encargo del Sr. Montenegro...[13]

Como constancia de la influencia que Martí va ganando sobre Romero, está la respuesta del mexicano, fechada el 27, día siguiente a la anterior: "He tenido el gusto de recibir su carta de ayer, en la que me recomienda Usted al Sr. Montenegro, pintor mexicano [...] Mu-

[12] AHMR, Correspondencia, libro 56, f. 376.
[13] AHMR, Correspondencia, vol. 6, f. 38380.

cho gusto tendré en acceder a los deseos del Sr. Montenegro y a la recomendación de Ud."[14] El pintor José G. Montenegro en dos ocasiones anteriores, el 8 y el 17 de febrero, se había dirigido a su compatriota el ministro de México para solicitar cartas de recomendación, sin obtener respuesta; lo lograba entonces por medio de Martí.

Por aquellos días, durante un receso de la conferencia, un acontecimiento acaecido en México involucraría el nombre de Martí, quizá con el deliberado propósito de desprestigiarlo ante Romero y complicar su labor de delegado ante la Comisión Monetaria. El 4 de febrero había fallecido en México el arzobispo Pelagio Antonio Labastida y Dávalos, clérigo de triste memoria, imperialista irredento que había fomentado en 1856 los levantamientos en Puebla, que al grito de "Religión y Fueros" se oponían al gobierno de Comonfort, favoreciendo a los revoltosos con sus bendiciones y con fondos de la mitra, motivo por el cual fue expulsado del país. Regresa más tarde, y aunque por breve tiempo, fue regente del segundo imperio, y, años más tarde, obtuvo el cargo de arzobispo de México. Al parecer fue él uno de los que fomentaron calladamente el matrimonio de Díaz con doña Carmelita Romero Rubio, por lo que gozaba de las simpatías del presidente. A la muerte del religioso, Díaz, el liberal claudicante, asiste para acompañar sus restos a la Catedral y también al sepelio en el Panteón Español, lo que despierta una larga polémica entre la prensa liberal y la conservadora.

Cuando llega la noticia a Nueva York a través de los periódicos mexicanos, con la naturalidad del caso y el interés de las cosas de México, se comenta ésta en el despacho de Martí. Entre los asistentes se encontraba un periodista cuyo nombre Martí omite, y ahí, entre otras cosas, Martí recordó las famosas décimas sobre "La Batalla del Jueves Santo" que escribiera en su tiempo el periodista conservador Ignacio Aguilar y Morocho, en las cuales se describía el acto, que se atribuye a Juan José Baz, de entrar a caballo en la Catedral, en 1857, para exigir las llaves de la iglesia, en acatamiento a las leyes civiles a las que el clero se negaba; hecho al que también se referiría Martí cuando a la muerte de Baz, en 1877, publicó un artículo necrológico titulado "Juan José Baz, un mexicano ilustre" en *El Economista Americano*.[15]

---

[14] *Ibid.*, f. 846.
[15] J.M., "Juan José Baz", *OC*, t. 8, p. 199.

Aquella plática privada trascendió a la prensa, tal vez con el avieso propósito de perjudicar al cónsul de Uruguay, pues el *Recorder* —periódico neoyorquino— del 9 de marzo, bajo el título "Notas del cable", refería que: "Según noticias llegadas de México, José Martí, Ministro de Uruguay, expresaba que complicaciones políticas serias habían en las filas del Partido Liberal Mexicano, por haber escoltado el general Díaz el funeral del Arzobispo Labastida." Y abundando en la intriga continuaba: "Díaz no es católico, mas su esposa es una fiel defensora de la Iglesia, y se dice que la política del presidente hacia los eclesiásticos y los imperialistas ha sido con frecuencia impuesta en el confesionario a Díaz."[16]

La indignación de Martí no tiene límites, y previendo quizás las consecuencias del artículo, el mismo día, sin demora, envía un telegrama a Matías Romero aclarando la noticia en que se mezcla su nombre, con otras noticias tomadas de *El Partido Liberal*.[17] En el periódico vespertino *Evening Telegram* de la misma fecha se publica su protesta y rectificación: "El General Díaz, dice el Sr. Martí, es el último hombre en el mundo que recibiría dictados o inspiración del confesionario [...] Su esposa es una dama católica y él respeta sus creencias religiosas."[18]

A partir de ese momento el intercambio epistolar entre Martí y Matías Romero se hace frecuente. El 11 Romero da acuse de recibo del telegrama, y habiendo leído el artículo, le contesta minimizando la noticia:

> Lo he leído ya, y agradezco a usted su atención al darme las explicaciones contenidas en su telegrama, manifestándole que aún sin ellas, no habría yo creído que fueran exactos los conceptos contenidos en el artículo, pues una persona que conoce a México tan bien como Vd. no podría incurrir en las equivocaciones que en él se notan.[19]

Pero la angustia de Martí no cesa, pues escribe una nueva protesta en el *Recorder*; también a Romero le escribe de nuevo para decirle: "Molesté a Vd. hace dos días con un telegrama personal, no porque

---

[16] Archivo Porfirio Díaz (APF), legajo 16, caja 9, f. 004518, nota del *Recorder*.
[17] APF, legajo 16, caja 9, f. 004160, J.M., telegrama a Matías Romero.
[18] "Uruguay a México", en *ibid.*, f. 004158.
[19] AHMR, Correspondencia, libro 47, f. 868.

por un solo instante supusiese que me hiciera Vd. la injusticia de creerme capaz de entrometerme, sin razón ni derecho, en asunto en que no tengo voz, y sólo veo con el cariño de un hijo adoptivo, tan apasionado como discreto."[20]

Todo pareciera haber quedado en el nivel de la legación mexicana, pero Romero, que todo archiva e informa, y aunque parece minimizar el asunto, considera aconsejable informar al presidente Díaz del asunto, lo cual comunica a Martí en carta del día 12 de marzo: "En la carta que dirigí a Ud. ayer, le manifesté que no doy importancia a este incidente; sin embargo, y para que en México se sepa exactamente lo que usted ha hecho, remito al general Díaz la carta de Vd., su telegrama y los recortes de periódicos que se ha servido enviarme."[21]

Efectivamente, con esa misma fecha encontramos la carta que dirigiera Romero a Díaz, acompañada de los documentos enunciados "con objeto —le dice— de que una vez informado de esos documentos en que se trata de asuntos personales de Vd. tenga la bondad de devolvérmelos".[22] Pero Díaz no devolvió las cartas y documentos, que permanecieron en su archivo, y se desconoce hasta el momento la respuesta que diera a dicha carta.

El asunto estaba terminado; aun así Martí, muy enfermo, escribe a Romero:

Mi estimado amigo y señor:

Muevo con dificultad la pluma, después de una semana de enfermedad; pero entre las primeras cartas que escribo, quiero escribir ésta de gracias a Vd., por su empeño en que se vea en México que este hijo suyo no es de los que lo perturba y se mezcla en lo que no le incumbe, sino de los que adivina sus peligros, admira su habilidad, y procura su crédito.

Luego de lo político, pasa a expresar los motivos caballerescos y personales de su conducta y aflicciones: "Lo que más me apenaba era que anduviera en lenguas, con pretexto de mi nombre, la opinión

---

[20] J.M., carta a Matías Romero, 11 de marzo de 1891, *Epistolario*, t. II, p. 269. Véase también APF, legajo 16, caja 9, f. 004557.
[21] AHMR, libro 47, f. 872.
[22] APF, legajo 16, caja 9, f. 004163.

de una mujer, que por serlo ya me obliga a culto, a más del respeto que he le de tener, por ser hija de un caballero que me mostró amistad en su país.—y amiga íntima de la casa de mi esposa."[23]

La amistad se estrecha entre ambos personajes, y Martí es invitado en otras ocasiones a casa de Romero, a reuniones de carácter íntimo y privado, donde el ministro de México informa a Martí de algunos asuntos de Cuba. Por su parte, el poeta cubano invita al ministro a una velada que como presidente de la Sociedad Literaria Hispano Americana va a organizar en honor de México. En la invitación oficial le expresa cálidamente:

> México va a hacer en New York el jueves 23, su noche de fiesta.—La noche de México, de la que conversé con su señora y Vd., cuando me hicieron el honor de sentarme a su mesa [...] nadie en ella [la Sociedad], y menos que nadie los mexicanos de Nueva York, creen que esa fiesta de familia —de letras y de música del país— sería completa sin verlo a Vd. sentado en la silla de cabecera que le guardo. // No me extraña el entusiasmo que la velada mexicana ha despertado aquí [...] México es como la levadura de América.[24]

La noche de la velada, a la que Romero no puede asistir, y ante el cónsul de México, Martí pronuncia un bello discurso en el que demuestra una vez más su amor por México:

> Este júbilo es justo, porque hoy nos reunimos a tributar honor a la nación ceñida de palmeros y azahares [...] ¡Saludamos a un pueblo que funde en crisol de su propio metal, las civilizaciones que se echaron sobre él para destruirlo! ¡Saludamos, con las almas en pie, al pueblo ejemplar y prudente de Amé-

---

[23] J.M., carta a Matías Romero, 20 de marzo de 1891, *Epistolario*, t. II, p. 276. Véase también APF, legajo 16, caja 9, f. 004159. Efectivamente, Martí había conocido a la familia Romero Rubio, en carta a Mercado (15 de octubre de 1886) le manifestaba: "Leo con pena en *El Partido* y en los diarios de aquí, que está enferma de algún cuidado la hija del señor Romero Rubio.—La conocí muy niña aún en los tiempos de mis amores, y me llamó la atención por su dulzura, ya en sus días tranquilos, ya acompañando a su madre en horas de tristeza. Si su padre hace memoria de mí, dígale mi deseo de que la linda señora halle pronto mejoría." *OC*, t. 20, p.102.

[24] J.M., carta a Matías Romero, 19 de abril de 1891, *Epistolario*, t. II, p. 282. Véase también AHMR, Correspondencia recibida, vol. 6, f. 38689.

rica! [...] la muerte por el derecho del país funde, al fuego de la Reforma, al indio y al criollo; y se alza Juárez, cruzado de brazos, como fragua encendida en las entrañas de una roca, ante el imperio de polvo y locura, que huye a su vista y se deshace. [25]

---

[25] J.M., "Discurso pronunciado en la velada en honor de México en la Sociedad Literaria Hispano Americana en 1891", *OC*, t. 7, pp. 65-66.

IX. LA ENTREGA DEFINITIVA: LA LUCHA

En 1891 Martí escribe sus *Versos sencillos*, que dedica "A Manuel Mercado de México, y a Enrique Estrázulas de Uruguay". México no deja de estar presente en esos versos autobiográficos. Allí recuerda aquel cuadro de su hermana Ana que pintara Manuel Ocaranza:

> Si quieren, por gran favor,
> Que lleve más, llevaré
> La copia que hizo el pintor
> De la hermana que adoré.[1]

Y en otros versos hace alusión a su amistad con Mercado:

> Tiene el conde su abolengo:
> Tiene la aurora el mendigo:
> Tiene ala el ave: ¡yo tengo
> Allá en México un amigo![2]

El 27 de agosto de 1891 la situación familiar hace crisis definitivamente; Carmen lo abandona y se lleva a su hijo. Martí enferma. El 11 de febrero de 1892, en la última carta que se recoge en el epistolario con Mercado, la cual acompañaba a un ejemplar de sus *Versos sencillos*, Martí cuenta al amigo mexicano sus angustias: "¡Cómo estará mi alma de tristeza, y cuánto esfuerzo me costará escribir esta carta, lo ve V. bien, por ese libro mío, que está impreso desde el mismo mes en que mi hijo me dejó solo, en que para encubrir culpas ajenas se me llevaron a mi hijo:—y no he tenido en estos seis meses corazón para mover la pluma. Ni cuerpo.—"

---

[1] J.M., *Versos sencillos*, PCEDC, t. I, p. 242.
[2] *Ibid.*, t. I, p. 281.

A continuación le habla casi en tono de disculpa acerca de la dedicatoria del libro en que lo une a otro nombre, el de Enrique Estrázulas, cónsul de Uruguay, a quien también le ligan grandes lazos de afecto: "No se me enoje porque le he puesto un segundo en la dedicatoria: es un hombre que ha visto de cerca el trabajo que me cuesta la honradez, y ha velado por mí, aunque no con la misma ternura incansable con que Vd. vela."[3]

Poco tiempo después, se suspende su colaboración con *El Partido Liberal*, "precisamente cuando Martí era el mejor de sus corresponsales, y su artículo ocupaba el lugar de honor en el diario mexicano".[4] Su última crónica la fecha el 28 de abril, y aparece publicada el 12 de mayo de 1892.[5] Las causas de la interrupción deben ser las mismas que aduce en su última carta a Mercado: "de organización patriótica, y de la cama a la tribuna, —de viajes de evangelista, —de enfermedad larga y grave, —de polémica y desafío. Alguna vez le he escrito que cuando no tengo fuerzas para mí, las tengo para mi patria".[6]

Luego el silencio. El revolucionario había entrado de lleno en la lucha, en la vida revolucionaria. Su constante ir y venir paralizaron su pluma en relación con México. Posteriormente, entre los papeles de Martí compilados después de su muerte, se encontró el borrador de un fragmento de una carta que no envió nunca y que adquiere hoy caracteres de testamento político referente a México, en el que declaraba con toda suspicacia:

> Lo veo a V. unificador en América:—juntando al país en nación como paso previo pª la administración de la libertad!— defendiendo y salvando a México con cautela, y con la larga vista en el alma del Norte a qn. no se puede provocar, dándose prisa a hacer a Méx. uno y respetable, antes de que le pueda caer encima el Norte. Y de esa obra es parte la revolución de Cuba. No sólo es santa por lo q. es; sino q. es un problema po-

---

[3] J.M., carta a Manuel Mercado, 11 de febrero de [1892], *Epistolario*, t. II, p. 44. Véase también *OC*, t. 20, p. 158.
[4] Francisco Monterde, prólogo a *Cartas a Manuel Mercado*, México, UNAM, 1945, p. XVII.
[5] J.M., *Nuevas cartas de Nueva York, op. cit.*, pp. 195-203.
[6] J.M., carta a Manuel Mercado, 11 de febrero de [1892], *Epistolario*, t. II, p. 44. Véase también *OC*, t. 20, p. 159.

lítico, pª garantizar las Antillas y E. Ams. antes q. los E.U. condensen en nación agresiva las fuerzas de miseria, rabia y desorden que encontrarán empleo en la tradición de dominarnos. // Esa es nuestra prisa. En política hay que prever. El genio está en prever.[7]

---

[7] J.M., *Fragmentos*, OC, t. 22, p. 256.

SEXTA PARTE

UN ALTO EN EL CAMINO

Tiene el conde su abolengo,
Tiene la aurora el mendigo,
Tiene ala el ave: ¡yo tengo
Allá en México un amigo!

I. PRESENTIMIENTO

Desde el año 1892 la actividad político revolucionaria de José Martí había entrado en la etapa definitiva de consumación de su obra. Roto todo compromiso ajeno a la causa, se ha volcado de lleno en la preparación de la "guerra necesaria". Funda como base de la organización el Partido Revolucionario Cubano, que unificaría bajo un solo mando todos los elementos dispersos en el exilio. Publica el periódico *Patria*, como órgano de divulgación del partido. Enfermo, sostenido sólo por el ideal inquebrantable, Martí viaja constantemente llevando la voz de la patria cautiva; el tren, el barco son su hogar cotidiano. Es un alma en pena que va de un lado a otro, escribiendo manifiestos, arengando, pronunciando discursos, despertando las conciencias aletargadas, fundando clubes, reuniendo fondos para la guerra, sanando las heridas que pudieran existir entre los antiguos jefes militares del 68, atrayéndolos hacia la nueva gesta. Ya ha ganado para ella a Máximo Gómez, designado jefe supremo de la guerra; Roloff, los Maceo, Flor Crombet, Cebreco y otros se han incorporado de nuevo a la lucha.

Martí viaja de Nueva York a la Florida; Tampa, Cayo Hueso, Ocala, Jacksonville, Filadelfia; por Centroamérica y el Caribe; Haití, la República Dominicana, Costa Rica, Panamá y Jamaica escuchan sus plegarias y así va tejiendo las redes de la nueva guerra.

Esta nueva lucha ya no es sólo por Cuba, sino también por Puerto Rico y "para el bien de América y del mundo". No obstante, Martí es cauteloso, se cuida de no crear fricciones con los gobiernos de otros países, a los que sabe comprometidos con España y con los Estados Unidos, país que aguarda la hora propicia de caer sobre Cuba. El esfuerzo de defensa debería ser de los cubanos, por lo que señalaba claramente que "Cuba no anda de pedigüeña por el mundo: anda de hermana, y obra con la autoridad de tal. Al salvarse, salva".[1]

---

[1] J.M., "Otro Cuerpo de Consejo", *OC*, t. 2, p. 373.

México no debía ser ajeno a esta lucha. No podía ser indiferente la nación que en 1869, en época de Juárez, fue la primera en mostrar su solidaridad a la causa de la independencia de Cuba. No podían ser indiferentes los cubanos residentes en aquel país. No obstante, Martí reservaba su acción para una fecha posterior, como explica en una carta del 25 de mayo de 1893 a Nicolás Domínguez Cowan, escrita unas horas antes de partir a la República Dominicana para entrevistarse con Máximo Gómez:

> Le diré de paso que en la aceleración extraordinaria de la labor en que me ve, ha sido intencional mi falta de convite a los paisanos de México, por causa magna que tendrá toda su aprobación [...] Uno debe ser entendido en silencio por aquellos a quienes quiere [...] Ahora sólo quiero que sea bueno, que evite en lo que pueda las desvergüenzas españolas que andan entrándose por esa prensa.[2]

Mientras, los cubanos en México no perdían tiempo. En esas fechas ya existían en la capital y en Veracruz algunos clubes patrióticos que contaban con la simpatía y colaboración de muchos mexicanos, como se desprende de un artículo publicado en *Patria*, el 19 de agosto de 1893:

> De Veracruz, casa hermana de todos los cubanos peregrinos, viene la voz de hoy. Un club había allí hace poco. Mando a ver la verdad, y ahora hay siete clubs. Ya se han reunido en Cuerpo de Consejo. El Presidente es un veterano de nuestras luchas y de nuestras letras, un hombre de idea propia y actividad indomable: J.M. Macías. El Secretario, renuevo erguido de un padre batallador, y abogado de mérito, es Ignacio Zarragoitia.—De todas partes viene su fuerza al Partido Revolucionario [...] Y si se va a generosidad y tesón, a espíritu propio sin narigón ni muletas, a patriotismo genuino sin menta ni cantáridas, no hay cubanos que venzan a los de Veracruz.[3]

---

[2] J.M., carta a Nicolás Domínguez Cowan, Nueva York, 25 de mayo de 1893, *Epistolario*, t. III, pp. 363-364. Véase también *OC*, t. 2, p. 327.

[3] J.M., "Otro Cuerpo de Consejo", *OC*, t. 2, p. 374.

En 1894 la organización de la guerra está en marcha. Grupos expedicionarios se encuentran formados y apremian a la nación. Máximo Gómez tiene gente lista en Santo Domingo; Guillermo Moncada ha sido detenido en Santiago de Cuba; en La Habana, Juan Gualberto Gómez acumula armas. Maceo desde Costa Rica apremia, lo mismo hacen Betancourt desde Matanzas, Carrillo desde Santa Clara y, en los Estados Unidos, Roloff y Serafín Sánchez están listos a partir desde Florida. Martí es cauto, más reflexivo que los militares, y no se precipita a una aventura. Vuelve a recorrer los escenarios de sus prédicas para llevar propaganda y colectar fondos. En abril Gómez lo visita en Nueva York para constatar los avances logrados. Son días de agonía para el Apóstol, que también siente la necesidad de caer sobre la isla antes que el gobierno pueda caer allí sobre la revolución. A Fermín Valdés le escribe sus angustias: "No hay nervio en mí que no sea cuerda de dolor: no puedo mover los brazos, de tanto como hay que atar, y mover y sujetar [...] ¡y qué trabajo cuesta, ser sagaz y sincero—y ser enérgico y dulce,—y ser todo esto en mi soledad y mi tristeza!"[4]

En mayo de 1894, el dirigente cubano busca la ayuda de sus compatriotas en México, como se desprende de la emotiva carta que dirige al profesor Rodolfo Menéndez, residente en Yucatán, en la que se refleja su estado pleno de angustia revolucionaria, y en la que le solicita:

> su ayuda inmediata y entusiasta, en la hora de necesidad de nuestro país. [...] Le pido más con esta carta como autorización, le pido que congregue a cuantos colaboradores —cubanos y mexicanos— pueda hallar ahí donde Ud. reside, y donde Cuba es siempre amada, para esta obra de redondear sin aparato la suma necesaria a la tarea de dar impulso bastante a la guerra de independencia de Cuba que confirmará, —porque sin la de Cuba no se confirma,—la independencia de México, sorda y continuamente amenazada. La posesión de Cuba, Menéndez, cambiaría el mundo. Démosla a los nuestros [...] Vea a todos los hombres sensatos; vea a todos los

---

[4] J.M., carta a Fermín Valdés Domínguez, Nueva York, 18 de abril de 1894, *Epistolario*, t. IV, p. 115. Véase también *OC*, t. 3, p. 147.

cubanos fieles; vea a todos los que tengan los oídos en el corazón.[5]

Luego, recordándole algo tal vez olvidado, le suplica: "Me ofreció una vez su casa. Ahora se la pido. Si no tiene más que ella, déla. A menos que el mundo entero no sea traición, salimos a camino."[6]

A principios de julio, Martí se encuentra nuevamente en "esa tierra nula e inhumana de New York",[7] como dijera a Menéndez. Retornaba de un rápido viaje a Costa Rica, Panamá y Jamaica. Había ido a entrevistarse con Maceo para ultimar detalles. Permanece sólo unas horas, las suficientes para coordinar a sus gentes y recaudar nuevos fondos. Entonces, en espera de noticias de Gómez, sin pérdida de tiempo, decide viajar a México. "Aprovecho los once o doce días en un nuevo viaje. Y al volver, aún mejor que hoy, estaré en aptitud, si los demás están listos, de desenvolverlo todo a la vez."[8]

El día 13 solicita al tesorero del partido, de los fondos de guerra, la cantidad de 300 pesos para pasajes de ferrocarril de ida y vuelta a la ciudad de México y a Veracruz, así como para gastos de viaje. Todo estaba perfectamente medido y calculado.

Antes de partir, con el deseo de que llegue a México durante su estancia, publica en *Patria* un artículo titulado "El día de Juárez", pues no descuidaba los aspectos psicológicos de ciertas acciones. En él escribe:

> México no yerra; y se afianza y agrega, mientras se encona y descompone el vecino del Norte [...] Y es que la tierra mestiza anuncia al mundo codicioso que ya es nación el indio solo de los treinta fieles, que, con meterse por el monte a tiempo, salvó la libertad, y la América acaso; porque un principio justo, desde el fondo de una cueva, puede más que un ejército. Es que México ratifica cada año ante el mundo —con su derecho creciente de república trabajadora y natural— su determina-

---

[5] J.M., carta a Rodolfo Menéndez, Nueva York [Nueva Orleáns], 30 de mayo de 1894, *Epistolario*, t. IV, pp. 170-172. Véase también *OC*, t. 3, pp. 171-173.
[6] *Ibid.*, p. 172.
[7] *Idem*.
[8] J.M., carta al general Antonio Maceo, Nueva York, 7 de julio de 1894, *Epistolario*, t. IV, p. 217. Véase también *OC*, t. 3, p. 229.

ción de ser libre. Y lo será, porque domó a los soberbios. Los domó Juárez, sin ira.[9]

El 15, ya en marcha, le escribe a Máximo Gómez desde Nueva Orleáns: "Decidí mi viaje a México, para ver de echarle algo más al tesoro [...] empleo estos días [...] en ir en persona a ver qué más traigo, y qué dejo abierto para cuando hayamos ya empezado en Cuba [...] Para el 25 pienso haber vuelto."[10] El 16 se encuentra en San Antonio, Texas, donde transborda al Ferrocarril Central Mexicano, para recorrer los 2 000 km hasta la ciudad de México, de la que guarda cálidos recuerdos.

¡Sólo diez días se concede Martí para un viaje tan largo!, diez días para visitar el país que tanto ama y tan trascendental ha sido en su vida. Pero la suerte está echada; un presentimiento de muerte que le impulsa a actuar se ha apoderado de él. "Yo voy a morir, si es que en mí queda ya mucho de vivo. Me matarán de bala o de maldades."[11] Por lo tanto, no hay tiempo para descansar, ni para los recuerdos. Porque Martí ya no se pertenece, es sólo un resplandor, una llama viva que va rauda de un lado a otro, esclava de su ideal.

---

[9] J.M., "El día de Juárez", en *Patria*, Nueva York, 14 de julio de 1894, *OC*, t. 8, pp. 254-256.

[10] J.M., carta al general Máximo Gómez, Nueva Orleáns, 15 de julio de 1894, *Epistolario*, t. IV, p. 221. Véase también *OC*, t. 3, p. 231.

[11] J.M., carta a José María Izaguirre, Nueva Orleáns, 30 de mayo de 1894, *Epistolario*, t. IV, p. 178. Véase también *OC*, t. 3, p. 194.

II. EL MÉXICO AÑORADO

A la media noche del 18 de julio se encuentra en México. ¡México!; ¡todo ha cambiado! La ciudad se ha transformado; nuevas calles y barrios la pueblan, porque ésta es una ciudad que se derruye y crece constantemente, que resurge esplendorosa de sus antiguas ruinas. La ciudad y los hombres vuelven a su recuerdo. ¡Todo está transformado! Pero, ¿acaso él mismo, no es ya otro hombre?

Han pasado diecinueve años desde su primer viaje. Aquella vez venía de España, hoy (1894) llega como centella de las "entrañas del monstruo". El Martí de ahora no es el soñador que aquella vez llegara nostálgico y lleno de poesía, con ansias de amor. "Ya aquellos tiempos de placer pasaron, sus ídolos rodaron, sólo una pasión alberga su alma, Cuba", refiere Peón Contreras.

Martí se aloja en un modesto cuarto del Hotel Iturbide, en la calle de Plateros, donde se inscribe con el nombre de J.M. Pérez. Descansa sólo unas horas para reponerse de su viaje. Según relata Urbina, la primera mañana que amaneció en México, cuando salió del hotel, fue a sentarse a una banca del Zócalo: "¿A que no sabes a qué? Pues a respirar aires de libertad a plenos pulmones."[1] Pero también a recordar. Por su mente debe haber desfilado su vida durante aquella primera etapa mexicana. Luego se dirigió a la calle de San Ildefonso número 7, donde vive don Manuel Mercado. Su llegada fue sorpresiva, nadie le esperaba. Cuando doña Dolores entra en la pieza en que le aguarda, Martí cae de rodillas ante ella, quien sorprendida no le reconoce, éste le toma la mano y se la besa, al tiempo que pregunta: "¡Lola!, ¿no me conoce?" Tras un titubeo, pasada la impresión del primer momento, se escucha una exclamación. "¡Martí!... ¡Es usted!", y un cariñoso abrazo los une, ante la mirada atónita de los hijos de Mercado que presencian aquella rara escena. Dos horas después una situación parecida se repite cuando

---

[1] Citado por Núñez y Domínguez, *Martí en México*, México, Imprenta de la Secretaría de Relaciones Exteriores, 1933, p. 232.

Martí en México (1894).

llega Manuel a su casa. Luego, salen juntos a buscar a los viejos conocidos, como Justo Sierra y Juan de Dios Peza, a quienes encuentran en la librería Bouret, en la calle de Cinco de Mayo, donde acostumbraba reunirse un grupo de escritores.

Martí tiene cuarenta y un años, se le ve mal vestido, con un viejo traje descolorido, corbata de lazo, zapatos sucios y sin lustrar. Hay en él un dejo de abandono que mueve a lástima: es la clara imagen de quien ha peregrinado largamente. Pero, ¿cómo gastar en ropa nueva cuando la revolución necesita el dinero? "Quien solicita ayuda desesperada para Cuba —escribe Mauricio Magdaleno— se viene muriendo. Es un fantasma de aquel príncipe delicado y floreal que se fue rumbo a Guatemala, diecisiete años hacía. Todo él mueve a llanto. Parece un trágico evadido del infierno."[2]

---

[2] Mauricio Magdaleno, *Fulgor de Martí*, México, Botas, 1940, p. 245.

III. DÍA DE RECUERDOS

Después, entre la alegría y la nostalgia, Martí y sus amigos reviven los recuerdos que se deslizan incontenibles. ¿Qué había sido de aquellos que frecuentara en sus años juveniles? ¡Todo ha cambiado, desflorado por el tiempo! Nombres y recuerdos van surgiendo, uno a uno. Ramírez, el Nigromante, fallecido cuatro años después de la partida de Martí, pobre y desilusionado, había tenido tiempo de cantar sus amarguras:

> Cárcel es y no vida la que encierra
> Sufrimientos, pesares y dolores;
> Ido el placer, ¿la muerte, a quién aterra?
> Madre Naturaleza, ya no hay flores
> por do mi paso vacilante avanza;
> nací sin esperanzas ni temores;
> vuelvo a ti sin temores ni esperanzas.[1]

¡Ah!, los tiempos del Liceo Hidalgo. Torroella, que había participado en aquellos debates, se le murió en los brazos allá en Guanabacoa, y cuenta Peza que era tal su cariño a México, que antes de morir pidió estrechar la mano de un mexicano, por lo cual mandó a un enviado al consulado de México en Cuba para que acudiera alguien; ahí se encontraba el diputado Miguel Méndez, de paso hacia los Estados Unidos, el cual se dirigió de inmediato a ver al poeta, a quien encontró agonizante, pero que aún alcanzó a decirle: "Déme usted la mano, quiero decirle adiós por conducto de usted, a su tierra, a sus compatriotas, a todo ese México que no volveré a ver nunca." Y a los pocos momentos expiró.[2]

---

[1] Ignacio Ramírez (el Nigromante), México, Editora Nacional, 1960, t. 1, p. 14
[2] Juan de Dios Peza, "Alfredo Torroella", en *Revista Bimestre Cubano*, vol. 6, núm. 5, La Habana, septiembre-octubre de 1911, p. 404.

¿Y Manuel? Ocaranza había muerto, sin lograr la gloria que para él deseara Martí. El otro Manuel, Altamirano, el polemista formidable, falleció el año anterior en San Reno, en la Costa Azul del Mediterráneo, mientras trabajaba como cónsul general de México en España. ¿Y Flores? Manuel M. Flores, el poeta pasional, había muerto varios años atrás, en 1885, ciego, convertido en una ruina humana, roído por el mal de Eros; murió reclinando su cabeza en el pecho de Rosario. Otra pregunta balbucea entre los labios de Martí. ¿Y ella? Rosario vive, y aún le cantan los poetas. No hace mucho Luis G. Urbina le hablaba de amor y le dedicaba versos:

>   Y hoy que mi juventud te grita: ¡ama!
>   tu corazón responde: ¡ya no puedo!

¿Y Concha?, la actriz de *Amor con amor se paga*. Aún trabajaba en el Teatro Hidalgo, donde representaba obras de capa y espada. Un silencio sigue a estos recuerdos. ¿Y el maestro Guillermo Prieto? Prieto vive, pobre, envejecido y casi ciego; ahora se le ve cruzar las calles con el paso cansado, el cuerpo inclinado por los años, como una figura legendaria de la ciudad. ¡Paso al maestro! Ahí va por esas calles de su México a los que llama ahora sus "salones", y en donde recibe a sus numerosas amistades. Ahí va repartiendo adioses: "Adiós, hijo mío, adiós hermano, adiós artista, adiós, mi vida." Su "musa callejera" no ha muerto.

Hasta el mismo triunfador de Tecoac, el general Porfirio Díaz —refiere Federico Gamboa—, había sufrido una completa transformación: "Ya no es el mismo que yo conocí de vista, desaliñado, con aspecto de guerrero, de soldado veterano y peleador: este es un caballero correctísimo, a la inglesa, en pergeño y modales, muy afeitado, muy serio, irreprochable."[3]

De aquel antiguo grupo destacan ahora, con sus cabezas blancas por las canas, el discreto y callado Manuel Mercado, subsecretario de Gobernación, amigo de los literatos de su época, y quien, según Gutiérrez Nájera, "no tiene derecho nunca a estar ausente de una reunión de hombres de letras y de artistas, porque es de su gremio,

---

[3] Federico Gamboa, *Diario de Federico Gamboa (1892-1939)*, selección, prólogo y notas de José Emilio Pacheco, México, Siglo XXI, 1977, p. 51.

aunque no escriba, ni quiera escribir".[4] Justo Sierra se perfila para ministro de Educación Pública; Juan de Dios Peza, el poeta popular, para diputado. El porfiriato los ha absorbido a todos.

Peza ha escrito sus *Cantos del hogar*, en los que sublima a Juan y a Margot, al igual que Martí lo ha hecho con Ismaelillo. Ambos portan llagas de amor en el alma. Se habían encontrado en Santander, durante el segundo destierro de Martí, en casa del cónsul Agustín Lozano: "entró Peza, con su hijo en los brazos. El mismo sombrero caído sobre los ojos y la misma patilla a lo andaluz; pero el color no era ya tan fresco, y en la sonrisa, más triste y apretada, se veía como cierto desgano de la vida".[5]

"¿Y usted?", pregunta Mercado a Martí. Su vida ha sido, bien lo sabe, un peregrinar continuo; ave sin nido que no ha encontrado asiento fijo en ningún lado. Guatemala, Cuba, para sufrir un segundo destierro a España. Nueva York, Venezuela, nuevamente los Estados Unidos, Centroamérica y las Antillas, todo, menos Cuba. Ha sido un peregrino poseído de una estrella.

Se hace un prolongado silencio mientras por la mente de Martí cruzan Rosario y Concha Padilla. Una sonrisa irónica se dibuja en su rostro: ¡Qué importa todo aquello!, sólo son fantasmas de un pasado. También su Carmen le ha abandonado, llevándose a su hijo. Por aquellos días le recita a Mercado aquel pasaje de sus *Versos sencillos*:

> Corazón que lleva rota
> El ancla fiel del hogar,
> Va como barca perdida,
> Que no sabe a dónde va.[6]

Ahora otro afecto infantil llena aquel vacío, María Mantilla, en la que vierte todo su amor paterno. Desde la noche en que Carmen lo abandonó, en medio de aquel desgarramiento de su alma, sintió que se habían roto todas las cadenas. Ya nada le ata, su camino está decidido: Cuba y su América, su amor por la causa de los pobres

---

[4] Manuel Gutiérrez Nájera, "Un banquete al Maestro Altamirano", en *Obras. Crítica literaria*, México, UNAM, 1959, p. 366.
[5] J.M., "Juan de Dios Peza", *OC*, t. 8, p. 206.
[6] J.M., "Yo tengo un amigo muerto", en *Versos sencillos*, PCEDC, t. I, p. 244.

lo movilizarán en adelante, y así lo expresa también en *Versos sencillos*:

>Con los pobres de la tierra
>Quiero yo mi suerte echar:
>El arroyo de la sierra
>Me complace más que el mar.[7]

"Con los pobres de la tierra" Martí ha roto los estrechos límites de su isla, para adquirir dimensiones universales. Hace profecía de humildad; lo pequeño lo seduce más que lo fastuoso; no hay contradicción en él, ni en su vida ni en su persona.

La charla de Martí y Mercado se prolonga varias horas; habiéndose sentado a la mesa al medio día, se levantan cerca de la media noche. "Martí no cansa con su charla, cautiva, todos están prendidos como hipnotizados por sus palabras".[8] Durante esta visita, con frecuencia suspira; "el suspirón me dicen algunas gentes", contaba burlándose de sí mismo. Aquella noche Martí no sale sin la promesa de dejar el hotel para alojarse en casa de Mercado.

Pero al día siguiente enferma de una afección gripal y no puede abandonar el hotel. Alfonso Mercado, que relata estos pasajes, le lleva al doctor Regino González para que lo atienda. Ante él, Martí despliega toda su elocuencia, hace una prolongada descripción de sus males, que sorprenden al médico. "Nada grave", dice éste al retirarse, más, "¿quién es este hombre extraordinario?"

---

[7] J.M., "Odio la máscara y vicio", en *Versos sencillos*, PCEDC, t. I, p. 238.
[8] Comentarios de Alfonso Mercado, hijo de Manuel.

IV. HORAS DE RAUDA ACTIVIDAD

Martí pasaba largas horas en casa de Mercado, donde se sentía rodeado de gratos afectos y manifestaciones de cariño de parte de toda la familia. Por las mañanas, acompañado por los hijos de Mercado, vuelve a recorrer la ciudad, visita los nuevos sitios que quería conocer o volver a ver: la Alameda, el Museo Nacional, la Academia de San Carlos. Se detiene ante cada cuadro —ante cada piedra— y habla de ellos haciendo acopio de grandes conocimientos que dejaban admirados a sus acompañantes. Por las tardes se queda en compañía de Mercado haciendo recuerdos y hablando de sus proyectos.

Pero el revolucionario no ha venido a pasear y a hacer remembranzas, sino a algo más importante, y hay poco tiempo. Una mañana se presenta en la redacción de *El Partido Liberal*, en la calle de Independencia, periódico con el que había colaborado largos años desde Nueva York. Por entonces lo dirigía Apolinar Castillo. Allí conoció a Rafael de Zayas Enríquez, secretario de redacción, y a Gutiérrez Nájera, director de la recién fundada revista *Azul*, "aquella otra hija escapada del numen del poeta", que se publicaba como suplemento dominical de aquel diario. Gutiérrez Nájera era quien había escrito un bello artículo cuando Martí publicó *La Edad de Oro*. Se comprendieron y a partir de ese momento fueron inseparables. Posteriormente, el Duque lo presenta a la redacción de *El Universal*, propiedad de Ramón Prida, donde también colabora Nájera con la sección "Crónica de la semana". Son rápidos los saludos, y quizás despedidas, pues Martí tiene que partir.

Visita a Nicolás Domínguez Cowan, representante de la emigración cubana en México, y Prida lo lleva con Pedro Santacilia, quien lo invita a comer en su casa de campo de San Cosme, muy cerca de la Tlaxpana, donde vive Cowan. Nuevas voces traía ahora el cubano, que escuchan atónitos sus oyentes. Martí ya no habla de Cuba solamente; sus horizontes se han extendido y quisiera abarcar todo el continente: "De América soy hijo. A ella me debo." Con voz mansa pero enérgica va desarrollando sus ideas antimperialistas, señalando los peligros para México y para lo que llama "Nuestra América". "Con el fuego del corazón [hay que] deshelar la América coagulada! ¡Echar, bullendo y rebotando, por las venas, la sangre natural del país! ¡En pie, con los ojos alegres de los trabajadores, se saludan, de un pueblo a otro, los hombres nuevos americanos."[1] Justo Sierra lo escucha asombrado, y considera impolítica su actitud hostil hacia los Estados Unidos, y así lo manifiesta a Martí en tono amistoso. En la comida con Santacilia, éste le propone una entrevista con Díaz. El delegado traía su programa y debía continuar hacia Veracruz, pero quizá esta invitación modifica sus planes. Martí enferma nuevamente, y aunque tenía proyectado visitar a Domínguez Cowan, se ve impedido de hacerlo, pues Mercado vela por su salud, como consta en una carta fechada el domingo 22:

> Ayer pasé el día en cama, con alarma cariñosa a mi alrededor, y ahora estoy dulcemente preso en casa de Mercado. Yo sostengo que no me ha hecho mal el paseo a la Academia de la mañana, y ellos que sí, y que puedo ir a ver mañana a Marianita. Si los convenzo, voy; si no, envío ese gabán, agradecido, y mañana va a verlos; y a calentarse el corazón su
>
> *José Martí*[2]

Ese mismo día en *El Universal*, en la sección "Crónica de la semana", Gutiérrez Nájera —con el sedónimo de Puck— publica un elegante y emotivo artículo:

> Ha pasado por México rápidamente —tal vez a la hora que estas líneas aparezcan habrá ya partido— un gran artista, un excelso tribuno, un poeta centelleante, un magno espíritu, José Martí. Aquí dejó hace diez y siete años, robustas amistades y alta admiración que han crecido. Esta es su tierra, porque él no es de Cuba nada más, él es de América.[3]

[1] J.M., "Nuestra América", *OC*, t. 6, p. 21.
[2] J.M., carta a Nicolás Domínguez Cowan, [22 de julio de 1894], *Epistolario*, t. IV, p. 226. Véase también *OC*, t. 20, p. 462.
[3] Boyd G. Carter, "Martí en México: 1894. Un escrito de Puck", en *Anuario Martiano*, núm. 4, La Habana, 1972, pp. 355-358.

Pero Martí no había partido. Al día siguiente, el 23, dando como dirección aún el Hotel Iturbide, cuarto número 51, Martí solicita por carta una entrevista al presidente Díaz. En ella, el revolucionario cubano no pide escuetamente ser recibido, sino que expone el interés de esa entrevista no sólo por la causa de Cuba, sino en beneficio de los pueblos de América. Martí venía a pedir apoyo para Cuba y a aportar sus conocimientos y trasmitir sus temores ante el general Díaz, a quien le manifiesta:

Señor:

Un cubano prudente, investido hoy con la representación de sus conciudadanos,—que ha probado sin alarde, y en horas críticas, su amor vigilante a México,—y que no ve en la independencia de Cuba la simple emancipación política de la isla, sino la salvación, y nada menos, de la seguridad e independencia de todos los pueblos hispanoamericanos, y en especial de los de la parte norte del continente, ha venido a México, confiado en la sagacidad profunda y constructiva del general Díaz, y en su propia y absoluta discreción, a explicar en persona al pensador americano que hoy preside a México la significación y el alcance de la revolución sagrada de independencia, y ordenada y previsora a que se dispone Cuba. Los cubanos no la hacen para Cuba sólo, sino para la América; y el que los representa hoy viene a hablar, en nombre de la república naciente, más que al jefe oficial de la república que luchó ayer por lo que Cuba vuelve a luchar hoy, al hombre cauto y de fuerte corazón que padeció por la libertad del Continente, que la mantiene hoy con la dignidad y unidad que da a su pueblo, y que no puede desoír, ni ver como extraños, a los que a las puertas de su patria, en el crucero futuro y cercano del mundo, y frente a una nación ajena y necesitada, van a batallar por el decoro y bienestar de sus compatriotas, y el equilibrio y seguridad de nuestra América.[4]

---

[4] J.M., carta al general Porfirio Díaz, México, 23 de julio de 1894, *Epistolario*, t. IV, p. 228.

Fragmento del manuscrito de la primera carta de Martí a Porfirio Díaz.

La carta tiene como fecha de recepción el 25 de julio. Y al pie con letra del secretario que con fina percepción había captado el mensaje, se resume: "Desea se le conceda una conversación para tratar los asuntos políticos de Cuba de cuyo buen éxito dependerá el bienestar de las repúblicas hispanoamericanas." Y se señalaba como fecha para recibirlo: "jueves a las 6 y media de la tarde en Chapultepec".

El 25 Martí escribe a Gonzalo de Quesada: "De Vd. creía saber, y aún ver acá galana muestra en *Patria*, porque entre enfermedad, labores y noticias por Benjamín, pude y debí extender tres o cuatro días mi viaje." Se queja de que *Patria* no llegue a México, y de que por eso no se haya recibido el artículo sobre Juárez, que había dejado señalado para su envío a "determinado grupo de acá, de lombrosistas que no hallan mejor modo de serlo que amar a España, a fuer de descontentos de la democracia, y simpatía entre autoritarios".[5] Esa misma noche, en espera de la cita con Porfirio Díaz, parte hacia Veracruz.

---

[5] J.M., carta a Gonzalo de Quesada, [México], 25 de [julio de 1894], *Epistolario*, t. IV, p. 230. Véase también *OC*, t. 3, pp. 235-236.

V. VERACRUZ

Veracruz no es desconocido para Martí. Su visita no es ocasional ni de simple tránsito. No se trata de organizar a los cubanos, pues éstos ya se encontraban agrupados y cooperando desde años atrás, a pesar del desconocimiento o silencio que sobre este punto se guarde. Ya en 1880, durante la guerra Chiquita, cuando Martí actuaba como presidente interino del Comité Revolucionario Cubano de Nueva York, estaba en comunicación con los exiliados de Veracruz, como consta en una carta dirigida al patriota cubano Juan Francisco del Río el 28 de abril:

> Para comenzar en esa noble tierra, entre sus hijos y los hijos de Cuba, empezando por la agrupación de estos, esa campaña de amor de que en México, como en todos los países que se le asemejan, tan buenos resultados espero. Porque viví en esa tierra y fui en ella tan amado como soy para ella amante, sé por mí propio con qué obstáculos tropezará Vd. y sé también qué generosos entusiasmos puede Vd. contribuir a levantar. [...] En cuanto a reunir a los cubanos, a recordarles cuan indigno fuera aprovechar mañana la victoria a que, con culpable indiferencia, no todos contribuyen hoy; a mover su ánimo en favor de aquellos hombres bravos que, por la libertad de tantos indiferentes, luchan y mueren sin amparo; en cuanto sea hablar a los cubanos, voces de amor y honra, a Vd. lo fío.[1]

Tampoco podía desconocer el delegado el papel que desempeñaron los patriotas de Veracruz aquel desdichado año de 1884, cuando sobrevino la ruptura con Máximo Gómez y Maceo, mientras se preparaba la expedición del brigadier Ángel Mestre, que fracasaría meses después en Isla de Mujeres.

---

[1] J.M., carta a Juan Francisco del Río, Nueva York, 28 de abril de 1880, *Epistolario*, t. I, p. 181. Véase también *OC*, t. 1, pp. 147-148.

El 25 de julio de 1894, a las siete de la noche, Martí llega a Veracruz. La noche es tormentosa. Enfurecida, la mar se arroja contra las escolleras del puerto, mientras en el cielo los rayos zigzaguean iluminando con su resplandor el caserío. Cuando desciende del tren, lo recibe Peón Contreras, quien nos deja la mejor fotografía literaria del Martí de esa época.

>Lo vi llegar en la ferrada vía;
>de incógnito venía
>a la dudosa luz de las estrellas;
>yo le miré llegar proscrito, errante,
>trayendo en el semblante
>de su marchita juventud las huellas.
>[...]
>Estaba frío como el mármol. Era
>su color, de cera
>que ha blanqueado la luz de un sol ardiente;
>tenía el rostro rígido de un muerto,
>cuando entramos al puerto
>la mirada eludiendo de la gente.
>[...]
>Le esperaban allí! Y de un convento
>en el amplio aposento,
>iba de su oratoria a ser derroche;...
>yo me detuve a la ruinosa puerta,
>para ellos sólo abierta,
>y él me dijo al entrar:—"A media noche."[2]

Martí traspuso las puertas del antiguo exconvento de La Merced, por entonces propiedad del médico cubano Manuel J. Cabrera, quien lo había adquirido después de promulgadas las Leyes de Reforma, y una vez que se pusieron en subasta los bienes del clero. Aquél era su domicilio y en los bajos de la casa tenía su asiento el club Máximo Gómez, al cual pertenecían el doctor Cabrera, el coronel Florencio Simanca, el profesor José Miguel Macías —quien después de sufrir destierro y prisión en el norte de África había

---

[2] José Peón Contreras, "Canto a José Martí", en *Revista Cubana*, vol. XXIX, La Habana, 1903, p. 296.

venido a residir a Veracruz—, el abogado Ignacio Zarragoitia, el viejo batallador Juan Francisco del Río, don Vicente Barrios y otros, así como el español José Pérez Pascual, que les ayudaba en sus publicaciones.[3]

Allí cenó Martí aquella noche, y luego pronunció un vibrante discurso en el que solicitaba la unión y la ayuda máxima para la patria que sufre. De los cubanos recibió amplia ayuda, así como del editor español, quien le tiende su mano generosa.

Concluida aquella reunión, Florencio Simanca, coronel del Ejército Libertador cubano y secretario del Cuerpo de Consejo, acompañó a Martí a visitar al poeta Salvador Díaz Mirón, preso en la cárcel municipal del puerto desde hacía dos años, por un doloroso suceso bien conocido. El encuentro tuvo lugar en la alcaldía, donde según el diario de Simanca, en documento hasta hoy inédito, se refiere que:

> Al encontrarse aquellos dos hombres en circunstancias tan tristes y penosas para el uno y de gran actividad revolucionaria para el otro, se dieron un prolongado abrazo, esas dos almas que se comprendían y se amaban y contaban entre las excelsitudes literarias de América.
>
> Martí le ofreció a Díaz Mirón recabar el indulto para que viniera a tomar parte en la justa libertad a Cuba y hacía citas históricas de todos los hombres notables que habían intervenido en distintos países en las contiendas armadas por la libertad. Salvador oyó las elucubraciones de Martí, pero declinó la oferta confiado, decía él, en el recurso de revisión de su causa, que esperaba prosperara.
>
> Después la conversación giró por las últimas producciones poéticas de ambos. Salvador recitó sus últimos poemas, y Martí recitó también algunas de sus poesías inéditas. Era aquél, en el reducido recinto de la alcaldía, un torneo digno del más elevado congreso literario.
>
> Y yo admiraba embobecido a aquellos dos titanes de la palabra y el ritmo...

---

[3] Véase al respecto Herrera Franyutti, "Martí en Veracruz", en *Anuario Martiano*, núm. 4, La Habana, 1972, pp. 349-353.

Estos datos, recientemente publicados por Manuel Sol, vienen a despejar las dudas que existían sobre la entrevista entre el autor de *Lascas* y el patriota cubano.[4]

De aquella noches escribió Martí: "En Veracruz los españoles habían sido corteses, y los cubanos admirables. Se había hablado poco y hecho cuanto se tenía que hacer, porque sólo la gente nula y ruin pierde el tiempo en lengua, y entre los hombres reales las cosas quedan hechas a las pocas palabras." A las siete había llegado ansioso y preocupado, y ya en la madrugada, "lleno de orgullo el corazón cubano", Martí se encuentra instalado en la humilde casa del filólogo cubano J.M. Macías; a ambos la mañana los sorprende leyendo la última obra del patriarca de la casa, *Erratas de la Fe de Erratas* de don Antonio Valbuena. "En verdad que se sentían junto a aquel anciano trabajador cariños de hijo." El libro iba a ser editado por el español José Pérez Pascual, "tan amigo de la justicia, que no entiende que el haber nacido en Cuba excuse al hombre de la obligación de amarla".[5]

En reconocimiento a la generosidad de Pérez Pascual, el día 26, antes de abandonar el puerto, le escribe expresiva carta:

> Por la largueza en el elogio no se conoce el mérito del elogiado, sino el gallardo corazón de quien se lo aplaude y exagera. Yo no he hecho nada aún, más que sentir en mi rostro la bofetada de la soberbia a la humildad, y vivir para abogado de humildes. Ese es mi patriotismo, y nada menos, ni exclusión ni odio alguno, ni libertad tan injusta y estrecha que comience por negarla, so pretexto del rincón de nacimiento, a los que la aman y respetan. Para mí, todo hombre justo y generoso ha nacido en Cuba. Y hay un hombre más liberal que yo: el que entre la injusticia de su patria y las víctimas de ella, se pone del lado de las víctimas. Así era mi padre, valenciano de cuna, y militar hasta el día en que yo nací: él me dijo un día, volviéndose de súbito a mí:—"Porque, hijo, yo no extrañaría verte un día peleando por la libertad de tu tierra." // De entre los muy gratos recuerdos que en mis pocas horas de visita me

---

[4] Las citas y notas anteriores han sido tomadas de Manuel Sol, "José Martí y la frustrada edición de *Melancolías y cóleras*, de Salvador Díaz Mirón", en *La Jornada Semanal*, suplemento de *La Jornada*, México, nueva época, núm. 200, 11 de abril de 1993, pp. 42-45.

[5] J.M., "Libro nuevo de José Miguel Macías", *OC*, t. 5, pp. 240-241.

llevo de Veracruz, ejemplo de pueblos y lección de patriotas timoratos, está, entre los más delicados y estimables, el del caballeresco saludo de Vd.—Goza en agradecer, y en abrir su patria a todos los mantenedores de la libertad, su amigo conmovido,

José Martí[6]

Si el revolucionario cubano trató de pasar inadvertido o de incógnito durante su estancia en el puerto, como insinúa Peón Contreras, esto no fue posible, pues el 28 de julio en el *Diario Comercial de Veracruz* se publicaba la noticia: "Estuvo de paso en el puerto de Veracruz, el Sr. Martí, conocido escritor antillano y Delegado de los Clubs independientes, siendo recibido por el Sr. José Miguel Macías y otras personas, y el viernes partió para los Estados Unidos." Lo mismo se reprodujo después en diversos diarios de la capital.

---

[6] J.M., carta a José M. Pérez Pascual, Veracruz, 26 de julio 1894, *Epistolario*, t. IV, p. 231. Véase también *OC*, t. 3, p. 236.

VI. RETORNO A LA CAPITAL. PORFIRIO DÍAZ. LA NUEVA BOHEMIA

El 27 de julio de 1894 Martí se encuentra nuevamente en México, donde se instala en casa de Mercado. Allí recibe la noticia de que la fecha para la entrevista con el presidente ya ha pasado, pues había sido fijada para el jueves anterior. Tal vez Díaz, quien ya tenía antecedentes del cubano por las cartas que le enviara Matías Romero y ante la explícita solicitud de Martí, le había concedido sin demora la entrevista. Sin pérdida de tiempo, estimulado quizá por Mercado, que ha sido el enlace para esta reunión, Martí escribe una nueva carta, en la que se disculpa por no haber podido concurrir a la cita, pues "con la esperanza de que no fuera aún señalada la visita pedida", el viaje a Veracruz "era de naturaleza pública e imposible de desobedecer", por lo que escribe: "yo merezco, Señor Presidente, el singular favor de que, excusando mi involuntaria culpa, me honre de nuevo con la cita que aguardo ansioso, y en la que será fácil al Señor Presidente conocer que no tiene ante sí un hombre ligero ni ingrato, sino a quien sabe estimar, en toda su alteza, el favor que recibe".[1]

El servicial Mercado corre a poner la misiva en manos de Rafael Chousal, secretario particular del presidente, a quien lo unen lazos de amistad. Al final de la carta se puede leer la anotación "miércoles", por lo que de acuerdo con esta fecha la entrevista debió haberse realizado el 1 de agosto.[2]

Ya instalado en casa de Mercado, donde se le atiende con solicitud y cariño, Martí puede disfrutar de plácidos días, mientras continúa desarrollando su labor revolucionaria. Cuando Martí salía de casa para retornar tarde, siempre volvía con algún presente, una flor

---

[1] J.M., carta al general Porfirio Díaz, [México, 27 de julio de 1894], *Epistolario*, t. IV, p. 232.
[2] A propósito de esta entrevista, el investigador cubano Luis Ángel Argüelles encontró en el archivo de Chousal el borrador de una carta sin fecha ni firma, cuyo autor no parece ser otro que el propio secretario. La carta dice:

o un regalillo que mostrara su afecto. A Luisa Mercado, que enfermó por aquellos días, le manda un ramo de rosas con una tarjeta en la que le dice:

> En una casa de amores
> Está enfermo un alelí;
> Luisa, te mando esas flores
> Para que rueguen por ti.[3]

Martí va frecuentemente a las calles de Independencia, donde se encontraba la redacción de *El Partido Liberal*. Allí estrecha sus relaciones con Gutiérrez Nájera, como consta en una carta de éste fechada el 15 de diciembre de 1890, cuando se hizo cargo de dicho diario, misiva que por causas desconocidas no envió nunca:

> Para saldar mi deuda con el año que se va y abrir mi cuenta corriente con el entrante, necesito escribir a U.—A mí me parece que se me escribe cuando recibo alguna de esas cartas que traen solo al *Partido Liberal*; soy el primero en abrirlas, el primero en gustarlas; y el primero en reñir con los cajistas por el sacrílego trato que les dan. Me siento deudor a U. de muchas gotas de luz, de muchos diamantes, de muchos ramos de flores, y—lo que es más de muchas ideas que ennoblecen mi espíritu y que me reconcilian con equívocos ideales.—Acá es día de fiesta cuando llegan letras de U. [...] Por eso he pensado cien veces en escribir a U. largo y tendido; siento que tengo un amigo, a quien conozco apenas, en un lugar que no conozco.[4]

José Martí
Estimado señor

Hoy mismo di cuenta al señor Presidente de la carta que Ud. por mi conducto se sirve dirigirle, y sin perjuicio de que le conteste oportunamente, he dicho al señor Lic. Mercado para que haga el favor de trasmitirle a Ud. que el mismo Señor Presidente tendrá el gusto de recibirlo el próximo lunes en Palacio, de las cuatro de la tarde en adelante.

Aprovecho la ocasión para ofrecerme de Ud. amigo y servidor afm.

Hasta aquí el texto de la carta, cuyo borrador manuscrito puede encontrarse en el Fondo Rafael Chousal, Secretario particular, caja 33, exp. 334, Archivo Histórico UNAM.

[3] J.M., "En una casa de amores", *PCEDC*, t. II, p. 251.

[4] Citado por Margarita Gutiérrez Nájera, *Reflejo (Biografía anecdótica de Manuel Gutiérrez Nájera)*, México, INBA/SEP, 1960, p. 153.

Fragmento del manuscrito de la segunda carta de Martí a Porfirio Díaz (sin fecha). Véase la transcripción completa en la página siguiente.

Señor General Don Porfirio Díaz
Señor:

Con entrañable gratitud, por la delicadeza del favor que me concede con la entrevista que solicité, en la seguridad de la mente y corazón de aquel a quien llamaba, recibo-a la vuelta de mi viaje de horas y por causa inevitable a Veracruz-la carta en que el Señor Presidente se sirve anunciarme que ayer jueves, a la una y media, tendría la bondad de recibirme en su morada de Chapultepec. La necesidad que por breves horas me sacó de México, con la esperanza de que no fuera aún señalada para ellas la visita perdida, era de naturaleza pública e imposible de desobedecer.

Por el júbilo con que recibo la prueba que me da de su nobleza-por el orgullo que, como si fueran cualidades mías propias, siento por el patriotismo americano y generoso pensamiento que su invitación me revela,-y por lo ineludible de la obligación que me impidió estar ayer en México,-yo merezco, Señor Presidente, el singular favor de que, excusando mi involuntaria culpa me honre de nuevo con la cita que aguardo ansioso, y en la que será fácil al Señor Presidente conocer que no tiene ante sí un hombre ligero ni ingrato, sino a quien sabe estimar, en toda su alteza, el favor que recibe.

Aguarda confiado la nueva bondad del Señor Presidente

Su servidor respetuoso

JOSE MARTÍ

A partir de aquel momento fueron inseparables, y seguro lamentaron no haberse conocido durante los años 75 y 76, cuando Martí se fue de México con un nombre famoso, en tanto Nájera publicaba sus trabajos impregnados de profundo misticismo juvenil en diarios como *El Porvenir, La Iberia* y *El Correo Germánico*.

A partir de ese día el cubano asistía con frecuencia a la redacción del periódico, donde tenía prolongadas charlas con Nájera, con José Juan Tablada —a quien estimulaba en sus trabajos de periodista novel— y con los demás redactores, para luego retirarse a comer con algún conocido, o al Tívoli de San Cosme, o a las reuniones literarias que se efectuaban en el restaurante Montaudon, siendo ya frecuente que se viera siempre juntos a Nájera y Martí en amena charla. Ellos, como si presintieran su próximo fin, querían decirse tanto, y tan bien se comprendieron, que el Duque abrió a Martí las puertas de su hogar, en la calle de los Sepulcros de Santo Domingo, donde el poeta cubano lo visitaba con frecuencia.

El domingo 29 de julio en casa de Mercado se prepara una fiesta en su honor. Las tres hijas, que "ya son mujeres", lo atienden con filial ternura, le sirven en la mesa, en la cual nunca faltan las rosas y los nardos, y cada una le prepara un platillo o algún dulce. Por la noche, una orquesta de once, de mandolinas, bandurrias y guitarras, dirigida por el compositor Juan B. Fuentes, ameniza la fiesta, las hijas de Mercado cantan e interpretan al piano rapsodias y un minueto, el que María Mantilla tocaba para él allá en Nueva York. La orquesta interpreta cuatro danzas y un vals.

"¿Cómo se llaman las danzas?", pregunta Martí. "Luisa, Lola, Alicia y Victoria, los nombres de las tres hijas de don Manuel, y el de su hermana política", contesta Fuentes. Pero el vals, no tiene nombre, el compositor le pide a Martí que lo bautice... Martí queda pensativo, luego le dice: "Póngale usted...Luz de luna", según refiere Gonzalo de Quesada.[5]

Más tarde, en la soledad de su cuarto, al revolucionario cede el hombre íntimo que en sutil carta vierte todo su cariño paterno en María Mantilla, a la que en su amor, pone como ejemplo de las virtudes que aprecia en la mujer mexicana:

---

[5] Gonzalo de Quesada y Miranda, *Así fue Martí*, La Habana, Gente Nueva, 1977, p. 90.

> ¿A que no sabes qué te llevo? "Cuatro danzas" lindas, de un señor de acá de México, a las cuatro hijas de mi amigo Mercado,—y una "Melopea" [...] Pero lo admirable aquí es el pudor de las mujeres, no como allá, que permiten a los hombres un trato demasiado cercano y feo. Esta es otra vida, María querida. Y hablan con sus amigos, con toda la libertad necesaria; pero a distancia, como debe estar el gusano de la flor. Es muy hermoso aquí el decoro de las mujeres. Cada una, por decoro, parece una princesa.

Luego viene la declaración patética del hombre que hasta en lo íntimo muestra su honradez: "Yo todo lo que veo, quisiera llevárselos: y no puedo nada: un muñequito sí les llevo, y un amigo que las ve por todas las partes."[6]

Una lluviosa tarde de finales de julio se reúne la nueva bohemia en la Fundación Artística, taller del escultor Jesús F. Contreras, autor de la famosa estatua *Malgre Tout*, que adorna nuestra Alameda. Esa misma tarde Contreras iba a presentar su nueva obra, la estatua de Nicolás Bravo, héroe de nuestra Independencia, destinada a colocarse en un paseo de la ciudad de Puebla. Se había convocado a lo más granado de la prensa y la literatura del momento. Allí se encontraban Justo Sierra, Jesús Valenzuela, Gutiérrez Nájera, Federico Gamboa, Jesús Uruesta, Ángel de Campo y Martí, quien no desaprovechó la ocasión de elevar su voz ante aquella élite en favor de su causa, y sacudir los corazones. De aquella reunión nos deja Urbina un vívido relato:

> Entré en la fundición sin sospechar lo que la casualidad me preparaba. En un cobertizo del fondo vi, desde lejos el grupo: Todos estaban allí; pero ¡cosa extraña!, callados, inmóviles, atentísimos. Acercándome, empecé a oír una voz, luego una palabra, y un final de discurso. La voz salía del centro del grupo; yo no alcanzaba a ver a la persona que hablaba; una voz de barítono atenorado, una linda voz, cálida y emotiva, que parecía salir del corazón sin pasar por los labios, y así entrar en nuestra alma, por un milagro del sentimiento. [...] El dis-

---

[6] J.M., carta a María Mantilla, [México, julio de 1894], *Epistolario*, t. IV, p. 227. Véase también *OC*, t. 20, pp. 211-212.

curso analizaba la estatua; ponderaba la ejecución, comentaba la actitud; enzalzaba la generosidad del héroe y la interpretación del artista. // Yo no oía; escuchaba, sentía un recogimiento pleno de elevación. ¿Quién derrama así caudal de tan espontánea elocuencia, vena tan rica de pasión y fantasía? ¿Quién estaba improvisando arenga tan fastuosa, de sonoridades de clarín, de vuelos de bandera desplegada? [...] Cuando terminó, se abrió el grupo y dio paso a un hombre pálido y nervioso. Sonreía: ¡qué infantil y luminosa sonrisa! Me pareció que un halo eléctrico lo rodeaba [...] Mis amigos me vieron y corrieron a mí, agitando los brazos: ¡Ven, ven! —exclamaron— ¡Es José Martí! // Y desde entonces supe lo que era un gran poeta, un gran tribuno, un gran apóstol, un gran hombre de bien de la tierra cubana.[7]

Amado Nervo, que también se encontraba presente, manifestó: "Lo conocí; nutrí mi espíritu con su verso radiante; y, oyendo hablar al patriota, creí en la libertad [...] Habló de su amor a la libertad y sus ojos tuvieron fulguraciones de relámpago, y su rostro enjuto por el estudio y las vigilias, se iluminó."[8]

En aquella ocasión Martí externó su deseo de lanzarse a la lucha armada, a lo que se opusieron alarmados Justo Sierra y Gutiérrez Nájera. Sin embargo, Martí contestó sin inmutarse: "Ya sé yo que seré la primera víctima, pero mi sangre será fecunda y debo marchar."[9]

Luego, Balvino Dávalos y Martí se enfrascaron en animada charla y fueron a sentarse a un banco del jardín, donde el poeta cubano recitó algunos de sus versos y después Dávalos hizo lo mismo. Ahí el revolucionario anunció el fin de una estancia que se había prolongado más de lo proyectado.

El martes 31 de julio, en la edición matutina de *El Universal*, en la sección "De aquí y de allá", se publica: "De Viaje": "Hoy debe salir para Nueva York, después de varios días de permanencia en la ciudad, el fogoso orador y conocido revolucionario cubano D. José Martí. // El Sr. Martí deja entre nosotros grandes simpatías,

---

[7] Núñez y Domínguez, *op. cit.*, pp. 228-229.
[8] Amado Nervo, "José Martí", en *Revista Cubana*, vol. XXIX, La Habana, julio de 1951-diciembre de 1952, p. 192.
[9] Núñez y Domínguez, *op. cit.*, p. 218.

por su talento, su caballerosidad y sus finas maneras. // Le deseamos un viaje feliz."

Pero Martí no partió. ¿Qué le detiene? ¿Quizá la entrevista con Díaz?

Esa noche, Domínguez Cowan y Carlos Varona reúnen a los cubanos en casa del primero, una elegante residencia situada en la calle de la Tlaxpana, y ofrecen una cena a Martí. En aquella ocasión el delegado tomo la palabra para arengar a sus compatriotas. Su argumentación vibra convincente y conmovedora, para luego anunciar a los concurrentes lo que ya había expresado con anterioridad en la Fundación Artística: que estaba decidido a lanzarse a la lucha armada, y que si caía en el campo de batalla, como era seguro, no lo lloraran puesto que iba a cumplir con su deber. Al llegar a este punto su voz alcanzó un tono patético que hizo asomar lágrimas a muchos ojos.

Esa noche, al influjo de la emoción, surge el poeta que dedica unos versos a Domínguez Cowan y a su sobrina Margarita. Al primero le expresa:

> Amigo tierno, en años ¡ay! vencidos.
> Cano el bigote ya, por la imperiosa
> Piedad de un fiel hogar, manso y sujeto,
> Así eres hoy, en tu jardín de rosa
> Orlado, y nardo y myosotis discreto.
> Pero—hoy o ayer—ante la infamia airado
> No hay como tú quien se revuelva y vibre,
> Y, tras tanto vivir, no te has cansado
> Del constante deber de un pecho libre.[10]

Y en el álbum de Margarita escribe:

> Honda es como la muerte, y como ella
> Sin luz, el alma nómada y proscrita;
> y en la corriente infiel, como una estrella
> Se refleja tu imagen, Margarita.[11]

---

[10] J.M., "A Nicolás Domínguez Cowan", *PCEDC*, t. II, p. 250.
[11] J.M., "A Margarita", *PCEDC*, t. II, p. 251.

Aquella noche al despedirse, según refiere Juan de Dios Peza, que debió haber estado presente, Martí dijo a la esposa de Cowan: "Adiós Marianita, nos veremos en Cuba libre, o en el cielo, porque yo moriré luchando con el enemigo y lo único que le ruego es que cuando sepa que he muerto, no me llore porque me ofendería con sus lágrimas."[12]

Al día siguiente, el 1 de agosto, debió celebrarse la entrevista con Díaz. ¿De qué hablaron? Desafortunadamente no se conoce nada de aquel encuentro, pero el programa estaba escrito en la primera carta del revolucionario cubano, y Díaz pudo escuchar en la voz emotiva y convincente de Martí sus temores y advertencias respecto de:

> impedir que la isla corrompida en manos de la nación de que México se tuvo también que separar, caiga, para desventura suya y peligro grande de los pueblos de origen español en América, bajo un dominio funesto a los pueblos americanos. El ingreso de Cuba en una república opuesta y hostil,—fin fatal si se demora la independencia hoy posible y oportuna, —sería la amenaza, si no la pérdida, de la independencia de las repúblicas hispanoamericanas de que parece guardián y parte por el peligro común, por los intereses, y por la misma naturaleza.[13]

Se dice que la entrevista fue larga y cordial, Martí le fue grato al presidente. Ramón Prida refiere que "Díaz lo oyó con positivo interés y Martí salió complacido de aquel encuentro. Pero Díaz le declaró con toda franqueza que no le era posible al gobierno de México conceder la beligerancia a Cuba; pero que siendo el General un simpatizador de la Revolución, ya que el gobierno no podía, en lo particular, como Porfirio Díaz, le daba alguna ayuda pecuniaria, y esta fue de $20 000".

Como en su juventud, Martí volvió tarde tras tarde a recorrer los senderos del Bosque de Chapultepec, acompañado del inseparable

---

[12] Juan de Dios Peza, carta a Gonzalo de Quesada y Aróstegui, 12 de octubre de 1901. Véase Herrera Franyutti, "Dos cartas de Juan de Dios Peza", en *Panorama Médico,* año VII, núm. 83, México, noviembre de 1977.

[13] J.M., carta al general Porfirio Díaz, México, 23 de julio de 1894, *Epistolario*, t. IV, p. 228.

y fidelísimo Manuel Mercado, de Justo Sierra, Gutiérrez Nájera y Urbina, a los que se agregaba de vez en cuando Peón Contreras. Allí Martí recordaba y hablaba con pasión de los hombres y las cosas de Cuba. "Su fe no tenía límites, su esperanza estaba fincada en un anhelo inconmovible como una montaña",[14] recuerda Urbina.

El 2 de agosto, Nájera registra ante el juez del estado civil a su hija Margarita, y es tal el afecto que profesa al poeta cubano, que firman el acta, como testigos: Manuel Mercado, el hijo mayor del licenciado y José Martí, "de la Habana, Isla de Cuba, España, de 41 años, casado, abogado, vive en Nueva York y transitoriamente en esta capital con habitación en la calle de San Ildefonso 7".[15]

"Un medio día de ese agosto —refiere Margarita Gutiérrez Nájera— Martí llegó a casa del Duque, y encontró a la pequeña Cecilia jugando en el corredor, esperando a su papá; al ver a Martí, la duquesita corre a refugiarse en los brazos de su madre." Después de contemplar la infantil escena, Martí se sienta a la mesa de trabajo de Nájera y se pone a escribir al correr de la pluma un poema que titula "La cuna de Cecilia", dedicado "A Manuel Gutiérrez Nájera":

> En la cuna sin par nació la airosa
> Niña de honda mirada y paso leve,
> Que el padre le tejió de milagrosa
> Música azul y clavellín de nieve.[16]

Un poco más tarde, cuando Nájera llegó a la cita y encontró sobre su mesa el poema, se alegró de aquel retraso que sirvió para que Martí escribiera tan sutiles versos a su hija. Luego se encerraron en prolongada charla en el despacho del poeta, sin sospechar ninguno de los dos que les quedaban pocos meses de vida. En esa ocasión, en un ejemplar de los *Versos sencillos*, Martí puso esta dedicatoria: "A Manuel Gutiérrez Nájera, marfil en el verso, en la prosa seda, en el alma oro."

---

[14] Núñez y Domínguez, *op. cit.*, p. 229.
[15] Margarita Gutiérrez Nájera, *op. cit.*, p. 154.
[16] J.M., "Para Cecilia Gutiérrez Nájera y Maillefert", *PCEDC*, t. II, p. 251.

VII. ADIÓS A MÉXICO

Ya Martí había cumplido la misión que lo trajera a México, ya había sembrado la semilla de la independencia de Cuba en el país, donde dejaba constituidos dos nuevos clubes revolucionarios: el Josefa Ortiz, de damas, y el Miguel Hidalgo, integrado por caballeros. Había reforzado el afecto de quienes lo trataron y guardarían de él permanente y cariñoso recuerdo. Llegaba la hora de las despedidas. Juan de Dios Peza, a cuyas peticiones siempre accedía, lo hace retratarse en el estudio de Manuel Torres, y la fotografía es considerada como una de los mejores hechas al poeta. En el retrato que le dedicó a la esposa de Mercado, le expresa:

> A Lola Mercado, compañera de todos los dolores, dueña del hombre más tierno y puro que jamás conocí, madre de las criaturas que me serán como alas y raíces.—A Lola su José Martí.
>
> Mex. Ag. 1894[1]

El hijo mayor de Mercado, Manuel, lo acompaña a despedirse de Justo Sierra, a quien encuentran en la librería Bouret. Sierra le pide que se quede en México. Le ha sido grato al presidente y aquí sería bien acogido. "Quédese Pepe, quédese a escribir versos", le propone al Maestro. Más ya no es época de versos, ningún argumento vale. Vino por la causa de Cuba y hacia ella vuelve. Justo Sierra se rinde y dándole un apretado abrazo le dice: "¡Vaya usted, vaya usted a libertar su patria!"

Llegado el día del adiós definitivo —según refiere Díaz Gallego—, la tristeza se apodera de la casa de los Mercado, a donde acuden a despedir a Martí, deseosos de estar a su lado, numerosos amigos, entre los que se cuentan: Félix Ramos, presidente del Club

---

[1] J.M., "A Dolores Mercado", *OC*, t. 20, p. 518.

Miguel Hidalgo; Miguel Rodríguez, tesorero; y varias damas del Club Josefa Ortiz, cuya presidenta era Dolores Martínez, quien ocultaba su nombre de pila bajo el de Isabel G., viuda de Robert, Margarita Mendoza de Rodríguez, la tesorera, y Antonia Casanova, secretaria del referido club.

De pronto, en esa reunión de despedida, hubo una pausa, un silencio profundo en que podía sentirse el latir de los corazones, silencio que fue interrumpido por la voz profética de Martí, quien entre otras cosas dijo, trémulo por la emoción, aquella premonición que venía repitiendo en todas sus reuniones: "Ustedes tendrán el gusto de ver a Cuba libre: Pero yo no." A una interrogación de alguien de la concurrencia, Martí contestó: "Porque en Cuba he de cumplir una misión en la cual sucumbiré."

Y dos gruesas lágrimas parecieron brotar de los ojos de Martí y su faz de hombre bueno se contrajo en un rictus de profunda aflicción. "El Lic. Mercado, conmovido, se volvió entonces de espaldas a los presentes para que nadie viera que él también lloraba. Cuantos allí estaban no pudieron ocultar la emoción que los conmovía."[2]

Luego, durante el viaje de Martí y los Mercado a la estación, Alfonso Mercado le pidió que le obsequiara su autógrafo. Martí le escribió:

> Alfonso leal: Tú quieres a toda costa, un autógrafo mío. El único autógrafo, hijo, digno de un hombre, es el que deja escrito con sus obras.
>
> *Tu José Martí*[3]

Y "puso el pie en la nube que partía", y allá fue, entre ventiscos y relámpagos, con la vista clavada en una estrella. "¡Oh, errante caballero de la libertad, tu bandera dice: Excélsior."

Ahora el tren que se pierde en la oscuridad de la noche lo lleva de regreso al norte, a "ese Norte revuelto y brutal que nos desprecia". Son cinco días de camino para recorrer la distancia que lo se-

---

[2] Citado por Caridad Proenza en su trabajo inédito sobre Manuel Mercado de la Paz. Copia del mismo se encuentra en la biblioteca especializada del Centro de Estudios Martianos.
[3] J.M., "A Alfonso Mercado", *OC*, t. 20, p. 518.

para de Nueva York; en su bolsillo lleva, para entretener los ocios del camino, un libro de poesías que Juan de Dios Peza le obsequiara el 19 de julio con la siguiente dedicatoria: "A ese gran orador, gran poeta, y gran adalid de su patria. Al constante batallador que es dueño de todos mis aplausos, mi admiración y mi fraternal cariño."

Todo le hablaba de México. Por ello en la penumbra del gabinete, en la angustia de su alma, en lo profundo de su corazón, debe haber recordado aquellos pensamientos que escribiera años atrás cuando descendía las Cumbres de Maltrata:

> ¡Oh México querido! ¡Oh México adorado, ve los peligros que te cercan! ¡Oye el clamor de un hijo tuyo, que no nació de tí! Por el Norte un vecino avieso se cuaja: por el Sur &. &. Tú te ordenarás: tú te guiarás; yo habré muerto, oh México, por defenderte y amarte, pero si tus manos flaqueasen, y no fueras digno de tu deber continental, yo lloraría, debajo de la tierra, con lágrimas que serían luego vetas de hierro para lanzas,—como un hijo clavado a su ataúd, que ve que un gusano le come a la madre las entrañas.[4]

Para el 15 de agosto se encuentra en Nueva York, como consta en la carta que escribe al tesorero del Partido Revolucionario Cubano: "Ruego a Vd. se sirva remitir a la Delegación, y anotar con los cargos expresos, las sumas siguientes, de fondos de guerra: $100.00 Pago de anticipo en México por viaje de retorno ($72.00), Pullman ($18.50) y gastos de camino ($8.50)[5]

Las cuentas claras, nada queda en entredicho, ningún gasto superfluo, cualquier egreso queda justificado, máxime que el pobre Martí, sin más fortuna que la que lleva, precisa hasta el último centavo para el cumplimiento de su misión.

De este viaje escribió a Máximo Gómez el 30 de agosto: "Como veinte días hace ya que salí de México", dato que nos permite precisar que abandonó el país alrededor del día 10 de agosto.

---

[4] J.M., "México", en *Apuntes*, OC, t. 19, p. 22.
[5] J.M., "Carta al tesorero del Partido Revolucionario Cubano" (15 de agosto de 1894), en *Anuario Martiano*, núm. 5, La Habana, 1974, p. 153.

De los motivos y logros de este viaje, Martí nos deja amplia información en su correspondencia con Maceo y Máximo Gómez. A este último le dice el 30 de agosto:

> Con mi viaje a México aseguré, la realización del pensamiento que dejamos concertado [...] Así, midiendo las horas, fui a México. Lo que deseaba, obtuve; y más hubiera podido obtener, y podré obtener tal vez, si no nos falla por demora la situación presente. Pero quedó hecho, dentro de la más estricta prudencia, lo necesario entre propios y extraños.[6]

A Maceo le escribe días después: "volví de México contento y con las vías abiertas para lo futuro, y aún para lo presente".[7]

En otra carta a Gómez, del 8 de septiembre, es más explícito:

> En mis líneas anteriores dije a Vd. en sustancia la idea de mi viaje a México que [...] era ver de suplir, como queda hecho, con los pocos cubanos de México lo que de otra parte pudiera faltar de lo calculado [...] a la vez que desalojaba de sus fuertes posiciones en la República a los españoles, muy metidos hoy —y de señores— en los negocios y las familias dominantes, [...] abrir el camino—con quien debía y lo puede [...] quedáramos en actitud de acudir a hora desesperada por cualquier retazo que nos pudiese faltar,—y el que, por la independencia mostrada, y el pensamiento de política antiyanqui que, sin exceso, dejo influyendo grandemente en México y Centro América. [...] A eso fui, y creo haberlo obtenido. Personalmente, como era necesario, obtuve el auxilio de los de Veracruz; en México cuento con los dos cubanos de valía que hay hoy allí, y de alguna realidad—Carlos Varona y Nicolás Domínguez, y abrí en privado, entre mexicanos de fuerza, la ayuda para mañana, y acaso para ahora.[8]

---

[6] J.M., carta al general Máximo Gómez, Nueva York, 30 de agosto de 1894, *Epistolario*, t. IV, p. 237. Véase también *OC*, t. 3, p. 241.

[7] J.M., carta al general Antonio Maceo, [NuevaYork, 8 de septiembre de 1894], *Epistolario*, t. IV, p. 249. Véase también *OC*, t. 3, p. 246.

[8] J.M., carta al general Máximo Gómez, Central Valley, 8 de septiembre de 1894, *Epistolario*, t. IV, pp. 243-244. Véase también *OC*, t. 3, p. 249.

EPÍLOGO

> *Yo quiero salir del mundo*
> *Por la puerta natural*
> *En un carro de hojas verdes*
> *A morir me han de llevar.*
>
> *Yo quiero cuando me muera,*
> *Sin Patria, pero sin amo,*
> *Tener en mi losa un ramo*
> *De flores —y una bandera!*

Ya nada lo detuvo. Martí, poseído por fuerzas demoniacas, se precipita hacia su destino, hacia Playitas, hacia Dos Ríos, donde tenía una cita con la historia. Necesitaba demostrar que él no era "el Capitán Araña" como le habían llamado algunos. Y su palabra cálida y vibrante tenía que completarse con la acción en el campo de batalla, en plena tierra cubana. Su naturaleza de luchador lo impulsa a ocupar la primera fila y a pelear con los pulmones henchidos de gozo por el aire tropical de su patria. Le era necesario, vital, indispensable, apagar en el furor del combate aquel fuego que le quemaba las entrañas desde hacía largos años, y buscar la inmolación libertadora en la manigua cubana, bajo la luz del sol, tal como lo había expresado en los *Versos sencillos*: "No me pongan en lo oscuro / a morir como un traidor: / Yo soy bueno, y como bueno / Moriré de cara al sol."

La víspera de su muerte, su pensamiento vuela a México, y llega a Mercado una carta póstuma e inconclusa de Martí, la cual ha sido considerada como un testamento político en la que expresa toda la magnitud de su pensamiento y de su obra:

Campamento de Dos Ríos, 18 de Mayo de 1895

Mi hermano queridísimo: Ya puedo escribir: ya puedo decirle con qué ternura y agradecimiento y respeto lo quiero, y a esa casa que es mía, y mi orgullo y mi obligación; ya estoy todos los días en peligro de dar mi vida por mi país y por mi deber—puesto que lo entiendo y tengo ánimos con que realizarlo—de impedir a tiempo con la independencia de Cuba que se extiendan por las Antillas los Estados Unidos y caigan, con esa fuerza más, sobre nuestras tierras de América. Cuanto hice hasta hoy, y haré, es para eso. En silencio ha tenido que ser, y como indirectamente, porque hay cosas que para lograrlas han de andar ocultas, y de proclamarse en lo que son, levantarían dificultades demasiado recias para alcanzar sobre ellas el fin. Las mismas obligaciones menores y públicas de los pueblos—como ése de Vd. y mío,—más vitalmente interesados en impedir que en Cuba se abra, por la anexión de los imperialistas de allá y los españoles, el camino, que se ha de cegar, y con nuestra sangre estamos cegando, de la anexión de los pueblos de nuestra América al Norte revuelto y brutal que los desprecia,—les habrían impedido la adhesión ostensible y ayuda patente a este sacrificio, que se hace en bien inmediato de ellos. Viví en el monstruo, y le conozco las entrañas;—y mi honda es la de David. [...] Por acá, yo hago mi deber. La guerra de Cuba [...] ha venido a su hora en América, para evitar [...] la anexión de Cuba a los Estados Unidos [...] Y México,—¿no hallará modo sagaz, efectivo e inmediato, de auxiliar, a tiempo, a quien lo defiende? Sí lo hallará,—o yo se lo hallaré.—Esto es muerte o vida, y no cabe errar. El modo discreto es lo único que ha de ver. Ya yo lo habría hallado y propuesto. Pero he de tener más autoridad en mí.[1]

Horas más tarde, el 19 de mayo de 1885, cuando el sol se encontraba en el cenit iluminando la vega de Dos Ríos, Martí, montando su corcel blanco, revólver en mano, de cara al enemigo, ¡ebrio de gozo!, ¡poseído, o suicida!, se lanza sobre los cuadros españoles agazapados en la maleza; una descarga cerrada, humo y olor a pólvora, todo gira en su derredor, y se desploma sobre la tierra cubana, atravesado el pecho y el cuello por las balas españolas.

---

[1] Véase J.M., carta a Manuel Mercado, Campamento de Dos Ríos, 18 de mayo de 1895, *Epistolario*, t. V, pp. 250-251. Véase también *OC*, t. 20, pp. 161-164.

Martí rubricó con su sangre generosa toda su obra. Y aquel cuerpo pequeño comenzó a crecer, a agigantarse y extenderse por sobre el continente americano.

En el último instante de conciencia, aquel en que el alma se acurruca y se vuelve tímido y suplicante en busca del regazo materno, Martí debió hablarle a doña Leonor con la voz de Abdala.

> El amor, madre a la patria,
> No es el amor ridículo a la tierra,
> Ni la yerba que pisa nuestras plantas;
> Es el odio invencible a quien la oprime,
> Es el rencor eterno a quien la ataca.

A los pocos días de su carta, perdido entre otras notas, podía leerse en *El Monitor Republicano* y en *El Nacional*, el siguiente texto:

> ISLA DE CUBA.—Habana.—Por cable submarino: New York mayo 22.—El General Salcedo, ha enviado telegrama a la Habana anunciando que ha habido reñido combate en Boca de Dos Ríos. En él murieron muchos insurrectos, entre ellos José Martí, el caudillo del partido separatista. El General Máximo Gómez quedó herido gravemente, los insurrectos fueron completamente derrotados.
>
> ISLA DE CUBA.—Madrid, mayo 23.—Un despacho recibido de la Habana confirma la noticia de la muerte de José Martí.
>
> ISLA DE CUBA.—Habana, mayo 23.—Un cirujano ha sido enviado a Remanganagua, para embalsamar el cadáver de Martí y conducirlo a Santiago de Cuba.
>
> Las autoridades españolas siguen asegurando que Máximo Gómez está gravemente herido y consideran la victoria alcanzada sobre los insurrectos como decisiva para la campaña.
>
> ISLA DE CUBA.—Santiago de Cuba.—mayo 28.—El cadáver de José Martí llegó a Santiago, fue exhumado y ha sido embalsamado por órdenes del General Martínez de Campo. Fue trasladado a esta ciudad anoche desde Remanganagua en el tren de San Luis.

Centenares de personas acudieron a la estación del ferrocarril a ver el ataúd que contenía los restos del caudillo de la revolución.

Fueron días de incertidumbre y zozobra para los amigos de México, que se resistían a creer las noticias; confirmada ésta, los periódicos dedicaron extensas notas necrológicas en las que se recordaba su reciente paso por México. El 28 de mayo, *El Partido Liberal* publicó el más sentido artículo, que bajo el título "José Martí", y quizá escrito por Justo Sierra, manifestaba:

> En la semana pasada el cable nos trasmitió la dolorosa nueva de la muerte de nuestro excelente amigo Pepe Martí, quien cayó atravesado por las balas españolas en un campo de batalla de la Isla de Cuba. // Al principio nos resistíamos a dar acogida a esta noticia, pero, por desgracia, ha sido confirmada después, y ya no nos queda esperanza alguna. // Añeja amistad nos ligaba con el elocuente y abnegado cubano, a quien conocimos desde que vino por primera vez a nuestro país, con motivo de la insurrección conocida como Grito de Yara y durante muchos años colaboró en *El Partido Liberal*, lo que hace que lo consideremos como miembro de la familia que forma nuestra redacción. [...] Honremos la memoria del infortunado caudillo, quien hasta sus propios enemigos han de mirar con respeto, pues podrán condenar la rebelión, mas nunca dudar de la nobleza de su alma ni de la pureza de sus costumbres.

En un artículo atribuido a Amado Nervo, *El Mundo*, en su edición del 2 de junio, publicaba: "Su muerte es un motivo de duelo para la joven América. No juzgamos la razón y la justicia de su causa. Vivo, era el sublime enamorado de una idea: muerto, es un vencido a quien se respeta."

En *La Revista Azul*, donde tan cálidos recuerdos dejara, Carlos Díaz Dufoo escribió:

> ¡Oh, poeta! ya la estrofa vibrante, la incisiva, la punzante, no romperá el satinado estuche: mucho estás y triste, y tu alma, golondrina de más latos espacios, no vendrá a tejer sus sutiles guirnaldas armoniosas con la alada palabra. // Ahora descansa el viajero errante, el paladín de la idea, el trovador del ensueño: duerme oreado por las brisas perfumadas de las rientes praderas y salpicado por la espuma del mar azul. // Nosotros, los tuyos, quedamos aquí velando tu recuerdo.

También se escuchó la voz de los poetas. Justo Sierra, angustiado, dedicó a Martí un bello soneto, que terminaba así:

> En la lira de América pondremos
> Tu cadáver, así lo llevaremos
> En nuestros propios hombros a la Historia:
> En la paz de tu noche funeraria
> Acaso, como lámpara de gloria,
> Brille un día tu estrella solitaria.

Y Juan de Dios Peza, no menos conmovido, escribió:

> Murió cual lo soñaba su ardimiento:
> "Cuba libre" diciendo por plegaria,
> Y empapando en su sangre el campamento
> Al fulgor de su estrella solitaria.

Martí en México
con un tiraje de 2 mil ejemplares
lo terminó de imprimir la
Dirección General de Publicaciones
del Consejo Nacional para la Cultura y las Artes
en los talleres de
Impresora y Encuadernadora Progreso, S.A. de C.V.,
San Lorenzo Tezonco 244, Col. Paraje
San Juan, CP 09830, México, D.F.
en febrero de 1996

Diseño de portada y cuidado de edición:
Dirección General de Publicaciones